아동교육매체로서 동화

아동교육매체로서 동화

이 성 훈 지음

건국대학교출판부

머리말

아동교육의 매체로서 동화만큼 좋은 소재는 없다. 어린이 정서 발달에 동화가 끼친 영향이 크기 때문이다. 아동교육에 있어 우리는 무엇을 어떻게 하는 게 좋을지 답답할 때가 많다. 그러나 아동을 교육할 때 동화만큼 좋은 교재가 없다는 것을 곧 깨닫는다. 왜냐하면 아무런 매체 없이 그냥 말로써 교육하거나 행동으로 교육하는 모습은 한계가 있기 때문이다.

아동은 끊임없이 무엇인가를 추구하고, 조금도 가만히 있지 않는다. 아동은 하나를 주면 둘을 달라고 하고, 한 번 이야기해주면 또 다시 해달라고 조른다. 즉, 아동의 주된 욕구에는 반복이 핵심이다. 따라서 반복이 특징인 동화를 아동교육에 이용하는 일은 당연하며, 동화를 통해 아동교육의 효과는 극대화될 수 있다.

그럼, 동화를 아동교육의 매체로서 어떻게 활용할 수 있을까? 이는 크게 네 가지로 나눌 수 있다. 첫째, 동화를 구연하여 교육하는 방법 둘째, 동화를 그림과 함께 표현하는 방법 셋째, 동화를 인형극이나 동화극으로 교육하는 방법 넷째, 동화를 그림책으로 만들어 교육하는 방법 등이다.

물론 동화를 독서 지도하여 교육하는 방법과 동화를 통해 장애를 치료하는 교육방법이 있지만 이 책에서는 다루지 않았음을 밝힌다.

끝으로 동화 관련 전공서적이 미비한 현실에서 개척자의 자세로 도서 출판에 도움을 주신 건국대학교출판부 관계자분들께 감사의 마음을 전한다.

2014년 1월

이 성 훈

차 례

3장 그림동화 아동교육

1장 아동교육이란

아동교육이란 아동에 대한 지적·정서적·사회적·육체적 양육을 목적으로 하는 가르침을 말한다. 아동은 미래의 자산이다. 아동을 잘 교육하는 일이 미래의 비전과 관계가 있다. 작게는 가정의 미래, 나아가 국가의 미래, 더 나아가 인류의 미래를 위해 아동을 교육하는 일은 매우 중요하다. 다행히 우리나라의 교육열은 세계 최고의 수준이라고 한다. 특히 아동교육열은 경쟁할 나라가 없을 정도이다. 이와 같은 분위기에서 동화는 아동교육의 매체로 가장 적합하다고 본다. 왜냐하면 다양한 동화내용과 친근감이 유·아동에게 미칠 교육적 성과에 가장 효과적이기 때문이다.

그럼, 왜 동화가 아동에게 친근감이 있고 가장 효과적인 교육매체일까? 그것은 다양한 내용과 함께 다양한 전달방법 때문이라고 생각된다. 유·아동들은 글을 배우기도 전에 부모나 조부모로부터 이야기를 구술로 전해 듣는다. 특히 잠자기 전에 들려주던 동화구연은 훌륭한 교육매체로서 꿈과 희망 가운데 포근한 잠을 들게 한다.

할머니와 할아버지는 동화책도 없이 구수한 구연을 하는데 유·아동들은 듣고 또 들어도 계속 반복해달라고 조르기 일쑤이다. 이것이 동화구연의 매력이다.

또한 연령에 따라 다르게 준비해야겠지만 그림 또는 애니메이션을 보여주면서 이야기를 하면 더욱 효과적이다. 지혜로운 학부모나 선생님이라면 연령에 맞는 동화를 선택하고 그 줄거리에 적합한 그림 또는 애니메이션을 준비하여 구연하리라 생각한다. 더욱이 스마트 시대에 알맞게 플래시 동화, CD, 비디오, DVD, 케이블방송, 태블릿 PC 등을 이용하면 유·아동에게 더 많고 다양한 동화를 효과적으로 교육할 수 있다. 그러나 스킨십이 필요한 유아들에게는 부모나 조부모가 직접 눈을 마주보면서 들려주는 교육방법이 더 효과적일 수 있다.

이제 아동교육의 네 가지 관점에 맞춰 어떻게 동화를 매체로 활용하여 교육의 극대화를 가져올 것인가에 대해 알아보자.

1. 지적 아동교육

아동교육의 첫 번째 목적은 지적 양육이다. 솔로몬이 천 개의 제물을 준비하여 경배를 드린 후 꿈속에서 무엇을 원하느냐고 물어볼 때 대답한 내용이 지혜를 달라는 것이었다는 사실을 모르는 사람이 없을 것이다. 솔로몬의 지혜는 누구나 유·아동을 양육하면서 간절히 소망하는 바람이다. 그러한 지혜를 동화를 통해 얻을 수 있다면 과장된 이야기일까? 아니다. 동화는 바로 지혜의 책이기도

하기 때문이다. 과거 18세기 영국에서는 동화가 아동들을 해롭게 하는 저급한 책으로 취급받기도 했지만, 동화는 충분히 읽을 가치가 있는 문화적 유산이다. 동화 속에서 유·아동들은 지혜를 발견하고 자연스럽게 지적 교육을 받게 된다는 말이다. 지적 아동교육을 위해 다음의 두 가지 동화매체 활용에 유의해야 한다.

첫째, 지적 아동교육을 위해 교육자는 지혜를 배울 수 있는 동화를 선택하는 일이 중요하다. 가령 「아는 것이 힘이다」라는 이란 동화에서 아동들은 주인공 사냥꾼이 사냥한 비둘기를 대가로 얻은 지식을 왕 앞에서 활용함으로써 부자가 되는 내용에 아는 것이 힘이라는 교훈을 얻고 배움에 게으르지 않을 거라는 다짐을 할 것이다. 즉 교사나 학부모는 교훈동화를 선택하여 동화를 통해 지적 아동교육을 해야 한다는 말이다. 또한 전래동화 「재치 있는 사위」에서는 싸우고 있는 장인과 장모 사이에서 지혜로운 사위가 서로 내 편을 들어 달라는 난처한 상황을 지혜롭게 극복하는 내용이 들어 있어 지적 아동교육을 위한 좋은 자료가 된다. 「누런 이는 튼튼하다」에서는 황토 한 주먹과 쇳가루 한 주먹을 섞어 만들어 치통에 특효약이라 하여 왕비에게 복용케 함으로써 이빨이 아픈 왕비를 치료하는 용감하고 영리한 의원의 지혜를 배울 수 있다. 왕비의 이빨이 누렇게 변했지만 이전보다 더 튼튼하고 아프지 않게 되었다는 결말을 통해 '누런 이가 튼튼하다'는 교훈을 얻을 수 있다. 더욱이 그림 동화 「토끼와 고슴도치」에서는 토끼와 고슴도치가 달리기 시합을 하는데 지혜로운 고슴도치는 자기와 꼭 닮은 부인을 이용하여 힘들이지 않고 33번의 시합에서 모두 승리하게 된다. 분이 풀리지 않은 토끼는 34번째 경주를 하자고 하지만 이미 지칠 대로 지친 상태에서 끝까지

완주하지 못하고 목에서 피를 토하며 죽는다. 아마 100번을 경주했어도 지혜로운 고슴도치를 토끼가 이길 수는 없었을 것이다. 이 동화가 주는 교훈은 아무리 잘난 사람도 자기보다 못하다고 하여 남을 우습게 여겨서는 안 된다는 점과, 남자가 결혼하려면 자기와 꼭 닮은 여자와 결혼하는 게 좋다는 점이다. 그렇게 동화는 등장인물로서 동물들을 의인화시켜 인간의 지혜를 일깨우는 지적 아동교육의 장이 되는 것이다.

둘째, 교사와 학부모는 지적 아동교육을 위해 동화매체를 연령에 맞춰 구분하여 선택해야 한다. 5세 미만의 유아들에게는 지혜를 배울 수 있는 동화를 구연하여 들려주는 게 바람직하다. 커다란 그림이나 애니메이션을 준비하여 함께 구연하면 더 효과적이다. 5세 미만의 유아들이 동화 교육에 몰입할 수 있는 시간이 약 10분 남짓이기 때문에 짧은 동화를 구연하는 일을 잊지 말아야 한다. 5세에서 10세까지의 아동에게는 교훈적인 플래시 동화나 그림책이 효과적이다. 책 한 권의 양이 20분을 초과하지 않도록 알맞은 동화매체를 선택하는 일이 중요하다. 10세 이상의 아동에게는 다양한 내용의 동화를 선택하여 읽도록 지도하는 게 필요하다. 아동의 성격과 기질에 따라서는 오랫동안 동화책에 몰두할 수도 있지만, 일반적으로 약 30분짜리 동화책이 바람직하다고 생각한다. 물론 장편동화와 단편동화가 공모전을 통해 다양하게 배출되고, 스마트 시대에 걸맞게 인터넷동화와 TV동화가 유·아동들에게 쉽게 다가가는 시대이기에 '연령에 따라 무엇을 어떻게 읽어주고 보여주는가?' 하는 문제는 모두 교육자와 고학년 아동의 몫이다.

2. 정서적 아동교육

노발리스가 "동화 속에서 정서의 최상의 것을 표현할 수 있다."고 주장하듯이, 동화는 정서적 아동교육에 알맞은 교육매체이다. 정서의 사전적 의미가 '어떤 사물 또는 경우에 부딪쳐 일어나는 온갖 감정·상념 또는 그러한 감정을 불러일으키는 기분·분위기'라면, 동화야말로 바로 그러한 감정과 기분의 산물이기 때문에 유·아동들의 정서적 교육에 적합한 매체란 뜻이다.

창작동화 「히아신스와 장미꽃 동화」에서 작가는 두 주인공의 이름을 꽃 이름으로 하여 자연과 인간이 하나임을 강조하고, 히아신스와 장미꽃의 사랑을 주제로 하여 인간의 정서 가운데 가장 핵심이 되는 사랑을 노래함으로써 독자인 아동들을 동물과 식물과 인간, 곧 자연과 인간이 하나가 되는 사랑의 무아경 속에 빠뜨린다. 또한 안데르센 동화 「인어 공주」에서는 인어 공주가 첫눈에 반한 왕자에게 그가 물에 빠져 죽을 위험에 처했을 때 헌신적으로 구해주고, 그에 대한 사랑을 잊지 못해 마녀에게 목소리를 팔고 인간의 다리를 얻어 왕자 곁에 머물지만 그와 결혼하지 못하면 곧 물거품으로 사라지게 되는 운명에서도 언니들이 머리카락을 팔아 마련해준 칼로 끝내 왕자를 죽이지 못한다. 「인어 공주」는 사랑 때문에 자기를 희생하는 비극적 동화 스토리로 아동들의 심금을 울림으로써 정서적 아동교육에 교과서로 불리기에 부족함이 없다고 하겠다. 그림 동화 「사랑하는 롤란트」에서는 마음씨 고운 처녀가 계모인 마녀에게 쫓기게 될 때 사랑하는 롤란트와 함께 도망친다. 여러 번에 걸친 마녀의 가해에도 두 사랑하는 연인은 사랑으로 잘 이겨낸다. 하지만 집으로 간 롤란트가 다른 여자의 유혹에 넘어간다. 잠시 롤란트는 사랑하는 처녀를 잊었지만 결혼식 당일에 축하노래 부르는 처녀의 목소리를 알아채고는 "저 목소리! 나의 진짜 신부는 저 여자요. 다른 여자는 안 되오."라고 외치면서 사랑하는 처녀와 결혼하게 됨으로써 역시 독자인 아동들에게 사랑을 통해 정서의 최상의 것을 보여주는 것이다.

3. 사회적 아동교육

아리스토텔레스가 말했듯이 인간은 '사회적 동물'이다. 사람이 혼자서는 살 수 없고 더불어 사는 존재란 뜻이다. 무인도에 난파된 '로빈슨 크루소'도 혼자 살 수밖에 없는 환경에서도 과거 그가 경험했던 사회생활을 기억하면서 혼자생활을 극복할 수 있었다고 하니, 인간은 어쩔 수 없이 더불어서 사회생활을 할 수밖에 없는 사회적 존재임이 틀림없다. 인간의 사회성! 인간의 사회생활이 시작되는 곳이 가정이요, 유치원이요, 학교라고 할 수 있다. 즉 인간은 유아시절부터 사회적 교육을 받아야 한다. 이러한 사회적 유·아동교육을 가장 효과적으로 교육시킬 수 있는 매체가 동화이다. 특히 사회성이 짙은 동화를 선택하여 유·아동들을 가르친다면 그들의 미래는 지금보다 훨씬 밝을 것이요, 더불어 인류의 미래도 더욱 희망적이라고 생각한다.

전래동화 「의좋은 형제」에서 효심이 남다른 두 형제가 부모가 돌아가시자 유산을 똑같이 절반으로 나눠 갖고, 성실히 일을 하여 가을 추수 때 벼를 수확하여 서로를 위해 형은 밤중에 자기의 벼

한 섬을 져다가 아우네 집 볏섬 위에 몰래 쌓아 놓고 돌아왔으며, 아우도 역시 형이 모르도록 밤중에 볏섬을 져다가 형님네 볏섬 위에 쌓아 두고 왔다. 이러기를 몇 차례 반복한 후 마침내 두 형제는 서로의 볏짐을 지고 마주치게 되었고, 볏섬을 진 채 손을 마주 잡고 눈물을 흘렸다. 의좋은 형제애를 교육적으로 보여주는 동화이지만 결국 사회생활의 기본이 가정에서 이루어지기 때문에 사회적 아동교육을 위해 좋은 동화매체라고 할 수 있다. 안데르센 동화 「길동무」에서는 아버지가 돌아가신 후 외톨이가 된 존이 신실한 신앙 가운데 세상을 편력하면서 가난한 자와 어려운 자를 기꺼이 도와주고, 이미 죽은 시체마저도 자신의 전 재산을 털어 도와주며, 길에서 만난 동무와 각별한 우정을 나누면서 사회의 약자들을 함께 도와줌으로써 결국 꿈에서 본 적이 있는 공주와 결혼하는 해피엔딩을 맛본다. 다시 말해 동화 주인공 존은 가족 없는 고아의 삶이지만 결국 사람들과 사회 속에서 더불어 살면서 선한 일과 남을 도와주는 일을 기꺼이 하고, 훌륭한 길동무도 만나며, 결국 아름다운 공주를 아내로 맞이하고 서로 진정으로 사랑하면서 훌륭하게 나라를 다스리는 왕이 된다는 동화 스토리를 통해 아동들에게 건전한 사회성을 일깨우는 교육의 매체가 된다고 할 수 있다. 그림동화 「고양이와 쥐」에서는 고양이와 쥐가 한 집에서 같이 살면서 더불어 사는 사회생활을 함께 하는 것같이 보이지만 결국 고양이가 쥐를 통째로 꿀꺽 잡아먹는다. 고양이가 같이 살자고 졸라서 함께 산 쥐였지만 거짓말을 밥 먹듯이 하고 맛있는 것은 혼자 몰래 먹는 고양이의 본색을 미처 몰랐기 때문에 목숨마저 빼앗김으로써 강한 자에게 약한 자가 당할 수밖에 없는 사회현상을 비유적으로 보여주는 것이다.

4. 육체적 아동교육

지덕체智德體를 교육의 3대 근간이라고 하듯이 그중의 하나인 체육體育 또한 아동교육에서 소홀히 할 수 없는 개념이다. 따라서 육체적 아동교육을 위해 동화매체의 활용도 반드시 필요하다는 말이다. 육체란 구체적으로 사람의 몸을 가리킨다. "건강한 육체에 건전한 정신이 깃든다."는 고대 로마의 시인 유베날리스Juvenalis의 말처럼 어려서부터 건강한 몸을 단련하는 일이 매우 중요하며, 결국 정신 또한 육체와 더불어 건전해질 수 있는 것이다. 예를 들어 전래동화 「젊어지는 샘물」을 읽어보자.

옛날 깊고 깊은 산골에 마음씨 착한 할아버지와 할머니가 살았습니다. 할아버지는 늘 산으로 가서 나무를 해다가 팔아 가난하게 살았습니다. 늙은 나이에 나무를 해다 판다는 것은 퍽 고되고 힘이 드는 일이었습니다.

그러나 할아버지는 그 고된 일도 참을 수 있었습니다. 정작 할아버지와 할머니가 견디기 어려운 쓰라림은 다른 것이었습니다. 즉 그들에게는 남들처럼 아들딸이 없다는 서러움이었습니다. 남들 또한 마음씨 착한 분들에게 자식이 없다니 하고 퍽 안타깝게 여겼습니다.

그런데 이 착한 할아버지의 이웃에는 더 외로운 할아버지 한 분이 살았습니다. 그 할아버지는 아들딸이 없을 뿐더러 부인마저 먼저 죽어 혼자서 홀아비로 외롭게 살았습니다. 그러나 이 홀아비 할아버지에 대해서는 아무도 동정을 하지 않았습니다. 왜냐하면 그 할아버지는 욕심이 많은데다가 퍽 심술궂었기 때문입니다. 빈둥빈둥 놀면서도 남의 일을 방해하거나 남을 속여 살림을 빼앗아가기도 했습니다. 그래서 동네 사람들은 그 할아버지를 몹시 미워했습니다.

에이, 하느님도 무심하지! 저 영감을 저렇게 내버려두다니. 아예 딴 사람으로 태어나게 하든지, 벌을 내려 못된 짓을 못하게 하든지 해야지. 쯧쯧, 어디 한동네에서 같이 살 수가 있어야 말이지!"

그러나 마음씨 착한 할아버지만은 이 고약한 홀아비를 미워하지 않았습니다. 그저 단지 자신이 너무 늙어서 젊은이처럼 마음대로 큰 벌이를 못하는 것만을 한탄했습니다. 조금만 더 젊었으면 더 많은 일을 하여 편안히 잘살 수 있을 텐데 하고 그것만을 안타까워했습니다.

이러던 중 마음씨 착한 할아버지는 여느 때와 마찬가지로 나무를 하러 산으로 갔습니다. 그런데 그 날 참으로 이상한 일을 겪었습니다. 한창 땀을 흘리며 나무를 하고 있을 때였습니다. 어디서 날아 왔는지 파랑새 한 마리가 근처 나뭇가지에 앉아 싱그러운 목소리로 노래를 했습니다. 그 소리가 맑고 고와 마치 옥을 굴리는 듯했습니다. 그래서 할아버지는 일도 쉴 겸 한참 동안이나 그 새소리를 들었습니다. 어떻게나 소리가 고운지 가슴이 다 후련해지는 것 같았습니다.

그런데 새가 그만 저쪽 멀리 있는 나뭇가지로 날아갔습니다. 할아버지는 노랫소리를 좀 더 들으려고 파랑새를 따라갔습니다. 그러자 파랑새는 다시 더 멀리 날아가 앉아 노래를 했습니다. 할아버지도 다시 가까이로 갔습니다. 이리하여 할아버지는 산을 몇 개 넘어 마침내 어느 골짜기에 이르렀습니다. 거기서 다시 파랑새의 노랫소리를 들었습니다.

그런데 가까이 가 보니 파랑새가 앉은 나뭇가지 아래에는 맑은 샘물이 솟아오르고 있었습니다. 할아버지는 안 그래도 목이 마르던 차에 샘물을 보니 더욱 목이 말랐습니다. 몇 개의 높은 산을 넘어 뒤쫓아 왔기 때문입니다.

할아버지는 우선 두 손으로 샘물을 움켜 떠서 마셨습니다. 샘물이 어떻게나 달고 시원한지 마치 얼음물에 탄 꿀물 같았습니다. 할아버지는 다시 몇 움큼의 물을 떠 마셨습니다.

참 이상한 일이었습니다. 몇 움큼의 물을 마시고 나니 마치 좋은 약주를 마신 것처럼 몸이 얼얼해지며 잠이 쏟아졌습니다. 그래서 할아버지는 파랑새고 뭐고 아랑곳없이 샘물 옆 너럭바위에 누워 잠이 들고 말았습니다.

그렇게 세상모르고 자다 깨어 보니 벌써 해가 지고 어두운 밤이었습니다. 노래하던 파랑새도 간 곳이 없었습니다.

할아버지는 정신을 차려 아까 나무 하던 데로 돌아왔습니다. 그런데 전보다 기운이 펄펄 나고 몸이 한결 가벼워진 게, 나뭇짐을 졌는데도 어떻게나 가벼운지 마치 빈 지게를 짊어진 것만 같았습니다. 참으로 이상한 노릇이었습니다. 할아버지는 가벼운 발걸음으로 집을 향해 산을 내려왔습니다.

한편 집에서 기다리던 착한 할머니는 야단이 났습니다. 아무리 기다려도 나무 하러 간 할아버지가 돌아오지 않았습니다. 전에는 한 번도 이런 일이 없었습니다. 참으로 이상한 일이었습니다. 나무를 하다가 다친 건 아닐까? 아니면 깊은 산골이라 늑대나 호랑이에게 잡아먹히지나 않았을까? 별의별 생각이 다 들었습니다. 할머니는 마음이 불안해서 앉아 있지도, 서 있지도 못했습니다.

생각다 못하여 할머니는 이웃집 홀아비 영감에게로 갔습니다. 그리고 자기 남편을 좀 찾아봐 달라고 부탁을 했습니다. 그러나 냉정한 홀아비는 콧방귀만 뀌었습니다.

"흥, 이 어두운 밤에 어디를 가서 그 영감을 찾는단 말이오? 여태 안 돌아오는 걸 보면 아마 호랑이나 늑대에게 잡아먹힌 게 분명해요."

할머니는 홀아비의 말이 괘씸했습니다. 찾으러 안 가면 그만이지 괜히 호랑이나 늑대에게 잡아먹혔다고 지레짐작을 하는 것이 얄미웠습니다.

하는 수 없었습니다. 할머니는 횃불을 켜 들고 직접 할아버지를 찾아 나섰습니다. 할머니가 문을 나서서 얼마 되지 않아 나뭇짐을 지고 나는 듯이 산길을 내려오는 할아버지가 보였습니다. 할머니는 비로소 안도의 한숨이 나왔습니다.

이리하여 두 사람은 집으로 돌아왔습니다. 할아버지가 나뭇짐을 내려놓고 방으로 들어왔습니다. 그러자 할머니는 할아버지의 얼굴을 보고 소스라치게 놀랐습니다.

"아니, 이이가?"

"여보, 도대체 무얼 보고 그리 놀라는 거요? 내 얼굴에 무엇이 묻었소?"

"아니, 정말 당신이오?"

"허허, 참, 아니 지금 무슨 소리를 하는 거요? 도대체 내가 어떻단 말이오?"

"아주 젊어지셨어요. 이것 보세요, 그 쭈글쭈글하던 주름살이 쫙 펴지고 살갗이 팽팽하지 않아요? 도대체 이게 어찌된 일이오?"

할아버지도 손으로 자기 얼굴을 어루만져 보았습니다. 참으로 이상한 일이었습니다. 할머니 말과 같이 젊은이의 살갗처럼 매끈매끈했습니다.

"그래서 나뭇짐이 가벼웠구나."

"아니, 영감, 그럼 산에서 무슨 일이 있었소?"

할아버지는 낮에 있었던 파랑새 이야기와 이상한 샘물 이야기를 자세히 할머니에게 들려주었습니다.

"에이고, 신기하기도 해라! 그럼 그 샘물이 신기한 샘물임이 틀림없구려! 그 샘물 나도 좀 마셔야겠는걸요. 당신은 젊은데 나만 늙었으면, 젊은이가 늙은이를 데리고 산다고 남들이 비웃을 것 아니오?"

정말 그러했습니다. 부부의 나이란 서로 비슷하거나 부인 쪽이 좀 적은 것이 보통입니다. 그래서 할아버지와 할머니는 그 이튿날 샘물을 찾아가기로 했습니다.

날이 밝자 젊게 된 할아버지는 늙은 할머니를 데리고 그 샘물을 찾아갔습니다. 그리고 할머니는 몇 움큼의 샘물을 떠 마셨습니다. 그러자 참으로 신기하게도 할머니가 금방 젊은 색시가 되었습니다.

'참 이상한 샘물이구나!'

이 이상한 샘물 덕분에 할아버지와 할머니는 아주 기운이 센 젊은 부부가 되었습니다. 그리하여 전보다 많은 일을 할 수 있을뿐더러 전처럼 고되지도 않았습니다. 일을 많이 하니 살림이 늘어나 편히 살 수 있게 되어 기쁘기 이를 데 없었습니다.

이런 소문이 퍼지자 이웃 욕심쟁이 홀아비가 가만히 있을 리 없었습니다. 금방 젊어진 할아버지를 찾아와서 신기한 샘물이 있는 곳을 가르쳐 달라고 졸라댔습니다. 마음 착한 젊은이는 정확하게 그 샘물의 위치를 홀아비에게 가르쳐 주었습니다. 그러자 홀아비는 금방 샘물을 찾아 달려갔습니다.

그런데 홀아비는 다시 돌아오지 않았습니다. 젊은 부부가 이제나저제나 하고 기다렸으나 해가 지고 어두운 밤이 되어도 욕심쟁이 할아버지는 돌아오지 않았습니다.

이튿날이었습니다. 그래도 욕심쟁이는 돌아오지 않았습니다. 이상한 일이었습니다. 욕심쟁이가 샘물을 마시고 아직도 너럭바위 위에서 자고 있을지도 모른다고 생각한 젊은 부부는 욕심쟁이를 찾아 나섰습니다.

그들이 신기한 샘물 근처로 왔을 때였습니다. 이상하게도 샘물 근처에서 어린 아기 울음소리가 났습니다.

"에이고, 참 이상한 일도 많구려! 이 깊은 산골짜기에서 아기 울음소리가 나다니? 우리 어서 그리로 가 봐요."

이리하여 젊은 부부는 너럭바위로 다가갔습니다. 그 곳에 닿은 착한 부부는 놀라지 않을 수 없었습니다. 분명히 이웃 욕심쟁이의 옷을 입은 어린 아기가 울고 있지 않겠습니까?

"이 영감이 너무 욕심을 부린 게로군."

"아니, 욕심이라뇨? 그게 무슨 말씀이오?"

"임자, 보면 모르오? 샘물을 마시긴 마셨는데 욕심을 부려서 너무 많이 마신 게 틀림없어요."

"그렇구려. 너무 많이 마셔서 젊어지다 못해 이렇게 아기가 됐군요."

착한 부부는 배꼽을 쥐며 한바탕 웃었습니다.

"여보, 우리 집에 아기가 없어서 쓸쓸했는데 이 아기를 데려 가서 기릅시다. 얼마나 좋우."

그들은 아기를 안고 산을 내려왔습니다.

이렇게 해서 착한 부부네 집에서 새로 자란 욕심쟁이는 뒤에 게으르지도 남을 해치지도 않고 욕심도 없는 착한 사람이 되었답니다.

위와 같은 「젊어지는 샘물」 동화에서 육체적 아동교육의 요소를 찾는다면 역시 건전한 정신을 소유한 늙은 나무꾼이 늙은 나이에도 불구하고 매일 열심히 산에서 나무를 하는 모습이라고 할 수 있다.

오늘날 얼마나 많은 사람들이 비용을 지불해 가면서 자신의 몸을 가꾸려고 노력하고 젊어지려고 발버둥 치는가? 전래동화 「젊어지는 샘물」은 성실하게 자기의 직업에 최선을 다하는 선조의 지혜를 통해 건강한 육체와 천직인 나무꾼의 일과의 상관관계를 보여주며, 자신의 일에 힘닿는 데까지 최선을 다할 때 건강한 젊음도 유지할 수 있다는 교훈을 알게 하는 것이다. 물론 이 동화에는 '안분지족安分知足'의 교훈도 들어 있지만 동화 세대들에게 다소 어려운 개념이 될 수도 있고 여기서 말하고자 하는 바는 육체적 아동교육이기 때문에 유·아동들에게 건전한 정신으로 자기 일에 최선을 다하면 건강한 육체도 유지할 수 있다는 교육적 내용에 대해 언급한 것이다.

안데르센 동화 「높이뛰기 선수들」에서는 벼룩과 메뚜기와 춤추는 인형이 누가 제일 높이 뛰는지를 겨루는 시합을 해서 결국 춤추는 인형이 제일 높이 뛰어 공주와 결혼하는데, 사실은 벼룩은 너무 높이 뛰어서 사람들의 눈에 보이지 않았고, 메뚜기는 벼룩의 반 정도 높이로 뛰었는데 왕의 얼굴과 부딪쳤으며, 결국 춤추는 인형이 비스듬히 살짝 뛰어올랐다가 공주의 무릎에 내려앉았기 때문에 춤추는 인형을 왕이 제일 높이 뛴 자로 인정하고 자신의 딸과 결혼시킨 것이다. 굳이 말하자면 높이뛰기를 소재로 한 동화이기에 유·아동들에게 높이뛰기를 하여 육체를 단련하라는 메시지를 교육하는 동화매체라고 말할 수 있다.

2장 동화구연 아동교육

아동교육을 위한 매체로 가장 좋은 방법이 동화구연이다. 유·아동들은 동화구연을 통해 즐거움을 얻고, 자신의 지적·정서적·사회적·육체적 발달을 가져올 수 있기 때문이다. 그러면 아동교육을 위한 매체로서 동화구연을 어떻게 할 것인가에 대해 동화구연의 정의, 동화구연에 알맞은 텍스트, 동화구연의 내용, 동화구연의 구성, 동화구연 방법, 동화구연의 실제 등으로 나누어 살펴보자.

1. 동화구연의 정의

동화구연이란 글자 그대로 동화를 입으로 연기하는 것을 말한다. 즉 입으로 동화를 연출하듯이 말하는 것을 의미한다. 옛날 글자가 없었던 시대에도 말은 있었다. 문자 없이 말로 의사소통을 하던 습관대로 동화를 구연한다면 더 없이 훌륭한 아동교육매체가 될 것이다. 그러나 오늘날 동화라는 아동교육매체를 문서로 활용하듯이 동화구연도 동화매체를 가지고 구연하게 된다. 특히 글자를 아직 읽을 수 없는 유아들에게 다양한 그림책 동화를 활용하여 구연하는 방법이 효과적이라고 하겠다. 물론 글자를 읽을 수 있는 유·아동들에게도 다양한 동화매체, 예를 들면 팝업북, 그림동화, 몸짓, 손짓, 얼굴표정, 목소리 흉내, 인형소품 등을 제시하면서 들려주는 동화구연도 훌륭한 교육방법이다. 아무튼 동화구연은 유·아동들에게 즐거움과 재미를 주기 위한 오락적 교육의 기본이며, 가장 효과적인 교육매체라고 말할 수 있다.

2. 동화구연에 알맞은 텍스트

서로 얼굴을 맞대고 이야기하면서 상상과 꿈의 세계의 즐거움을 갖게 하는 동화구연에 알맞은 텍스트를 선택하는 일이 효과적인 유·아동교육을 위해 매우 중요하다. 가령 고학년 아동들에게 유아용 그림책을 보여주면서 구연을 하면, 교육적 효과는 극히 떨어질 것이다. 반대의 경우도 마찬가지다. 유아나 저학년 아동들에게 고학년이나 청소년용 동화를 구연한다면 동화구연 시간이 지루하고 비효과적인 교육이 될 것이다. 따라서 동화구연자는 유·아동의 연령과 지적 수준, 관심과 흥미에 따라 동화구연에 알맞은 텍스트를 준비해야 한다. 물론 텍스트 없이 말로만 구연할 수 있다면 가장 훌륭한 방법이겠지만, 오늘날 그렇게 구연하는 일은 좀처럼 찾기 어렵다.

동화구연에 알맞은 텍스트는 그림 동화와 안데르센 동화이다.

이 두 동화는 동화의 고전이자 전형으로 간주되기 때문이다. 「백설 공주」, 「신데렐라」, 「헨젤과 그레텔」, 「오빠와 누이」, 「브레멘 음악대」, 「늑대와 일곱 마리 새끼 양」, 「빨간 모자 소녀」, 「가시장미 공주(잠자는 숲속의 공주)」, 「라푼첼」, 「충성스런 요한네스(충신 요한네스)」, 「일곱 마리 까마귀」, 「지빠귀수염 왕」, 「룸펠슈틸첸」, 「용감한 재단사」, 「홀레 부인」 등 200여 편의 주옥같은 그림 동화들과, 「인어 공주」, 「눈의 여왕」, 「벌거숭이 임금님」, 「장난감 병정」, 「미운 오리 새끼」, 「빨간 구두」, 「성냥팔이 소녀」, 「엄지 공주」, 「백조 왕자」, 「나이팅게일」, 「그림자」, 「큰 클라우스와 작은 클라우스」, 「성냥갑(부시깃통)」, 「길동무」 등 150여 편의 아름다운 안데르센 동화들이 그것이다.

또한 한국 전래동화도 동화구연에 알맞은 훌륭한 텍스트이다. 예를 들면, 「토끼와 자라」, 「견우와 직녀」, 「은혜 갚은 까치」, 「콩쥐 팥쥐」, 「선녀와 나무꾼」, 「임금님 귀는 당나귀 귀」, 「욕심 많은 어부의 아내」, 「혹부리 영감」, 「금빛 구슬」, 「의좋은 형제」, 「이상한 감투」, 「해님과 달님」, 「젊어지는 샘물」, 「양반 가르친 꾀 많은 하인」, 「파란 부채 빨간 부채」, 「거지 왕자」, 「세 가지 보물」, 「여우 누이동생과 삼형제」, 「잉어 공주」, 「푸른 구슬 붉은 구슬」, 「용궁 공주」 등이다.

위와 같이 동화구연에 알맞은 텍스트는 유·아동들에게 익숙한 동화가 좋다. 유·아동들은 잘 모르는 동화에 대한 부담감이 있기 때문에, 가급적이면 부모나 조부모, 선생님 등의 구연자들도 알고 있는 동화를 구연하는 것이 바람직하며, 무엇보다도 연령에 따라 작품을 선택하는 일이 중요하다. 물론 요즘 연령에 맞춘 동화구연을 위한 구연동화가 날마다 출판되고 있지만, 너무 상업화된 느낌이다. 따라서 우리에게 익숙한 동화들을 연령에 맞춰 약간의 각색을 통해 구연자가 이야기한다면 더 효과적이라고 말할 수 있다. 하지만 지나친 각색으로 줄거리를 왜곡하거나 구연자 스스로 도취되어 유·아동과는 관계없이 구연하는 일은 유의해야 한다. 가령 「푸른 구슬 붉은 구슬」을 구연할 때 푸른 구슬은 좋은 일에 쓰이고 붉은 구슬은 나쁜 일에 사용되는데, 착한 아우가 푸른 구슬만을 가져와 부자가 되는 반면에, 욕심 많은 형은 푸른 구슬과 붉은 구슬 모두를 가져와 결국 붉은 구슬을 사용하다 호랑이밥이 되는 내용을 잘못해서 붉은 구슬이 좋은 일에 쓰이고 푸른 구슬은 나쁜 일에 사용된다고 반대로 구연하면 안 된다는 말이다.

비슷하게 「파란 부채 빨간 부채」 동화에서는 빨간 부채가 코를 길게 하는데 사용되고, 파란 부채가 길게 된 코를 원래대로 되돌리는 데 사용되는데 색깔을 혼동해서 서로 반대로 이야기하면 원작동화의 취지를 훼손하는 일이기 때문에 주의해야 한다.

「해님과 달님」 동화에서도 처음에는 오빠가 해가 되고 여동생이 달이 되었는데 밤이 무서운 여동생이 오빠에게 바꿔달라고 해서 오빠가 달이 되고 여동생이 해가 되었다는 이야기를 혼동해서 오빠를 해님으로 여동생을 달님으로 그냥 동화를 끝내는 오류를 범해서는 안 된다는 뜻이다.

3. 동화구연의 내용

동화구연의 내용은 유·아동교육에 알맞게 권선징악勸善懲惡이 일반적이다. 하지만 권선징악만으로 동화구연 내용을 표현하기에는 한

계가 있다. 그래서 다음과 같이 몇 가지 내용이 구연동화에 포함되어야 한다.

첫째, 동화구연의 내용이 재미있어야 한다. 유·아동이 구연자의 목소리에 귀를 기울이거나 그림책에 몰두하는 시간은 최대 5분 남짓이다. 특히 동화구연의 첫 스타트에서 재미를 듬뿍 줘야 유·아동들은 딴 짓을 안 하고 구연자에게 몰두한다는 뜻이다. 재미있는 동화란 웃을 거리가 많은 동화를 말한다. 그렇다고 억지로 웃길 수는 없지만 구연자의 목소리와 재능과도 관계가 있기 때문에 지속적인 노력이 뒷받침되어야 한다. 아무튼 구연자는 동화의 내용이 재미있는 동화를 선택하고 짧은 시간 안에 유·아동들이 구연에 몰입할 수 있도록 노력해야 한다.

둘째, 동화구연의 내용이 단순해야 한다. 특히 5세 미만의 유·아동들에게는 스토리가 복잡한 동화구연은 집중력을 상실시킬 수 있으니 주의해야 한다. 5세 이상의 아동들에게도 마찬가지다. 지나치게 복잡한 스토리텔링의 구연은 구연동화로서 적합하지 않다. 더욱이 10세가 넘어가면 아동은 이제 구연자의 동화를 듣기보다는 스스로 동화를 읽고 싶어 하기 때문에 동화구연 대상 유·아동은 10세 미만이 적당하다고 본다. 따라서 단순하고 짧은 스토리의 동화가 구연에 적합하다고 생각한다.

셋째, 동화구연의 내용에 선과 악이 분명히 구분되어 표현되어야 한다. 앞에서 얘기한 권선징악의 내용과 일치하지만, 특히 유·아동기에 미칠 교육적 영향을 생각해서라도 구연자는 선과 악을 뚜렷이 구분하여 구연해야 한다. 동화 주인공은 반드시 선한 존재이고, 가짜 주인공이나 적수는 반드시 악한 존재이어야 한다. 물론 고학년 아동이나 청소년에게는 진부한 내용일 수도 있지만 동화구연에 적합한 연령의 유·아동들에게는 그렇게 해야 한다는 뜻이다.

예를 들면, 그림 동화 「신데렐라」에서 착한 신데렐라가 주인공으로, 악한 의자매들은 가짜주인공으로 묘사되는데, 이 역할을 반대로 하여 최근 모 방송사에서 '신데렐라 언니'라는 제목으로 방송극으로 동화를 미디어화 하여 방송했다. 이때 많은 유·아동들뿐만 아니라 다수의 고학년 아동과 청소년들 심지어 성인들까지도 동화의 콘텐츠가 너무 오버되었다고 생각했을 것이다. 그렇게 동화는 어려서부터 인간에게 친숙한 내용이고 제목조차도 너무 익숙해서 오늘날까지도 여전히 동화 제목을 활용하여 시청률을 잡기 위해 또는 상업화를 위해 동화를 남용하고 있는 것이다.

넷째, 동화구연의 내용은 정의롭고 공정해야 한다. 요즘 마이클 샌델의 정치철학서 『정의란 무엇인가?』*JUSTICE: What's the right thing to do?*(2010)가 베스트셀러에 오르듯이 '정의'는 인간사회를 지탱하는 기본개념이다. 따라서 어릴 때부터 동화구연을 통해 자연스럽게 '정의'에 대한 신념과 공정한 사회생활을 간접체험하게 해야 한다. 현대사회가 아무리 정의가 왜곡되고 불공정이 만연된 사회라고 할지라도 미래의 희망인 유·아동들에게 정의와 공정한 사회는 기본적인 동화구연의 메시지가 되어야 한다. 전래동화 「양반 가르친 꾀 많은 하인」에서 부자이고 양반인 주인이 지위와 권력을 남용하여 하인을 함부로 부리고, 사냥을 나가 꿩 한 마리를 잡아서 점심으로 요기를 할 때 혼자서 다 먹고 싶어서 시를 짓는 내기를 하여 무식한 하인에게는 꿩고기를 안 주려고 잔꾀를 썼지만, 결국 꾀 많은 하인이 이김으로써 양반이 한 수 배웠다는 동화구연을 통해 아동들은 정의와 공정한 삶에 대한 개념을 저절로 습득하게 되는 것이다. 더욱이 그림 동화 「충성스런 요한네스」에서 충신 요한네스가 젊은 왕과 왕비에게 닥칠 위험을 미리 알고 세 번에 걸쳐 구해내지만, 그때마다 많은 신하들에게 핍박과 가해를 당하고 심지어 왕에게까지 사형을 언도받는다. 하지만 결국 정의로운 요한네스의 진심이 밝혀져서 행복한 결말에 이르는 동화구연을 통해 아동들은 자연스럽게 정의와 공정한 사회에 대해 알게 되는 것이다.

다섯째, 동화구연의 내용은 지혜롭고 재치가 있어야 한다. 지혜는 모든 사람들이 소망하는 가장 큰 덕목이다. 소위 '솔로몬의 지혜'를 대부분의 사람들은 소망하고 또 염원한다. 부모나 조부모는 물론이요, 교사들도 유·아동들이 지혜롭게 성장하기를 소원한다. 지혜로운 사람은 재치가 있다. 솔로몬 왕이 아기의 진짜 엄마를 판결한 재판이 지혜의 본보기라면, 그림 동화 「용감한 재단사」의 주인공은 지혜와 재치의 본보기가 된다. 재단사는 잼 바른 빵에 파리가 달라붙어서 재단하던 천 조각으로 한번 휘두르니 일곱 마리가 맞아 죽게 되었고, 그 자부심에 허리띠에 '한 방에 일곱 마리'라고 써가지고 세상을 편력하니 감히 누가 그를 맞설 수 있겠는가? 결국 용감한 재단사는 거인과 외뿔 짐승 그리고 멧돼지를 지혜와 재치로 물리치고 공주와 결혼하며, 또한 그 나라의 왕이 된다는 동화구연을 통해 유·아동들에게 지혜와 재치를 습득하게 한다.

전래동화 「토끼와 자라」에서도 지혜와 재치가 번득이는 토끼가 결국 용왕 앞에서도 간을 뭍에다 두고 왔다고 해서 목숨을 부지할 수 있지 않았던가?

그림 동화 「브레멘 음악대」에서도 늙어서 더 이상 쓸모없게 된

당나귀와 개, 고양이와 수탉이 지혜와 재치를 발휘해서 맨 밑에 당나귀가, 그 위에 개가, 그 위에 고양이가, 그 위에 수탉이 올라가서 밤에 창문으로 각자의 소리를 지르면서 돌진하여 도둑들을 집에서 몰아냄으로써 브레멘에 갈 필요도 없이 그 집에서 행복하게 살았다는 동화구연을 통해 유·아동들은 지혜와 재치의 개념을 간접 체험하며 훗날 동화 주인공처럼 지혜와 재치로 똘똘 뭉친 사람이 될 것을 소망하게 되는 것이다.

여섯째, 동화구연의 내용은 '약육강식弱肉强食'이 아니라 '강육약식强肉弱食'이어야 한다. 동물의 세계는 약육강식의 세계이다. 원시인간의 세계도 약육강식의 세계였다. 그러나 오늘날 약육강식의 세계는 미개한 나라와 무식한 조직에서나 통하는 얘기지 올바른 사회에서는 강육약식이 되고 있다. 많은 학부모나 교사들은 "강육약식이 무슨 얘기냐? 우리 아이들은 강하게 키워서 약한 존재 위에 군림하게 해야 돼."라고 생각할지 모른다. 그러나 만물의 영장인 인간의 사회는 동물의 사회와 다르다. 약한 자가 보호받고 강한 자가 벌을 받는 사회가 유·아동들의 미래의 사회여야 한다. 따라서 동화구연의 내용도 '강육약식'이어야 한다. 물론 강한 자가 약한 자를 도와서 더불어 사는 모습이 아름다운 모습이요, 우리 모두가 꿈꾸는 유토피아이다. 그러나 현실에서 강한 자가 약한 자를 도와주고 서로 한 마음 한 뜻으로 공존하기는 쉽지 않다. 그래서 동화를 통해 그러한 유토피아를 만들어야 한다.

그림 동화 「늑대와 일곱 마리 새끼 양」에서 약한 존재 일곱 마리 새끼 양중 여섯 마리가 강한 존재 늑대에게 잡아먹힌다. 그러나 어미 양이 돌아와서 막내 양과 함께 잠자고 있는 늑대의 배를 갈라

여섯 마리 모두를 구해내고 늑대의 배 속에는 돌멩이를 집어넣는다. 잠에서 깨어난 늑대는 갈증을 느껴 우물에서 물을 마시려다가 빠져 죽고 어미 양과 일곱 마리 새끼 양은 춤을 추며 기뻐한다는 동화구연을 통해 유·아동들은 강한 존재보다 약한 존재가 이길 수 있다는 교훈을 얻게 되는 것이다. 전래동화 「은혜 갚은 까치」에서도 강한 존재 구렁이에게 잡아먹히기 일보 직전에 있던 까치를 과거 보러 가는 젊은이가 구해주자, 약한 존재인 까치가 그를 구하기 위해 종에 몸을 던져 죽음으로 보은하지 않는가? 안데르센 동화 「큰 클라우스와 작은 클라우스」에서도 부자인 큰 클라우스가 가난한 작은 클라우스의 재산까지 탐내지만, 결국 작은 클라우스가 큰 부자가 되고 큰 클라우스는 망하게 되는 것이다.

그림 동화 「백설공주」에서도 약한 일곱 살짜리 백설공주를 강한 계모 왕비가 세 번에 걸쳐 죽이려고 했지만, 결국 착한 백설공주는 왕자와 결혼해서 행복하게 살고 악한 왕비는 붉게 달아오른 쇠구두를 신고 죽을 때까지 춤을 춰야 된다. 이와 같이 '강육약식'의 동화구연을 통해 유·아동들은 약한 자가 성공하고 강한 자가 망하는 인류 행복의 보편성을 어려서부터 배워야 한다.

일곱 번째, 동화구연의 내용은 꿈과 상상력이 있어야 한다. 동화의 세계는 꿈의 세계이다. 일찍이 괴테는 동화를 '상상력의 유희[遊戲]'라고 했다. 우리 속담에도 '세살 버릇 여든 살까지 간다.'라는 말이 있듯이 유·아동기에 꿈과 상상력이 풍부해야 미래에 대한 밝은 비전을 가질 수 있다. 대부분의 동화 속에는 꿈과 상상력이 존재한다. 다시 말하면 대다수의 동화작가들은 자신의 꿈과 상상력을 바탕으로 동화를 쓴다는 뜻이다.

예를 들면 루이스 캐럴은 자신의 꿈을 바탕으로 『이상한 나라의 앨리스』*Alice's Adventures in Wonderland*(1865)를 썼고, 조앤 롤링은 자신의 상상력을 바탕으로 『해리 포터』*Harry Potter* 시리즈를 발표하고 있다. 이 두 동화 작가가 어려서부터 꿈꾸고 상상해낸 일들을 글로 쓰지 않고 그냥 흘려버렸다면, 오늘날 이 두 동화 작품은 존재하지 않았을 것이다. 그러니 꿈과 상상력을 가지는 것만큼 그것을 개발하여 실천하는 일 또한 중요하다고 말할 수 있다.

우리 선조들도 「선녀와 나무꾼」, 「용궁 공주」 등의 전래동화를 통해 인간의 꿈과 상상력을 재치 있게 묘사하고 있다. 하늘나라와 바다나라에 대한 상상력과 꿈이 동화 속에서 이승과 하나의 세계로 그려지니 얼마나 놀라운 일인가! 다행히 21세기에는 더욱 다양한 동화가 수많은 작가들에 의해 소개되고 있다.

늘 그런 생각을 하지만 우리는 왜 과거보다 더 많이 배우고 더 많이 알고 더 많이 발달했는데 지난날의 동화보다 더 유명한, 더 훌륭한 동화를 쓰지 못하는 걸까? 무수한 동화가 매일 쏟아져 나오는데 그림 동화나 안데르센 동화, 페로 동화를 능가하는 작품은 왜 안 나타나는 걸까? 그런 고민 속에서 동화구연의 내용은 꿈과 상상력 그리고 오락적 요소를 진일보시킬 수 있는 가치가 있어야 한다. 유·아동들에게 꿈과 상상력을 키워줄 수 있는 동화구연을 재미있게 함으로써 동화엔터테인먼트와 미디어콘텐츠의 미래를 밝게 하는 일에 매진할 때이다.

4. 동화구연의 구성

동화구연의 내용과 마찬가지로 동화구연의 구성도 단순해야 한다. 동화작품 자체가 단순한 구성이 매력이듯이 동화구연에 적합한 동화는 더욱 단순한 구성이 구연의 핵심이 된다. 동화는 동심을 기조로 하여 쓴 서정적·서사적·극적 요소를 갖춘 문학이다. 시의 서정성, 소설의 서사성, 드라마의 극성을 조화롭게 포함한 문학 장르가 동화란 뜻이다. 시 이론에 따라 시를 쓰거나 분석하듯이, 소설이론에 따라 소설을 쓰거나 분석하듯이, 극 이론에 따라 희곡을 쓰거나 분석하듯이 동화도 동화 이론에 따라 쓰고 분석해야 한다. 동화 이론에 대해서는 필자가 이미 다른 책에서 자세하게 다루었기 때문에 여기서는 동화구연의 구성에 대해서만 알아보고자 한다.

1) 단순한 동화 구성

소설 구성은 짧게는 초初-중中-종終으로 또는 기起-승承-전轉-결結로 이루어지고, 길게는 발단發端-전개展開-위기危機-정점頂點-대단원大團圓으로 이루어진다. 극 구성도 비슷하게 발단發端-상승上昇-정점頂點-하강下降-대단원大團圓으로 이루어진다. 이러한 소설 구성과 극 구성과 유사하게 동화 구성은 출발出發-억압抑壓-구원救援-행복幸福으로 이루어진다.

출발

출발단계에서 동화는 시작된다. 즉 동화의 서두문이다. 여기서 동화 주인공과 가족, 그가 처한 환경 등이 소개된다. 예를 들면 「북두칠성이 된 형제들」의 출발은 다음과 같이 시작된다.

> 옛날 어느 곳에 아들 일곱 형제를 둔 어머니가 있었습니다. 불행히 남편을 여의고 혼자 몸이 되어서부터는 아이들 잘 자라는 것만 낙으로 삼고 과부로 평생을 살아갔습니다. 아들들은 홀어머니 손에서 모두 잘 자랐습니다.
>
> 어느 해 이른 겨울이었습니다. 날씨가 추워지면서 찬바람이 불기 시작했습니다. 으스스 추운 날씨에 홀어머니가 추워하실까 봐, 아들들은 산에 가서 나무를 많이 해다가 늙은 어머니의 방에 날마다 군불을 뜨뜻이 지펴 드렸습니다.

동화 구성의 출발단계에서 동화 주인공인 일곱 명의 형제와 어머니가 소개되고 그들이 처한 환경과 행동이 알려진다.

억압

평화롭게 진행되던 동화 줄거리가 주인공이 억압되거나 갈등을 일으키거나 결핍상황이 생기거나 다른 문제가 생기면서 독자인 유·아동들에게 긴장감을 유발시키는 단계이다. 「북두칠성이 된 형제들」에서 억압단계는 다음과 같다.

> 그러나 어머니는 늘 추운 얼굴을 하고 있었습니다. 따스운 방에서도 곧잘 "에이, 추워!" 하고 혼잣말을 했습니다.
>
> "어머니가 추우신 모양이니 불을 더 때 드리자." 하고 아들들은 더운 방에다 연거푸 군불을 때곤 했습니다.

하루는 큰아들이 밤중에 잠이 깨어 보니, 방에 어머니가 안 계시었습니다. 이 밤중에 아무 말씀도 없이 어디로 가셨을 리도 없는데, 어머니 방은 텅 비어 있었습니다. 큰아들은 크게 걱정을 하며 잠도 자지 않고 기다리고 있었습니다.

어머니는 새벽녘에서야 발걸음 소리도 없이 돌아와서 아이들 모르게 가만히 방으로 들어갔습니다.

큰아들은 이상하다 생각하고 그 다음날 밤에는 일부러 자지 않고 누워서 자는 체만 하고 있었습니다.

일곱 명의 아들들과 평화롭게 살고 있던 어머니에게 뭔가 문제가 생기고 아들들에게 억압과 걱정이 발생함으로써 긴장감이 발생한다. 더욱이 '어떻게 이 결핍상황이 해소될 것인가?' 하는 기대감을 불러일으키기도 한다.

구원

동화 구성의 구원단계는 절정의 단계를 의미한다. 즉 억압 또는 결핍된 동화 주인공이 조력자의 도움으로 구원되는 기쁨을 맛보게 됨으로써 독자인 유·아동들에게 안도의 한숨과 행복한 결말에 대한 기대를 갖게 한다. 「북두칠성이 된 형제들」에서 구원단계는 다음과 같다.

밤이 깊어 사방이 조용해지자 어머니는 가만히 일어나 발걸음 소리도 없이 밖으로 나갔습니다. 큰아들이 어머니의 뒤를 따라나서 보았습니다.

어머니는 어둔 밤길을 동네 밖으로 걸어가더니, 다리가 놓여 있지

얇은 냇물을 옷을 걷고 건너갔습니다.

"에이, 차거!"

소스라치게 놀라는 어머니의 목소리가 들렸습니다.

아들도 옷을 걷고 얼음같이 찬 냇물을 건넜습니다. 어머니는 외딴 오막살이 초가집 문 앞에까지 가서는 누구를 조용히 불렀습니다.

"주무시오?"

오막살이 초가집에서 늙은 영감이 나오면서 "아이고, 추운데 오셨구려." 하며 어머니를 맞아들였습니다.

그 영감은 짚신을 삼아 살아가는 가난한 홀아비였습니다.

두 늙은이는 방에 들어가서 서로 등을 긁어 주면서 재미있게 이야기를 하고 있었습니다.

큰아들은 늙은 어머니가 외로워하던 마음을 짐작하고 곧 집에 돌아와서 동생들을 깨워 그 이야기를 해주었습니다. 그러고는 밤중에 모두 같이 나가서 그 냇물에 돌을 날라다가 징검다리를 놓고는 시치미를 뚝 떼고 잤습니다.

새벽녘에 집으로 돌아오던 어머니는 그 차디찬 냇물에 징검다리가 놓여 있는 걸 보고 깜짝 놀랐습니다.

아까까지도 없던 징검다리가 갑자기 놓여 있었기 때문입니다.

가족의 억압 원인이 어머니의 바람으로 인함이었다는 것이 밝혀지며, 주인공인 큰 아들이 조력자 역할을 병행하면서 어머니의 결핍상황을 해결한다. 추운 겨울날 영감을 만나기 위해 차가운 냇물을 마다않고 건너가는 바람의 욕망을 구원으로 승화시킨 일곱 명의 아들들의 도움이 잔잔한 의미를 던진다. 왜냐하면 오늘날이야 종종 그런 뉴스를 접하지만 보수적인 시대에 홀로된 노인들의 재결합이 용인되고 있다는 점이 놀랍기 때문이다. 아무튼 아들들이 조력자로서 냇물에 징검다리를 만들어 줌으로써 어머니의 마음을 기쁘게 했으니 구원에 이르는 동화 줄거리를 진행한다고 이해할 수 있다.

행복

동화 구성의 마지막 단계가 행복이며, 대부분의 동화는 행복한 결말로 동화 종결문을 완성한다. 이 행복 단계에서 독자인 유·아동들은 행복 동화 결말처럼 행복을 만끽할 수 있어야 한다. 다시 말해 동화 구성의 마지막 단계인 행복한 결말에서 유·아동들은 모든 긴장과 초조를 해소하고 행복한 카타르시스를 맛보게 된다. 「북두칠성이 된 형제들」에서 행복단계는 다음과 같이 끝난다.

> 어머니는 그 징검다리가 일곱 아들이 와서 놓은 것인 줄은 꿈에도 알지 못했습니다.
>
> 찬물에 발을 벗고 건너지 않아도 된 것이 고마워서 어머니는 하늘을 우러러보며 중얼거렸습니다.
>
> "하느님, 이 다리를 놓아 준 사람은 이다음에 죽어서도 좋은 별님이 되게 해주십시오."
>
> 그 후 아들들은 모두 죽어서 별이 되었습니다.
>
> 일곱이 나란히 징검다리처럼 이어져 있는 북두칠성이 되어 하늘에서 아름답게 반짝이게 된 것입니다.

마치 북두칠성의 유래를 소개하는 듯한 이야기로 동화 구성의 마지막 행복단계를 끝마침으로써 독자인 유·아동들은 하늘에서 반짝거리는 북두칠성이 된 것 같은 행복감에 빠져든다.

출발로 시작해서 억압단계를 걸쳐 구원을 맛보고 행복으로 끝나는 동화 구성은 다른 장르보다 더 단순하고 간결해야 한다. 특히 동화구연을 위해서는 더욱 간결하고 단순한 구성이 바람직하다. 물론 연령에 따라 길이를 조정해야겠지만 짧은 동화 구성이 동화구연에 효과적임을 다시 한 번 강조한다.

2) 동화 구성의 등장인물들

동화 구성이 단순해야 하듯이 동화 구성의 등장인물들도 최소한의 인물들이 등장하는 것이 좋다. 주인공, 조력자, 가해자, 가짜주인공 등이 동화 구성의 기본 등장인물들이다.

주인공

동화 구성의 등장인물들 중에서 주인공이 가장 중요하다. 동화 구성의 출발과 행복이 주인공에 의해서 시작되고 끝날 뿐만 아니라, 억압과 구원에서도 주인공은 중심이 되기 때문이다. 특히 주인공은 출발단계에서 '어떤 것을 찾으려는 목표를 가지고 출발'해야 하고, 조력자나 가해자, 가짜주인공의 '여러 가지 요구에 대해 반응'해야 하며, 결국 행복단계에서 '결혼' 또는 '즉위', '귀환' 또는 '해후', '불행의 청산' 등으로 끝을 맺어야 한다. 그렇게 전래동화 「금빛 구슬」에서 어부 영감은 물고기를 낚시하러 집을 떠나고, 조력자

잉어가 살려달라는 요구에 풀어주는 반응을 하며, 용궁에서 '금빛 구슬'을 얻어 할머니가 기다리는 집으로 귀환한다. 더욱이 또 하나의 줄거리가 삽입되는데 할머니가 가해자 방물장수에게 속아서 잃어버린 금빛 구슬을 찾으려는 목표를 가지고 두 번째 주인공 개와 고양이가 집을 떠나고, 금빛 구슬을 찾아 강물을 헤엄쳐 건널 때 개가 '구슬 가지고 있니?'라는 요구에 반응하다가 고양이는 입에 물고 있던 금빛 구슬을 강물 속에 빠뜨리며, 죽은 물고기 배 속에서 다시 금빛 구슬을 찾아가지고는 집으로 돌아오는 것이다.

또한 그림 동화 「7마리 까마귀들」에서는 까마귀로 변한 일곱 명의 오빠들을 찾으려는 목표를 가지고 여주인공이 출발하고, 가해자 해님과 달님 그리고 조력자 별님과 난쟁이의 요구에 반응하며, 결국 오빠들을 구원해서 함께 집으로 귀환한다.

창작동화 「인문나라의 반란」에서도 주인공 진짜 왕은 가해자 가짜 왕을 피해 훗날을 도모할 목표를 가지고 출발하고, 가해자 가짜 왕과 간신들의 하야 요구에 반응하며, 결국 다시 등극함으로써 백성들과 더불어 행복하게 잘사는 해피엔딩을 맛본다.

조력자

동화 구성의 등장인물들에서 조력자의 역할이 없다면 동화 스토리는 불가능하다고 할 수 있다. 그만큼 조력자의 역할이 매우 중요하다는 말이다. 조력자는 동화 주인공을 도와 그에게 '공간중개'를 하고, 주인공의 '불행 및 결핍요소를 청산'하며, 가해자에게 추적당하거나 가해당하는 주인공을 '구원'해 주고, 주인공에게 부여된 어려운 과제를 '해결'해 주며, 필요하다면 주인공을 '변신'시키거나 가짜주인공을 '처벌'하기도 한다. 쉽게 말해 조력자는 동화 등장인물들의 꽃이라고 할 수 있다. 그렇게 그림 동화 「신데렐라」에서 조력자 비둘기들이 신데렐라가 입고 갈 옷과 구두를 세 번씩 선사함으로써 주인공의 불행 및 결핍요소를 청산하고, 가해자 계모가 신데렐라에게 부여한 어려운 과제를 다른 새들과 함께 해결해 주며, 신데렐라의 결혼식에 참가해서 이익을 보려는 가짜주인공 의자매들의 양 눈을 파먹어 실명의 벌을 받게 한다.

또한 전래동화 「선녀와 나무꾼」에서는 조력자 사슴이 나무꾼에게 선녀들이 목욕하는 연못으로 공간중개를 하고, 선녀의 옷을 감춰서 그와 결혼하게 함으로써 주인공의 불행 및 결핍요소를 청산하며, 아이 셋을 데리고 하늘나라로 올라간 선녀를 그리워하는 나무꾼을 도와 하늘나라로 올라갈 수 있는 두레박을 타게 공간중개를 함으로써 역시 주인공에게 닥친 불행과 결핍요소를 청산해 주는 것이다.

가해자

동화 구성의 등장인물들 중에 가해자의 역할은 조력자와 견줄 만큼 중요하다. 가해자는 주로 주인공을 '가해'하는 역할을 하고, 때로는 주인공의 적수가 되어 주인공과 싸우거나 '논쟁'하기도 하며, 주인공을 '추적'해서 죽이려고 시도하기도 한다. 그렇게 전래동화 「콩쥐 팥쥐」에서 새엄마가 주인공 콩쥐에게 밑 빠진 독에 물 붓기, 나무호미로 밭매기, 벼 석 섬을 한나절에 다 찧기 등의 과제를 부여함으로써 전형적인 가해자의 역할을 행한다.

또한 그림 동화 「헨젤과 그레텔」에서도 계모가 아이들을 숲속에 내버리는 가해를 행하고, 심지어 숲속에 과자로 만든 집을 지어놓고 아이들을 유인해서 잡아먹는 식인귀 노파의 역할을 행하기도 한다.

「백설 공주」 동화에서는 계모가 직접 세 번에 걸쳐 주인공을 추적해서 죽이려고 시도하고, 결국 독이 든 사과를 만들어 먹임으로써 백설공주를 죽음에 이르게 한다.

가짜주인공

동화 구성의 등장인물들 중에 가짜주인공은 거의 진짜주인공과 비슷한 역할을 한다. 그래서 가짜주인공은 주인공과 마찬가지로 무엇인가를 탐색하기 위해 출발하고, 물론 부정적 결과를 가져오는 반응이지만 주인공이나 조력자의 요구에 반응하며, 게다가 특별한 기능으로서 그의 '부당한 요구'가 나타나기도 한다. 그렇게 「인문나라의 반란」에서 가짜 왕은 끊임없이 부당한 요구를 하고, 결국 부정적 결과를 가져올 것을 알면서도 모르는 척 권력욕에 사로잡혀 진짜 왕인 양 행동한다.

「신데렐라」에서도 가짜주인공인 의자매들은 왕이 베푸는 3일 동안의 결혼식을 위한 파티에 참석하려는 목표를 가지고 출발하고, 황금구두가 맞는 여인이 왕비가 될 거라는 왕자의 요구에 큰 애는 엄지발가락을, 작은 애는 뒤꿈치를 베어버리고 진짜 신부인 양 행동하며, 결국 신데렐라와 왕자의 결혼식에 참가해서 무엇인가를 얻을 수 있을 거라는 부당한 욕심이 장님이라는 부정적 결과를 초래하는 것이다.

동화 구성의 등장인물들 중에서 가해자와 가짜 주인공이 일치하는 경우, 주인공과 조력자가 일치하는 경우 등 등장인물들의 상호역할 교환이 부분적으로 가능하며, 무엇보다도 규정된 줄거리의 성취를 위해 대부분의 동화들은 '출발-억압-구원-행복'의 동화 구성에 따라

조화로운 세계질서의 부흥을 동화라는 세상 안에서 추구하는 것이다.

5. 동화구연 방법

동화구연 방법에는 크게 세 가지 방법이 있다. 첫째, 동화책 없이 구연자가 동화를 암기해서 유·아동들에게 구연하는 방법 둘째, 구연자가 동화책을 유·아동들에게 보여주면서 구연하는 방법 셋째, 구연자가 TV나 컴퓨터와 빔프로젝터를 활용한 대형스크린 등에 직접 그림동화 영상이나 플래시 동화를 틀어주면서 유·아동들과 함께 보면서 보충설명을 구연하는 방법 등이 그것이다.

1) 동화책 없이 구연자가 동화를 암기해서 유·아동들에게 구연하는 방법

동화책 없이 구연자가 동화를 암기해서 유·아동들에게 구연하는 방법이 동화구연 방법의 기본이다. 우리가 잠자기 전에 옛날이야기를 구수하게 들려주던 할아버지와 할머니를 기억하는가? 그들이 책을 보고 단순히 읽어주는 구연을 했다면 우리는 포근한 잠자리와 달콤한 꿈의 세계로 나아가지 못했을 것이다. 바로 이들이 동화구연의 원조이다. 시대가 바뀌고 문명이 발달했어도 어린 시절에 들려주던 조부모나 부모의 동화구연은 지금도 진행형이며, 늘 달콤한 잠자리의 윤활제가 된다.

이와 같이 동화구연자는 유·아동들에게 책 없이 동화를 들려줘야 한다. 유치원이나 초등학교에서 다수의 유·아동들에게 동화책 없이 동화구연을 하는 것은 한계가 있다. 따라서 이 방법은 소수의 유·아동들에게 동화구연을 할 때 효과적이다. 구연자와 구연대상자의 비율이 1 : 1의 동화구연이면 더욱 좋고, 최대한 10명 미만이어야 그 효과를 거둘 수 있다. 동화책 없이 동화구연을 하는 방법에는 몇 가지 주의할 점이 있다.

첫째, 구연자는 구연대상자와 눈을 맞추면서 동화를 구연해야 한다. 내 아이든 남의 아이든 구연자는 구연대상자에게 당연히 따듯한 눈길을 보내면서 구연해야 한다. '눈은 마음의 창'이라고 했듯이 유·아동들이 교사나 학부모의 사랑하는 마음을 느끼면서 이야기에 몰입하도록 눈을 마주보면서 구연해야 한다는 뜻이다.

둘째, 구연자는 자신감을 갖고 동화구연을 해야 한다. 동화 스토리를 암기하고 진행하는 구연자이기 때문에 간혹 아이들의 천진난만한 눈을 바라보고 있다가 잠시 동화 줄거리를 까먹을 때가 있다. 이때 당황하지 말고 자연스럽게 생각나는 이야기를 자신감 있게 덧붙여서 구연하면 된다. 즉 본 줄거리는 훼손되지 않은 채 곁 줄거리를 약간 덧붙이는 식으로 순간의 위기를 당당하게 벗어나라는 말이다. 만약 구연자가 당황하여 머뭇거리거나 정확하지 않게 주절거리면 아이들은 깔깔거리면서 구연자의 능력을 비웃을 수도 있기 때문에 자신감을 갖는 구연자의 태도가 매우 중요하다는 말이다.

셋째, 구연자는 자신이 암기할 능력범위 내에서 구연할 동화를 선택해야 한다. 즉 짧고 감동적인 내용의 동화를 선택해서 완전히 소화한 다음에 대상자에게 구연하라는 뜻이다. 동화책 없이 구연자가 동화를 암기해서 유·아동들에게 구연하는 방법은 동화구연의 대상이 5세 미만의 유아이거나 초등학교 저학년 아동에게 적합하기 때문에 그 나이에 알맞은 짧은 동화를 선택하고 그 동화 줄거리를 암기할 정도로 완벽하게 소화하여 구연하는 게 바람직하다. 당연히 시간도 짧게 해야 하며, 특히 유아에게는 최대 15분이 넘지 않도록 주의해야 한다. 만약에 동화가 구연시간을 벗어날 정도의 분량이라면, 동화 스토리를 시리즈로 제작하여 구연해도 무방하다. 예를 들어 아이들이 좋아하는 유명한 명작동화(신데렐라, 백설공주, 인어 공주, 숲속의 잠자는 공주, 미녀와 야수 등)를 선택하여 들려주고 싶은데 억지로 무리해서 일회로 끝내지 말고 시리즈로 제작하여 아이들이 '오늘 들은 이야기가 내일은 어떻게 진행될까?' 하는 궁금증을 자아내게 하는 일도 바람직하다는 말이다.

넷째, 동화구연자는 필요하다면 몇 장의 그림 또는 인형을 구연동화 줄거리 순서대로 준비하여 융판이나 자석칠판을 사용하면서 구연한다. 아무리 구연자가 동화책 없이 구연대상자에게 암기하여 구연할지라도 몇 가지 구연동화 줄거리에 어울리는 그림이나 애니메이션 또는 인형 등을 유·아동들에게 융판이나 자석칠판을 사용하여 보여주면서 구연하면 더욱 효과적이란 말이다. 그러나 너무 많은 그림 또는 인형을 보여주는 것은 오히려 이야기가 끊기거나 그림 또는 인형 교체에 신경 쓰느라 자칫 암기한 동화 줄거리를 놓칠 수 있기 때문에 동화 구성에 따라 '출발-억압-구원-행복'의 4장 정도가 효과적이라고 말할 수 있다.

다섯째, 동화구연자는 동화내용에 알맞게 목소리와 제스처의 기교를 부려야 한다. 동화구연을 교과서를 읽듯이 낭독하는 사람은 없을 것이다. 구연자는 동화구연에 등장하는 인물들에 알맞게 목소리를 구분하여 구연하는 기술과 얼굴표정 및 손짓 또는 어깨 들어올리기 등의 제스처가 필요하다는 말이다. 특히 암기 위주의 동화구연이기 때문에 구연자의 목소리가 정확하고 리드미컬하며 적절한 속도와 강약에 알맞아야 한다. 목소리와 제스처가 조화를 이루어야 동화 대상자들의 집중력을 이끌어낼 수 있다는 것을 잊어서는 안 된다. 아무튼 소위 '수요자 중심의 교육'에 알맞게 동화구연자는 수요자인 유·아동들의 눈높이에 맞춰서 구연해야 한다는 점을 명심해야 한다.

2) 구연자가 동화책을 유 · 아동들에게 보여주면서 구연하는 방법

구연자가 동화책을 유·아동들에게 보여주면서 구연하는 방법은 구연자가 동화책 없이 동화를 암기해서 유·아동들에게 구연하는 방법보다 구연자입장에서는 약간 수월해 보일 수 있다. 왜냐하면 구연자가 동화 줄거리를 암기해야 하는 부담을 덜 수 있기 때문이다. 하지만 구연자가 유·아동들에게 동화책을 보여주면서 구연한다고 해서 마냥 쉬운 것만은 아니다. 오히려 구연자는 대상자들에게 동화책을 어떻게 보여줄 것인지? 또한 어떤 동화책을 선택해야 하는지? 등 동화구연 텍스트를 선정하는 일이 많은 신경이 쓰일 것이다. 따라서 여기에서도 몇 가지 유의해야 할 점을 적어보면 다음과 같다.

첫째, 구연자는 구연대상자들의 연령에 알맞은 동화를 선택하여야 한다. 구연자가 유·아동들에게 동화책을 보여주면서 구연하는 방법이기 때문에, 구연자는 구연대상자의 연령에 따라 구연할 동화책을 선택하는 게 필요하다는 말이다. 일반적으로 5세 미만의 유아들에게 들려줄 동화책은 그림 위주의 동화책이 바람직하다. 그림이 살아있는 듯이 느껴지는 팝업북이 더 효과적일 수 있다. 구연자는 아이들을 가까이 모아놓고 그림책과 팝업북을 그들에게 보여주면서 구연하는 게 좋다. 아직 어린 아이들이기 때문에 각자가 그림책이나 팝업북을 소유해서 자기 책을 보면서 구연을 들을 필요는 없다. 물론 집에서 부모나 조부모가 자기 아이나 손자에게 동화구연을 해준다면 책을 스스로 보게 하고 그 옆에서 구연하면 된다. 그러나 놀이방이나 어린이집 또는 유치원에서 교사가 동화구연을 할 경우는 교사용 교재만 있어도 된다는 뜻이다. 5세 이상의 아동들에게는 그림이 적게 들어간 동화책이 적당하다. 또한 글을 읽을 수 있는 아동들에게는 자기 동화책을 보면서 구연들 듣도록 하는 게 좋다. 보통 10세 이상의 아동들은 구연자의 동화구연에 귀를 기울이기보다는 자기 스스로 읽기를 선호하기 때문에 이들에게는 동화구연이 큰 의미가 없다. 따라서 동화구연의 대상 연령은 10살 미만의 유·아동들이라고 말할 수 있다.

둘째, 구연자는 정확하고 실감나게 동화구연을 해야 한다. 특히 구연동화에 많이 등장하는 대화와 의성어를 생동감 있게 발음하는 게 중요하다. 예를 들어 창작동화 「아기 동물 키 재기」에서 정확하고 실감나게 동화 구연하는 방법을 찾아보자.

「아기 동물 키 재기」	동화구연 방법
새해 첫날입니다. "어서 어서 서둘러, 이제 곧 시작할 시간이야."라고 엄마 새가 말했어요. "알았다고, 그런데 이건 어디다 놓을까?"라고 아빠 새가 화답했어요.	① '새해 첫날입니다.'로 시작해서 대화와 의성어와 의태어 부분을 제외한 동화내용은 자연스럽고 정확하게 내

「아기 동물 키 재기」	동화구연 방법
숲 속 친구들은 모두 한자리에 모였어요. 호랑이 할아버지, 여우 아줌마, 며칠 전에 태어난 아기 새들까지 모두 모였어요. "그럼, 지금부터 아기 동물들의 몸무게와 키 재기를 시작하겠습니다."라고 여우아줌마가 큰 소리로 말했어요. 숲 속 마을에는 새해가 시작되면 1년 동안 어떤 아기 동물이 가장 많이 컸는지 시합을 한답니다. 아기 동물들이 나란히 줄을 섰어요. "와, 역시 아기 코끼리가 최고야."라고 호랑이 할아버지가 대견하다는 듯이 흐뭇한 미소를 지으면서 말했어요. "와, 아기 악어 키 좀 봐, 많이 컸지?" "그래도 아기 기린이 최고야. 일등은 아기 기린이라고." 하며 엄마, 아빠 동물들은 여러 귀여운 아기 동물들을 보면서 즐겁게 외쳤어요. 아기 코끼리는 몸무게가 가장 많이 늘어난 아기로 뽑혔어요. "애개, 아기 쥐는 작년과 몸무게가 똑같네. 하하하."라고 기린 아빠가 웃으면서 말했어요. 아기 쥐는 저울에서 얼른 뛰어 내렸어요. 그리고 쪼르르 풀숲으로 숨어버렸지요. 아기 쥐는 훌쩍훌쩍 울기 시작했어요. 1년 동안 밥도 많이 먹고 운동도 열심히 했는데 몸무게가 전혀 늘지 않았거든요. "이제 조금 있으면 키 재기 시합이 시작될 텐데……. 나는 키 재기에서도 꼴찌일거야. 어떻게 하지? 그래, 좋은 수가 있어."라고 중얼거리면서 아기 쥐는 쪼르르 어디론가 달려갔어요.	레이션 하듯이 동화책을 구연하면 된다. 구연자 본인의 고유한 목소리로 구연하는 게 가장 좋다. ② "어서 어서 서둘러, 이제 곧 시작할 시간이야." "알았다고, 그런데 이건 어디다 놓을까?" 등의 대화 부분은 생동감 있게 각각의 등장인물들에 따라 구별되는 목소리로 구연해야 한다. 엄마 새와 아빠 새, 호랑이 할아버지, 여우 아줌마, 아기 쥐, 엄마, 아빠 동물들, 기린 아빠 등의 대화를 정확히 구분해서 구연하는 게 필요하다. ③ '하하하, 쪼르르, 훌쩍훌쩍, 앙~, 하하 호호' 등의 의성어와 의태어를 구연자는 특히 생동감 있게 표현해야 한다. ④ 그림동화책을 보여

「아기 동물 키 재기」	동화구연 방법
아기 동물들이 키 재기 자 앞으로 줄을 섰어요. 그때였어요. "아니, 누구지?"라고 여우 아줌마가 말했어요. 키 재기 자 앞으로 커다란 코트를 입고 모자를 쓴 아기 동물이 걸어왔어요. 그 아기 동물은 악어보다도 기린보다도 키가 컸지요. "야, 키가 굉장히 큰데. 저 아기 동물이 최고다."라고 모두들 환호성을 질렀어요. 일등을 한 키다리 아기가 상을 받으려다 그만 돌부리에 걸려 넘어졌지요. "아니, 아기 쥐들이잖아."라고 호랑이 할아버지가 말했어요. 키다리의 코트에서 아기 쥐 6마리가 기어 나왔어요. 긴 나뭇가지에 올라가 키다리 흉내를 낸 것이지요. "우리도 일등을 하고 싶었어요. 앙~."라고 외치면서 아기 쥐들은 울음을 터뜨렸어요. "가장 작고 귀여운 아기 동물을 뽑는 대회도 만듭시다." "그럽시다! 하하하."라고 모두들 손뼉을 치며 찬성했어요. "하하 호호, 하하 호호." 새해 첫날, 숲 속 마을에 웃음소리가 울려 퍼졌답니다.	주면서 구연하기 때문에 구연자는 각별히 목소리에 집중해서 한 사람이 이야기하는 거지만 마치 여러 사람이 구연하는 것처럼 아이들에게 다가가야 한다.

셋째, 구연자가 동화책을 유·아동들에게 보여주면서 구연하는 방법이기 때문에 지나친 제스처나 얼굴표정을 신경 쓸 필요는 없다. 왜냐하면 구연대상자들은 구연자의 얼굴보다는 동화책에 시선을

집중하기 때문이다. 따라서 구연자는 다양하고 구별되는 화술話術과 오락적 요소에 신경을 써서 유·아동들에게 동화구연을 하면 된다.

3) 구연자가 TV나 컴퓨터와 빔프로젝터를 활용한 대형스크린 등에 직접 그림동화 영상이나 플래시 동화를 틀어주면서 유·아동들과 함께 보며 보충설명을 구연하는 방법

21세기를 스마트 시대라고 한다. 이제는 단순히 동화를 암기해서 들려주거나 책을 보여주면서 읽어주는 방법은 왠지 지난 세대의 낡은 방법으로 여겨질 수도 있다. 다시 말해 디지털시대에 아날로그를 사용하는 모습이라고 할 수 있다. 그러나 동화의 소재는 역사적으로 오래된 이야기, 전해 내려온 이야기가 여전히 주를 이루기 때문에 스마트 시대에 그러한 전통적인 이야기를 어떻게 활용할 것인가에 초점이 맞춰져야 한다. 따라서 구연자는 TV나 컴퓨터, 빔프로젝터를 활용한 대형스크린 등에 직접 그림동화 영상이나 플래시 동화를 틀어주면서 유·아동들과 함께 보며 보충설명을 구연하는 방법을 심도 있게 연구해서 활용해야 한다. 이에 몇 가지 방법을 제시하면 다음과 같다.

첫째, 구연자는 TV를 통해 방송사가 제작한 동화구연을 구연대상자와 함께 시청하면서 보충구연을 할 수 있다. 구연자의 직접적인 동화구연이 아니기 때문에 미디어를 이용한 동화구연을 실제의 동화구연으로 볼 수 있느냐?의 문제가 제기될 수 있다. 하지만 스마트 시대에 맞춰 동화구연의 방법도 다양화되어야 하며, 구연자의 직접적인 구연 이상의 효과도 가져올 수 있기 때문에 앞으로는 동화미디어 활용에 더욱 고민하고 많은 연구를 해야 할 것이다. TV라는 미디어를 통한 동화구연은 동화구연의 대중화를 가져왔다는 장점이 있으나 구연자 개인이 제작하기에는 다소 무리가 있으며 동화구연의 상업화를 초래할 수 있는 단점도 있다. 그러나 동화구연의 카테고리가 시대에 맞춰 확대되어, 동화작가가 동화미디어의 토대가 되는 동화 스토리텔링을 개발하는 긍정적인 면이 있음을 부인할 수 없다. 실제로 대부분의 TV동화는 애니메이션으로 제작되고 있으며 동화구연의 제작을 위한 동화 소재도 유명한 명작동화뿐만 아니라 다양한 일상생활에서 공감할 수 있는 내용을 활용하고 있다. 아무튼 TV라는 매체를 통한 동화구연은 앞으로도 계속 활발하게 진행될 것으로 예측되며 이를 활용한 다양한 동화구연 방법에 대해 많은 연구와 노력이 뒷받침되어야 할 것이다.

둘째, 구연자는 컴퓨터와 빔프로젝터를 활용하여 대형스크린에 구연할 플래시 동화나 그림동화 또는 애니메이션 동화 등을 띄워서 구연대상자들과 함께 보고 들으면서 보충동화구연을 할 수 있다. 이 방법은 구연자가 다수의 구연대상자들에게 구연할 때 활용하기 좋은 방법이다. 물론 전제조건으로 강의실이나 교실에 컴퓨터와 빔프로젝터 그리고 대형스크린 시설이 설치되어 있어야 한다. 구연자는 컴퓨터로 인터넷에 연결하여 구연할 플래시 동화나 그림동화 또는 애니메이션 동화 등을 직접 다운받아 유·아동들에게 동화구연을 할 수도 있고, 이미 준비한 동화 CD나 DVD 등을 활용하여 구연할 수도 있다. 이제 더 이상 동화책만으로 동화구연을 하는 시대는 지나갔다고 할 수 있다. 다양한 동화콘텐츠를 개발하고 대중화하여 동화구연의 장을 넓혀야 하는 것이다.

6. 동화구연의 실제

동화구연의 실제의 경우를 몇 가지 알맞은 동화를 선택하여 동화 구연 방법에 따라서 직접 시도해 보자.

1) 구연자가 동화책 없이 직접 구연한 경우

「의좋은 형제」	구연 포인트
옛날 어느 시골에 의좋은 형제가 살고 있었습니다. 일찍이 아버지를 여읜 형제는 어머니 밑에서 자랐습니다. 어머니가 살아 계신 동안에는 형제가 한집에서 살며 힘을 합하여 지성껏 효도를 했습니다. 마을에서도 이 두 형제를 효자들이라 하여 칭찬이 자자했습니다. 그리고 어머니가 돌아가신 뒤에 재산을 나누었습니다. 두 형제는 누가 더하고 덜함 없이 똑같이 나누었습니다. 이듬해 두 형제는 이른 봄부터 아침 일찍이 들에 나가서 밤늦게까지 부지런히 일하였습니다. 마침내 그 해 가을이 되었습니다. 봄여름, 쉴 새 없이 땀을 흘리며 열심히 일했기 때문에 두 형제는 다른 사람들보다 더 많은 벼를 거두었습니다. 두 형제는 같은 면적의 논에다 벼를 심었기 때문에 누가 더 많이 거두었나 비교해 보았	① 구연자는 내레이션이 많은 동화를 선택했기 때문에 그림 4장을 준비하여 융판이나 자석칠판을 사용하면서 구연하는 게 좋다.  그림 1: 의좋은 형제가 열심히 함께 일하는 그림 그림 2: 형이 벼 한 섬을 져다가 아우네 집 볏섬 위에 몰래 쌓아 놓는 그림 그림 3: 아우가 벼 한 섬을 져다가 형네 집 볏섬 위에 몰래 쌓아 놓는 그림 그림 4: 형과 아우가 볏섬을 진 채 손을 마주 잡고 눈물을 흘리고, 하

「의좋은 형제」	구연 포인트
습니다. 그런데 이상하게도 두 형제가 거둔 벼의 양이 똑같았습니다. 그 날 밤에 형은 곰곰이 생각해 보았습니다. '동생은 새로 살림을 시작했으니까 아무래도 살림에 드는 것이 더 많은 거야. 동생 몰래 볏섬이나 더 보태어 주어야지.' 이렇게 생각한 형은 밤중에 자기의 벼 한 섬을 져다가 아우네 집 볏섬 위에 몰래 쌓아 놓고 돌아왔습니다. 형은 그때서야 할 일을 했다고 속으로 기뻐했습니다. 한편 아우는 그런 줄은 전혀 몰랐으나, 우애가 깊은 아우도 역시 형과 같은 생각을 했습니다. '형님 댁은 우리보다 식구가 더 많을 뿐더러 조상들 제사도 모셔야 되니 나보다 양식이 훨씬 더 많이 들 거야. 옳지, 밤중에 형님 몰래 볏섬이나 형님 댁에다 갖다 놓고 와야지.' 그래서 아우도 역시 형이 모르도록 밤중에 볏섬을 져다가 형님네 볏섬 위에 쌓아 두고 왔습니다. 아우도 그제야 마음이 놓였습니다. 그런데 이튿날이었습니다. 형은 일어나자마자 볏섬이 쌓여 있는 곳으로 가 보았습니다. 벼 한 섬을 어젯밤에 분명히 동생네 집에다 져다 주었는데, 이게 어찌된 일입니까? 볏섬을 조금도 줄지 않았습니다. '참 이상한데! 도대체 이게 어찌된 일일까?'	늘에서는 밝은 달이 의좋은 형제를 환히 비추어 주는 그림 ② 구연자는 '옛날 어느 시골에 의좋은 형제가 살고 있었습니다. 일찍이 아버지를'로 시작해서 '이때 하늘에서 밝고 밝은 달이 의좋은 형제를 환히 비추어 주고 있었습니다.'로 끝나는 내레이션 부분을 자기 본연의 목소리로 정확하고 생동감 있게 구연한다. ③ 구연자는 **그림** 1을 구연대상자에게 융판이나 자석칠판을 사용하여 보여주면서 '옛날 어느 시골에 의좋은 형제가 ……'로부터 '두 형제가 거둔 벼의 양이 똑같았습니다.'까지를 정확하고 생동감 있게 구연한다. ④ 구연자는 **그림** 2를 구연대상자에게 융판이나 자석칠판을 사용하여 보여주면서 '그 날 밤에 형은 ……'으로부터 '형은 그때서야 할 일을 했다고 속으로 기뻐했습니다.'까지를 구연하는데, 특히 형의 목소리로 '동생은 새로 살림을 시작했으니까 아무래도 살림에 드는 것이 더 많은 거야. 동생 몰래 볏섬이나 더 보태어 주어야

「의좋은 형제」	구연 포인트
형은 고개를 갸웃거리며 생각해 보았으나 도무지 알 수가 없는 일이었습니다. 한편 아우도 아침에 일어나자마자 볏섬이 쌓인 곳으로 가 보았습니다. 볏섬을 본 아우도 놀라지 않을 수 없었습니다. 분명히 벼 한 섬을 간밤에 형님 댁 볏섬에다 갖다 쌓아 두었는데 볏섬을 전혀 줄지 않았습니다. '참 이상한 일도 많구나! 이게 어찌된 일일까?' 아우도 그 까닭을 생각해 보았지만 알 수가 없었습니다. 그 날 밤 형은 또 몰래 벼 한 섬을 져다가 아우의 볏섬 위에 쌓아 놓고 왔습니다. '이만하면 동생 것이 더 많겠지.' 형은 이번에도 마음이 흐뭇했습니다. 한편 아우는 아우대로 그 날 밤에 또 벼 한 섬을 져다가 형님 댁 볏섬 위에 쌓아 두고 왔습니다. '아, 이제야 형님을 도와 드렸구나!' 아우도 형님을 도와 드렸다면서 기뻐했습니다. 또다시 날이 밝았습니다. 두 형제는 그 날 아침에도 볏섬을 세어 보았습니다. 그러나 참으로 이상했습니다. 볏섬을 조금도 줄지 않았습니다. 두 형제는 각각 아무리 생각해 보아도 어찌된 영문인지를 짐작할 수가 없었습니다. '참 이상도 하다!'	지.'의 독백 부분을 구연하는 게 바람직하다. ⑤ 구연자는 **그림 3**을 구연대상자에게 융판이나 자석칠판을 사용하여 보여주면서 '한편 아우는 그런 줄은 전혀 몰랐으나, ……'로 시작해서 '아우도 그제야 마음이 놓였습니다.'까지를 구연하는데, 역시 동생의 목소리로 '형님 댁은 우리보다 식구가 더 많을뿐더러 조상들 제사도 모셔야 되니 나보다 양식이 훨씬 더 많이 들 거야. 옳지, 밤중에 형님 몰래 볏섬이나 형님 댁에다 갖다 놓고 와야지.'의 생각 부분을 구연하는 게 좋다. ⑥ 구연자는 그림 없이 구연대상자의 눈을 쳐다보면서 '그런데 이튿날이었습니다.……'로부터 '참 이상도 하다!'까지를 구연하는데, 역시 독백 부분은 형 또는 아우의 목소리로 각각 구분하여 구연하는 것을 잊지 말아야 한다. 특히 '참 이상한데!', '참 이상한 일도 많구나!', '참 이상도 하다!' 등의 독백을 할 때는 얼굴표정에서 눈을 동그랗게 하고 양쪽 어깨를 들어 올리면서 유·아동들에게 웃음

「의좋은 형제」	구연 포인트
'참 이상도 하다!' 일이 이렇게 되자 형은 꾀를 내었습니다. '옳지, 오늘 밤에는 일찌거니 벼를 아우 집에다 져다 놓고 와서, 내 볏섬을 세어보자.' 이렇게 생각한 형은 벼 한 섬을 지고 아우 집으로 향했습니다. 그런데 도중에서 누가 볏섬을 지고 이리로 오고 있었습니다. '참 이상한 일이로구나! 누가 이 밤에 볏섬을 지고 올까? 혹시 내 아우가 아닐까?' 이렇게 생각한 형은 서둘러 그 사람 쪽으로 다가가 보았습니다. 형은 그 순간 '앗' 하고 소리를 지르고 말았습니다. 그러자 저쪽 사람도 '앗' 하고 놀라지 않을 수 없었습니다. "아, 형님이셨군요! 제 집에 볏섬을 져다 주신 이가." "응, 정말 내 집에 볏섬을 져다 준 사람이 아우였구나!" 두 사람은 볏섬을 진 채 손을 마주 잡고 눈물을 흘렸습니다. 이때 하늘에서 밝고 밝은 달이 의좋은 형제를 환히 비춰 주고 있었습니다.	을 유발하는 게 효과적이다. ⑦ 구연자는 **그림 4**를 구연대상자들에게 융판이나 자석칠판을 사용하여 보여주면서 '일이 이렇게 되자 형은 꾀를 내었습니다.……'로부터 동화의 마지막 부분 '의좋은 형제를 환히 비추어 주고 있었습니다.'를 구연한다. 특히 형과 아우의 대화부분 "아, 형님이셨군요! 제 집에 볏섬을 져다 주신 이가." "응, 정말 내 집에 볏섬을 져다 준 사람이 아우였구나!"를 구분하여 감동적으로 구연해야 하며, '앗'이라는 의성어를 생동감 있게 외치는 것을 놓치지 말아야 한다.

2) 구연자가 동화책을 가지고 구연한 경우

「은혜 갚은 까치」	구연 포인트
① 옛날 어느 마을에 한 젊은이가 살고 있었습니다. 젊은이는 오랫동안 부지런히 공부를 하여 먼 서울로 과거를 보러 길을 떠났습니다. 가난한 젊은이는 말을 타고 갈 수도 없어 들길, 산길을 혼자 걸어가야 했습니다. 호젓한 산길을 가다가 혹시 무서운 짐승이라도 만나면 쓰려고 활 하나를 메고 있었습니다. 하루 종일 가다가 저녁이 되면 주막에 들어 자고, 날이 새면 부지런히 길을 걸었습니다.	① 구연자는 그림동화책의 첫 번째 장면을 동화 대상자에게 보여주면서 내레이션 부분을 자기 본연의 목소리로 정확하고 생동감 있게 구연한다.
② 이렇게 여러 날을 가는데 하루는 인가도 없는 험한 산길에서 해가 저물었습니다. 어둡기 전에 어서 주막을 찾아들어야 하는데, 길은 갈수록 험해지고 사람 사는 집이라고는 보이지도 않았습니다. 젊은이가 걸음을 빨리하여 주막을 찾으려 애를 쓰는데, 문득 근처 느티나무 위에서 귀를 찢는 듯한 까치 소리가 났습니다. "깍, 깍, 깍……" 그 소리는 예사 때 듣는 까치 소리가 아니었습니다. 무슨 급한 변을 당해서	② 구연자는 그림동화책의 두 번째 장면을 구연대상자에게 보여주면서 내레이션 부분을 자기 본연의 목소리로 정확하고 생동감 있게 구연한다. 또한 구연자는 의성어 "깍, 깍, 깍……" 부분을 다급한 까치 소리로 구연한다.

「은혜 갚은 까치」	구연 포인트
소리치는 것만 같았습니다.	
③ 아니나 다를까, 나무 위에 있는 까치 집에 커다란 구렁이 한 마리가 올라가 있었습니다. 그리고 구렁이를 보고 어미와 아비 까치 두 마리가 아래위로 날아돌면서 짖어대고 있었습니다. 구렁이는 까치집 안에 있는 새끼 까치를 잡아먹으려 하는 판이었습니다. 젊은이는 이제 바야흐로 새끼 까치가 구렁이의 밥이 된다 생각하니 그냥 지나갈 수가 없었습니다.	③ 구연자는 그림동화책의 세 번째 장면을 구연대상자에게 보여주면서 내레이션 부분을 자기 본연의 목소리로 정확하고 생동감 있게 구연한다. 특히 구렁이가 새끼 까치를 잡아먹으려는 다급한 순간을 리얼하게 구연함으로써 유·아동들에게 긴장감을 유발한다.
④ 젊은이는 까치들의 울음소리가 구해 달라 외치는 소리같이 들려, 그 자리에서 어깨에 멘 활을 벗어 들고 화살을 재었습니다. 구렁이의 머리를 겨누어 '핑' 화살이 날았습니다. 젊은이의 활 쏘는 솜씨가 좋아 단번에 구렁이를 나무 위에서 떨어뜨리고 말았습니다. 까치 새끼는 젊은이 덕택으로 죽음을 면했습니다.	④ 구연자는 그림동화책의 네 번째 장면을 동화 대상자에게 보여주면서 내레이션 부분을 자기 본연의 목소리로 정확하고 생동감 있게 구연한다. 구연자는 의태어 '핑' 부분을 진짜 활을 쏘는 것처럼 실감나게 구연한다. 구렁이가 떨어지는 순간 아이들이 환호성을 지르도록 구연한다.
⑤ 구렁이를 쏘아 죽인 젊은이는 그 자리를 떠나 다시 걸음을 빨리 했습니다. 해는 이미 져버려 사방이 어두웠습니다. 그러나 여전히 주막은 보이지 않았습니다. '오늘밤은 산에서 밤을 새워야 하나	⑤ 구연자는 그림동화책의 다섯 번째 장면을 구연대상자에게 보여주면서 내레이션 부분을 자기 본연의 목소리로 정확하고 생동감 있게 구연한다. 특히 구연자는 '오늘밤은 산에서 밤을 새워야 하나 보다'라는 독백 부분을

「은혜 갚은 까치」	구연 포인트
보다' 하고 가는데, 먼데서 깜박깜박 반짝이는 불빛 하나가 보였습니다. '아!' 저기 사람 사는 집이 있나 보다 하고 젊은이는 걸음을 빨리하여 그 불빛을 찾아갔습니다. 가까이 가보니 불이 켜 있는 곳은 오래된 절간 같은 집이었습니다. 문을 들어서니 집 안은 고요한데 웬 일인지 휙 찬 기운이 돌았습니다.	젊은이의 목소리로 구연한다. '아!'라는 의성어를 다행이라는 안도의 마음으로 실감나게 구연해야 한다.
⑥ "길 가던 나그네올시다, 하룻밤 자고 가게 해주십시오." 젊은이가 주인을 찾으며 말하니 안에서 한 젊은 여자가 나와서, "여기는 아무것도 대접할 음식이 없는데, 그래도 좋으시다면 들어와 쉬고 가세요." 하며 젊은이를 방으로 인도해 주었습니다. 하루 저녁 끼니를 굶는 것쯤 문제가 아니었습니다. 자고 갈 방이 있는 것만도 다행이다 생각하며, 젊은이는 여자가 안내해 주는 방에 들어가 곧 드러누웠습니다.	⑥ 구연자는 그림동화책의 여섯 번째 장면에서 젊은이와 집주인 젊은 여자의 구별된 목소리로 대화를 주고받아야 한다.
⑦ 종일 길을 걸어온 참인지라 고단하여 이내 잠이 들었습니다. 그런데 잠결에 숨이 막힐 듯이 가슴이 답답하여 눈을 떠보니, '아! 기둥같이 굵은 구렁이가 젊은이의 몸을 칭칭 감고 눈앞에	⑦ 구연자는 그림동화책의 일곱 번째 장면에서 위기에 처한 다급한 분위기를 생각하면서 구연한다. 특히 구연자는 '아! 기둥같이 굵은 구렁이가 젊은이의 몸을 칭칭 감고 눈앞에 새빨간

「은혜 갚은 까치」	구연 포인트
새빨간 혓바닥을 날름거리고 있지 않겠습니까!' 젊은이는 바로 코앞에 날름거리는 구렁이의 혓바닥에 기가 질려 말도 할 수가 없었습니다.	혓바닥을 날름거리고 있지 않겠습니까!'의 외침을 강조하여 구연한다.
⑧ 구렁이는 젊은이가 잠을 깬 걸 알자 무섭게 큰소리로, "내 남편을 죽인 원수 놈아, 너는 이제 나한테 죽는 줄 알아라." 하고 젊은이의 목을 조르기 시작했습니다. 젊은이는 무서움에 떨면서도 가만히 있어서는 안 되겠다고 생각했습니다. 그래서 정신을 가다듬으며 구렁이에게 애걸을 했습니다. "어리석은 탓으로 그런 죄를 지었습니다. 그렇지만 한번만 용서해 주시면 그 은혜를 잊지 않겠습니다. 제발 목숨만은 살려 주시오." "어림없는 소리 마라. 내 남편을 쏘아 죽인 너를 살려주다니. 내가 너를 놓치지 않으려고 사람의 형상까지 해 가지고 간신히 잡았는데, 너를 놓아줄 줄 아느냐?"	⑧ 구연자는 그림동화책의 일곱 번째 위기의 장면에 이어서 여덟 번째 장면에서도 구연대상자에게 긴장감을 불러일으키는 구연을 한다. 특히 구연자는 구렁이의 대사를 무서운 큰 목소리로 구연하고, 목이 졸린 젊은이의 목소리는 애절하게 애걸하듯이 구연한다.
⑨ 젊은이는 구렁이가 용서를 해줄 것 같지 않자 잠시 동안이라도 틈을 얻어야겠다고 생각했습니다. "남편의 원수를 갚으려는 그 마음은 나도 잘 알겠습니다. 남을 죽이고 내가	⑨ 구연자는 그림동화책의 아홉 번째 장면에서 죽을 위기에 처한 젊은이의 위기상황을 생각하면서 애절하게 살려달라고 매달리듯이 구연한다. 특히 대화 부분을 신경 써서 구연해야 한다.

「은혜 갚은 까치」	구연 포인트
살겠다고 하는 것은 무리한 욕심인지 모르지만, 나는 지금 서울로 과거를 보러 가는 사람입니다. 어릴 적부터 부모님 슬하에서 부지런히 공부를 했습니다. 이제 과거에 급제하여 부모님의 은혜를 갚으려 하는 참인데, 여기서 죽으면 부모님께서 얼마나 애통해하시겠습니까?" 구렁이는 듣기 싫다는 듯이, "그런 소리를 들으려고 너를 붙든 게 아니다. 너는 내 남편을 죽인 원수다." 하고 점점 더 목을 죄었습니다. "구렁이님! 내 말을 들어보시오. 내가 당신 남편을 죽인 것은, 당신 남편이 어린 까치 새끼를 잡아먹으려는 걸 차마 볼 수 없어서 한 짓입니다. 새끼를 살리려고 울고 짖어대는 어미 까치가 불쌍해서 그만 앞뒷일을 미처 생각지 못하고 한 짓이니, 제발 용서해 주시오."	
⑩ 젊은이가 하는 말에 구렁이는 무슨 생각을 했는지 죄던 몸뚱이를 늦추면서 이렇게 말했습니다. "너의 얘기를 들으니 너도 짐승을 사랑하는 마음이 있어서 한 짓인 줄 알겠다. 어린 까치 새끼를 위해 한 짓이라니 특히 네 죄를 가볍게 보아주마."	⑩ 구연자는 그림동화책의 열 번째 장면에서 잠시 위기상황을 벗어나는 듯이 구연한다. 마음 졸이던 구연대상자들에게 약간의 안도감을 주도록 구연한다.

「은혜 갚은 까치」	구연 포인트
"고맙습니다. 은혜는 평생 잊지 않겠습니다." 젊은이는 어쩌면 살아나게 되려나 보다 하고 이렇게 말하며 고마워했습니다. 그러나 구렁이는 "너를 아주 살려 준다는 것이 아니다. 오늘 밤 자정까지만 살려 둘 테니 그때까지 기다려라. 그때까지 이 절간 뒤에 있는 종각의 종이 세 번 울면 너를 살려 주마." 하고는 어디론지 나가 버렸습니다.	
⑪ 젊은이는 후유 한숨을 쉬고 부스스 일어났습니다. 밤은 이미 깊어 오래지 않아 자정이 될 것 같았습니다. 절간 뒤꼍으로 가 보니 높다란 다락이 있고, 그 다락 위에 종이 달려 있는 모양이었지만, 오랫동안 치지 않은 종이라 잡아당기는 줄도 없고 올라갈 길도 없었습니다. '내가 올라가서 직접 종을 치기라도 해보았으면 좋으련만 ……'	⑪ 구연자는 그림동화책의 열한 번째 장면에서 젊은이의 생과 사의 기대와 실망을 유·아동들에게 그대로 전달되도록 구연한다.
⑫ 젊은이가 높은 다락을 쳐다보며 한숨을 쉬고 있는데 어느새 그 구렁이가 기어 왔습니다. "자, 자정이 다 됐다. 인제 죽을 각오를 해라."	⑫ 구연자는 그림동화책의 열두 번째 장면에서 죽음의 위기가 절정에 달한 젊은이와 구렁이의 입장에서 구연한다.

「은혜 갚은 까치」	구연 포인트
구렁이는 혀를 날름거리며 젊은이를 향해 기어들었습니다.	
⑬ 바로 이때 다락 위에서 뜻밖에도 종소리가 '땡, 땡, 땡' 세 번 울렸습니다. 종소리를 듣자 젊은이와 구렁이는 다 같이 놀랐습니다. 치는 사람도 없이 종이 자정에 맞추어 세 번이나 '땡, 땡, 땡' 우는 것은 참으로 뜻밖의 일이 아닐 수 없었습니다. 종소리를 들은 구렁이는 젊은이를 바라보고, "너를 꼭 죽이려 했다마는 종소리가 났으니 약속대로 살려 줄 수밖에 없다. 살아가거라." 하며 어둠 속으로 사라져 버렸습니다.	⑬ 구연자는 그림동화책의 열세 번째 장면에서 동화 구성의 구원 부분에 알맞게 구연한다. 의성어 '땡, 땡, 땡'이 구원의 종소리로 인식되도록 구연한다.
⑭ 날이 새기가 바쁘게 젊은이는 다시 종각 아래로 가 보았습니다. 높은 다락 위에는 종만 덩그러니 매달려 있었습니다. 자정에 운 것은 부처님이 나를 위해 하신 일인가 보다 생각하며 우연히 땅바닥을 내려다본 젊은이는 '아악!' 하고 놀란 소리를 질렀습니다.	⑭ 구연자는 그림동화책의 열네 번째 장면에서 죽음 직전에서 구원된 젊은이의 기쁜 마음으로 구연하다가 깜짝 놀라는 의성어 '아악!'을 리얼하게 구연한다.
⑮ 땅바닥에는 새벽이슬에 젖은 까치 두 마리가 머리를 깨어 피를 흘린 채 죽어 있었습니다. 이 까치들은 바로 어제 저녁에 구렁이에게 새끼들을 잡아먹힐 뻔한 그 어미	⑮ 구연자는 그림동화책의 열다섯 번째 마지막 장면에서 이 동화의 제목에 걸맞은 '은혜 갚은 까치'의 보은의 마음을 전할 수 있도록 구연한다. 특히 구연자는 구연대상자들에게 해피엔

「은혜 갚은 까치」	구연 포인트
와 아비 까치였습니다. 새끼들을 잡아먹으려는 구렁이를 활로 쏘아 죽여 준 젊은이에게 은혜를 갚기 위하여 목숨을 아끼지 않고 머리로 종을 두들겨 젊은이를 살게 해준 것입니다. 죽은 까치를 집어 들고 어루만지며, 젊은이는 저도 모르게 눈물을 떨어뜨렸습니다.	딩의 분위기에서 까치의 죽음에 대한 슬픈 마음을 지혜롭게 잘 전해야 한다.

3) 구연자가 TV나 컴퓨터와 빔프로젝터를 활용하여 대형스크린에 구연할 방송사가 제작한 동화구연이나 플래시 동화나 그림동화 또는 애니메이션 동화 등을 띄워서 구연대상자들과 함께 보고 들으면서 보충 동화구연을 하는 경우

『강아지 똥』

『강아지 똥』	구연 포인트
돌이네 강아지가 골목길에 똥을 누고 간다. 강아지 똥은 똥이라며 더럽다고 피하는 참새와 어미 닭을 만나 슬퍼하지만 흙덩이가 응원을 해 주고, 겨울이 지나 봄을 맞는다. 봄비가 내리더니 파란 민들레 싹이 자라났고, 민들레는 강아지 똥에게 거름이 필요하다고 말한다. 강아지 똥은	① 구연자는 『강아지 똥』 CD를 컴퓨터에 넣고 빔프로젝터를 켜고는 대형스크린에 화면을 비추면서 구연대상자와 함께 애니메이션을 감상한다. ② 구연자는 구연상대자와 함께 『강아지 똥』 애니메이션을 감상한 후 '강아지 똥의 탄생', '강아지 똥과 새와의 만남과 대화', '강아지 똥과 흙덩이의 만

『강아지 똥』	구연 포인트
오히려 자기가 도움이 될 수 있다는 것을 기뻐하고 몸을 쪼개어 거름이 된다. 강아지 똥의 희생으로 민들레는 아름다운 꽃을 틔운다.	남과 대화', '강아지 똥과 감나무 잎과의 만남과 대화', '강아지 똥과 어미 닭과 병아리의 만남과 대화', '강아지 똥과 민들레와의 만남과 대화' 등의 전체 줄거리를 구연설명 한다. ③ 구연자는 『강아지 똥』의 주제라고 할 수 있는 '세상에는 쓸모없는 물건은 없다'는 내용과, 강아지 똥이 밑거름이 되어 예쁜 민들레꽃이 피어나듯이, 유·아동들도 이 세상에서 필요한 존재로 살아가야 한다는 교육적 메시지를 전달하는 보충구연을 한다.

이미 미국에서는 4년 전부터 스마트폰이나 스마트패드(태블릿 PC)가 학교 교과서를 대치했다고 한다. 인터넷과 태블릿 PC의 강국인 우리나라도 머지않아 미국처럼 동화책이 사라지고 태블릿 PC로 개인이 읽고 싶은 동화를 마음대로 보게 되는 시기가 도래하리라 예상된다. 그때 동화구연자는 과연 무슨 역할을 할 수 있을까? 전문동화구연자가 스마트폰에서 멋진 화면과 함께 훌륭한 구연을 한다면 지금의 동화구연자 중에 몇 퍼센트나 살아남을까? 지금부터 준비해야 한다. 동화엔터테인먼트, 동화미디어콘텐츠를 스마트 시대에 맞춰 잘 준비해야 된다는 말이다. 그러므로 동화구연자는 구연대상자들에게 스마트패드를 활용한 오락프로그램에 따른 동화구연을 할 준비를 철저하게 대비하자.

3장 그림동화 아동교육

그림동화 아동교육이란 동화를 스토리에 따라 그림으로 표현하여 아동을 교육하는 것을 말한다. 다시 말해 동화를 아동이 읽을 때 교육적 효과를 극대화하기 위해 그림을 덧붙여 표현한다는 뜻이다. 즉, 그림을 보여주면서 동화를 스토리텔링 함으로써 창조적이고 정의로운 인물로 성장케 하는 아동교육을 말한다. 그림동화라는 말은 그림이 들어 있는 동화란 뜻이 일반적이다. 하지만 독일 낭만주의시대 동창미인童創美人 그림형제의 동화모음집을 그림 동화라고 부르기도 한다. 그림형제의 동화모음집 『아동과 가정 동화』에 실린 동화가 210편에 달하니 그림동화라 하면 그림형제가 수집한 동화를 지칭하는 것도 무리는 아닐 듯싶다.

1. 그림동화 아동교육의 내용

그림동화 아동교육은 아동의 지적·정서적·언어적·사회적 발달에 커다란 영향을 준다. 그림동화가 아동교육에 매우 효과적이라는 말이다. 다시 말해 단순히 글로만 되어 있는 동화를 아동들이 읽을 때보다 그림이 들어 있는 그림동화를 접할 때 아동들은 훨씬 더 쉽게 지적·정서적·언어적·사회적 발달을 가져온다는 뜻이다. 그럼, 그 내용은 어떤 것이 있는지 알아보자.

첫째, 그림동화 아동교육의 내용은 순진한 어린아이의 눈높이에 맞춰 순수해야 한다. 동심은 순수하다. 동화는 바로 동심을 기조로 하여 만들었기 때문에, 동화는 순수한 이야기이어야 한다. 반대로 순수하지 않은 내용의 이야기는 동화가 아니라고 말할 수 있다.

둘째, 그림동화 아동교육의 내용은 어린아이처럼 단순해야 한다. 동화의 대상이 주로 아동임을 생각한다면 동화 줄거리는 단순해야 하는 게 당연하다. 따라서 복잡한 줄거리의 이야기는 그림동화의 대상이 아니다.

셋째, 그림동화 아동교육의 내용은 정의로워야 한다. 그림동화를 접한 아이들이 책을 통해 사회성을 간접 체험하기 때문에 미래의 정의사회 구현을 위해서 그림동화를 통한 아동교육은 정의로워야 한다. 따라서 그림동화의 내용이 정의가 승리하고 악의가 패배한다는 단순한 논리를 지혜롭게 묘사해야 할 것이다.

넷째, 그림동화 아동교육의 내용은 대상자의 연령에 따라 구별되게 만들어져야 한다. 5세 미만의 유아들에게 너무 복잡한 그림동화를 보게 한다거나, 5세 이상의 아동들에게 너무 단순한 그림동화를 읽게 한다면 유·아동들은 그림동화 교육에 몰입할 수 없을 것이다. 따라서 교사나 학부모는 연령에 맞춰 그림동화를 선택하고 유·아동들을 교육해야 한다.

다섯째, 그림동화 아동교육은 아이에 대한 남다른 애정이 있어야 한다. 아이들을 기피하거나 싫어하는 사람은 그림동화 교육을 할 수 없다. 억지로 할 수도 있겠지만, 대상자들이 금방 알아차리고 교육을 받지 않으려고 할 것이다. 또한 '애정이 없는 교사나 학부모가 스스로 어떻게 그림동화를 교육하겠는가?'라고 자문하겠지만, 자기 애들뿐만 아니라 남의 아이들도 사랑하는 마음이 있어야 좋은 교사로서 아동교육을 할 수 있다는 말이다.

여섯째, 그림동화 아동교육은 에로틱하면 안 된다. 동화를 그림과 함께 교육하기 때문에 때로는 청춘 남녀의 사랑이야기가 동화 주제가 될 수 있다. 이때 남여의 사랑이야기를 나무 선정적으로 묘사하거나 심지어 에로틱한 장면이 들어 있는 그림동화를 교육해서는 안 된다는 뜻이다. 교사나 학부모는 진실한 사랑을 순수하고 가볍게 묘사하는 그림동화를 선택하여 대상자들을 교육하라는 말이다.

2. 그림동화의 제작 방법

그림동화 아동교육의 핵심은 질 좋은 그림동화를 만드는 일일 것이다. 앞에서 언급한 그림동화 아동교육의 내용에 따라서 다양한 종류의 그림동화를 제작해야 한다. 글과 그림을 동시에 다 뛰어나게 잘하기란 쉽지 않다. 그러나 이미 만들어진 그림동화책을 가지고 아동을 교육하는 것도 좋지만, 교사나 학부모 스스로 동화를 창작해 보거나, 아니면 이미 시중에 나와 있는 동화에다가 자신이 그림을 그려서 교육하는 방법은 매우 의미 있는 일이라 할 수 있다. 그 실례를 들어가면서 그림동화의 제작 방법에 대해 알아보자.

1) 순진한 어린아이의 눈높이에 맞춘 순수한 내용의 창작동화「달과 아기 코끼리」를 가지고 그림동화의 제작을 시도

「달과 아기 코끼리」	동화 줄거리에 따른 그림 제작 설명
① 날마다 엄마 코끼리는 걱정입니다. 아기 코끼리 때문이지요. 말썽꾸러기 아기 코끼리가 오늘은 어떤 일을 벌일지 모르기 때문입니다.	① 그림 1: 엄마 코끼리와 아기 코끼리를 귀엽고 커다랗게 그린다. 걱정하는 엄마 코끼리 표정과 천진난만한 말썽꾸러기 아기 코끼리 모습을 삽입한다.
② 그래서 엄마 코끼리는 병이 났어요. 말썽꾸러기 아기 코끼리 때문에 속병이 난 것이지요.	② 그림 2: 병이 들어 누워 있는 엄마 코끼리 모습을 그린다.
③ 아기 코끼리는 엄마가 그렇게 가지 말라고 말리는 사자 굴에 갔다가 사자 할아버지에게 잡아먹힐 뻔하기도 했어요.	③ 그림 3: 아기 코끼리와 사자 할아버지를 그린다. 사자 굴에서 입을 크게 벌리는 사자와 깜짝 놀라는 아기 코끼리의 모습을 삽입한다.
④ 숲 속 웅덩이에서 악어 낚시를 하다가 무서운 악어에게 물릴 뻔하기도 했지요.	④ 그림 4: 웅덩이에서 낚시하는 아기 코끼리와 입을 크게 벌리고 공격하는 악어의 모습을 그린다.
⑤ 어제는 폭포에서 다이빙 연습을 하다가 소용돌이에 휘말려 큰일이 날 뻔했어요.	⑤ 그림 5: 폭포에서 다이빙 하는 아기 코끼리를 그린다.
⑥ "아기 코끼리가 다치면 어떻게 하	⑥ 그림 6: 걱정하는 엄마 코끼리를 생

「달과 아기 코끼리」	동화 줄거리에 따른 그림 제작 설명
나, 오늘은 무슨 말썽을 부릴까?"라고 엄마 코끼리는 늘 아기 코끼리를 걱정했어요. 엄마 코끼리는 걱정이 심해져서 잠을 잘 수도 없었어요. 맛있게 밥을 먹을 수도 없었지요. 그래서 엄마 코끼리는 병이 난 것이랍니다.	동감 있게 그린다. 식음을 전폐하고 병이 나서 누워 있는 모습을 삽입한다.
⑦ "잉잉, 엄마 잘못했어요. 엄마 말씀 잘 듣는 착한 코끼리가 될 게요. 어서 나으세요, 엄마."라고 아기 코끼리는 울면서 엄마 코끼리를 열심히 간호했어요.	⑦ **그림 7**: 울면서 엄마 코끼리를 간호하는 아기 코끼리를 그린다.
⑧ 아기 코끼리는 엄마에게 드릴 시원한 물을 뜨러 밖으로 나왔어요. "모두 나 때문이야. 내가 말썽만 부려서 엄마가 아픈 거라고. 엄마가 돌아가시면 어떻게 하지? 앙앙."라고 아기 코끼리는 눈물을 흘리면서 울었어요.	⑧ **그림 8**: 물 뜨러 나오는 아기 코끼리를 그린다. 눈물을 흘리며 우는 표정을 삽입한다.
⑨ 그때 하늘에서 하얗고 둥근 달이 아기 코끼리를 비춰 주었어요. "야. 달님이다! 엄마도 달림을 보시면 좋아하실 텐데……."라고 중얼거리면서 아기 코끼리는 둥근 달을 보면서 시냇가로 갔어요.	⑨ **그림 9**: 하늘에 둥근 보름달과 시냇가로 뒤뚱뒤뚱 걸어가는 아기 코끼리를 그린다.
⑩ 물을 뜨려고 냇물 가까이로 갔을 때 아기 코끼리는 물에 떠 있는 달그림자를 보았어요. "어? 여기에도 달님이 있었네. 이 달님	⑩ **그림 10**: 시냇물에 비치는 달그림자와 물을 뜨는 아기 코끼리를 그린다. 긴 코로 물을 들이마시는 모습을 삽입한다.

「달과 아기 코끼리」	동화 줄거리에 따른 그림 제작 설명
을 엄마한테 갖다 드려야지."라고 아기 코끼리는 긴 코로 시냇물을 힘껏 들이마셨어요.	
⑪ 그리고 코를 높이 쳐들고 집으로 달리기 시작했어요. 코에 들어 있는 달이 떨어지면 안 되니까요.	⑪ 그림 11: 코를 높이 쳐들고 집으로 달려가는 아기 코끼리를 그린다.
⑫ "엄마, 이것 좀 보세요. 엄마한테 드릴 선물을 가져왔어요."라고 말하면서 아기 코끼리는 양동이에다 시냇물을 쏟았어요.	⑫ 그림 12: 양동이에다 시냇물을 쏟아내는 아기 코끼리를 그린다.
⑬ "어머나, 하얗고 둥근 달님이네. 우리 아기가 가져온 달님을 보니까 엄마가 다 낳은 것 같구나."라고 말하면서 엄마는 아기 코끼리를 꼭 안아 주었어요.	⑬ 그림 13: 아기 코끼리를 꼭 안아 주는 엄마 코끼리를 그린다.
⑭ 양동이에 뜬 달님이 방안을 따뜻하고 환하게 비춰 주었답니다.	⑭ 그림 14: 마지막으로 양동이에 뜬 보름달을 밝게 그린다.

2) 단순한 스토리의 창작동화 「이상한 알」을 가지고 그림동화의 제작을 시도

「이상한 알」	동화 줄거리에 따른 그림 제작 설명
① 어느 호숫가 옆, 숲 속에 이상한 알이 하나 떨어져 있었어요.	① 그림 1: 알 하나를 크게 그린다.
② 지나가던 황새가 이상한 듯 고개를	② 그림 2: 고개를 갸우뚱거리는 황새

「이상한 알」	동화 줄거리에 따른 그림 제작 설명
갸우뚱거리다가 알 옆으로 다가갔어요. "내가 깨서 먹어야지." 그리고는 커다란 부리고 알을 콕콕 쪼았지만 꼼짝도 하지 않았어요.	를 그린다. 알을 콕콕 쪼는 모습을 삽입한다.
③ 코뿔소가 왔어요. "이 알은 내가 먹을 테야." 코뿔소도 커다란 뿔로 알을 깨뜨려보려고 했지만 알은 꼼짝하지 않았어요. 코뿔소는 동물의 왕인 사자를 찾아가 이 사실을 말했어요.	③ 그림 3: 커다란 뿔로 알을 깨뜨려보려는 코뿔소를 그린다.
④ 사자가 와서 보니 정말 이상한 알이었어요. 으르렁 으르렁, 소리 질러 보았지만 알은 꼼짝도 하지 않았어요. 사자는 기운 센 코끼리를 불렀어요.	④ 그림 4: 알을 보고 으르렁 으르렁, 소리 지르는 사자를 그린다.
⑤ 코끼리는 커다란 코로 알을 말아 올려 꽉 쥐어 보았지만 깨지지 않았어요.	⑤ 그림 5: 커다란 코로 알을 말아 올려 꽉 쥐는 코끼리를 그린다.
⑥ 하마는 커다란 엉덩이로 알을 깔고 앉았어요.	⑥ 그림 6: 커다란 엉덩이로 알을 깔고 앉는 하마를 그린다.
⑦ 그래도 알은 깨지지 않았어요. 그러는 동안 숲 속의 동물들이 모두 모여 들었어요.	⑦ 그림 7: 깨지지 않은 알을 그린다.
⑧ 구경을 하던 얼룩말이 앞으로 다가와서 뒷발로 차 보았어요.	⑧ 그림 8: 알을 뒷발로 차는 얼룩말을 그린다.
⑨ 그리고 홍학은 알을 하늘 높이 물고 올라가 밑으로 떨어뜨렸어요.	⑨ 그림 9: 알을 하늘 높이 물고 올라가 밑으로 떨어뜨리는 홍학을 그린다.
⑩ 비단 뱀도 알을 몸에 칭칭 감아 죄어	⑩ 그림 10: 알을 몸에 칭칭 감아 죄는

「이상한 알」	동화 줄거리에 따른 그림 제작 설명
보았어요. 모든 동물들이 알을 깨려고 해 보았지만 아무도 성공하지 못했어요.	비단 뱀을 그린다.
⑪ 숲 속 동물들은 알을 가운데 놓고 회의를 하기 시작했어요. "이 속에는 무엇이 있을까? 무서운 것이 있을지도 몰라."	⑪ **그림 11**: 알을 가운데 놓고 회의를 하는 동물들을 그린다. 동화에 등장하는 인물들이 다시 등장할 때 혼란을 피하기 위해 같은 색깔을 사용하는 걸 잊지 말아야 한다.
⑫ 바로 이때, 알에서 이상한 소리가 들렸어요. 그것은 알이 깨지는 소리였어요. 알이 조각조각 모두 깨지면서 그 속에서 아기 악어가 밖으로 기어 나왔어요.	⑫ **그림 12**: 알이 깨지는 모습을 그린다.
⑬ 동물들은 아기 악어의 모습을 보고 너무 놀라 숲 속으로 도망가 버렸어요.	⑬ **그림 13**: 아기 악어의 모습과 숲 속으로 도망가는 동물들을 그린다.
⑭ 아기 악어는 천천히 호숫가 물속으로 기어 들어갔어요. 물속의 악어 친구들이 반갑게 맞아 주었어요.	⑭ **그림 14**: 호숫가 물속으로 기어 들어가는 아기 악어를 그린다.
⑮ 엄마 악어와 아빠 악어도 아기를 보자 매우 기뻐했답니다.	⑮ **그림 15**: 아기 악어를 보고 기뻐하는 엄마 악어와 아빠 악어를 그린다.

3) 정의로운 스토리의 동화 「황금 고양이」를 가지고 그림동화의 제작을 시도

「황금 고양이」	동화 줄거리에 따른 그림 제작 설명
① 옛날에 금옥이와 은옥이 자매가 살고 있었어요. ② 언니 금옥이는 읍내 비단 장수네로 시집을 가고, 동생 은옥이는 가난한 어부에게 시집을 갔어요. ③ 어느 추운 겨울날, 은옥이는 생선 광주리를 머리에 이고 생선을 팔러 다녔어요. “생선 사세요. 생선이요. 이상하다. 오늘은 왜 생선이 한 마리도 안 팔리는 걸까? 할 수 없지 뭐. 언니한테 팔아 달라고 해야지.”라고 중얼거리면서 은옥이는 비단 장사를 하는 언니 금옥이이게 찾아갔어요.	① 그림 1: 두 자매의 얼굴을 그린다. 금옥이는 못되게, 은옥이는 착하게 표현한다. ② 그림 2: 금옥이와 비단장수, 은옥이와 어부의 부부의 모습을 그린다. 부자와 가난한 자로 구별해서 표현한다. ③ 그림 3: 생선 광주리를 머리에 이고 생선을 팔러 다니는 은옥이를 그린다. 추운 겨울을 배경으로 삽입한다.
④ “어휴, 이 비린내. 우리는 생선 같은 건 안 먹어. 소고기라면 몰라도 …….” 라고 말하면서 금옥이는 쌀쌀맞게 말했어요. “그렇다면 내가 공짜로 생선을 줄게.” 라고 말하며 은옥이는 가장 큰 생선 두 마리를 집어 들었어요.	④ 그림 4: 생선을 팔러온 은옥이와 동생을 쌀쌀맞게 맞이하는 금옥이를 그린다.
⑤ “아주머니, 살려 주세요. 우리는 용왕님의 신하들이랍니다. 왕자님과 함께 세상 구경을 나왔다가 그물에 걸려	⑤ 그림 5: 큰 생선 두 마리를 집어 든 은옥이와 눈물 흘리며 말하는 물고기를 그린다.

「황금 고양이」	동화 줄거리에 따른 그림 제작 설명
든 거예요."라고 생선들이 눈물을 흘리며 말했어요.	
⑥ 은옥이는 생선 광주리를 이고 바다로 나가 고기들을 모두 놓아주었어요.	⑥ 그림 6: 바다에서 물고기를 놓아주는 은옥이를 그린다.
⑦ "아주머니, 고맙습니다. 저희와 함께 용궁으로 가요."라고 말하면서 바다의 왕자님이 나타나 은옥이를 용궁으로 데리고 갔습니다. "용왕님이 선물을 주시겠다고 하면 고양이를 달라고 하세요."라고 왕자는 용궁으로 가면서 은옥이에게 말해 주었어요.	⑦ 그림 7: 은옥이를 용궁으로 데려가는 바다의 왕자를 그린다.
⑧ "우리 왕자를 살려 주어서 정말 고맙소. 무엇이든지 갖고 싶은 것이 있다면 하나만 말하시오."라고 말하며 용왕님은 은옥이에게 보물 창고를 보여 주었어요.	⑧ 그림 8: 은옥이에게 보물 창고를 보여 주는 용왕을 그린다.
⑨ 은옥이가 고양이를 갖고 싶다고 말하자, 용왕님은 "참 좋은 걸 골랐소. 고양이에게는 하루에 노란 콩 다섯 알만 먹여야 하오."라고 말하며 고양이를 선물했어요. 은옥이는 고양이를 품에 안고 집으로 돌아왔습니다.	⑨ 그림 9: 고양이를 선물하는 용왕과 고양이를 품에 안는 은옥이를 그린다.
⑩ 다음 날 아침, 은옥이와 남편은 깜짝 놀랐습니다. "여보! 여보! 우리 고양이가 금 똥을	⑩ 그림 10: 금 똥을 싼 고양이와 그것을 함께 보고 놀라는 은옥이와 남편을 그린다.

「황금 고양이」	동화 줄거리에 따른 그림 제작 설명
쌌어요.”	
⑪ 고양이 때문에 부자가 된 은옥이 부부의 이야기를 듣고 금옥이가 달려왔어요. “은옥아, 고양이 하루만 빌려다오.” “언니, 고양이는 하루에 노란 콩 다섯 알만 먹어야 해요.”	⑪ 그림 11: 부자가 된 은옥이 부부와 고양이를 빌려달라고 조르는 금옥이를 그린다.
⑫ 그러나 금옥이는 집에 오자마자 고양이에게 노란 콩을 많이 먹였어요. “콩을 많이 먹으면 금 똥도 많이 쌀 거야.” 다음 날 고양이는 고약한 냄새가 나는 검은 똥을 잔뜩 싸놓고 죽어 있었지요.	⑫ 그림 12: 검은 똥을 잔뜩 싸놓고 죽어 있는 고양이를 그린다.
⑬ “언니가 콩을 너무 많이 먹여서 죽은 거야. 아이, 가엾어라.”라고 말하며 은옥이는 죽은 고양이를 안고 슬퍼했어요.	⑬ 그림 13: 죽은 고양이를 안고 슬퍼하는 은옥이를 그린다.
⑭ 그리고 뒤뜰에다 고양이를 정성껏 묻어 주었어요.	⑭ 그림 14: 고양이 무덤을 그린다.
⑮ 며칠 뒤 고양이의 무덤에서 싹이 나오더니 무럭무럭 자랐어요. 그리고 황금알 같은 열매가 주렁주렁 열렸어요.	⑮ 그림 15: 고양이 무덤위에 황금 열매 달린 나무를 그린다.
⑯ “이렇게 향기롭고 맛 좋은 열매가 또 있을까?”라고 말하면서 은옥이 부부는 열매를 따서 마을 사람들에게도 나누어 주었어요.	⑯ 그림 16: 그 열매를 마을 사람들에게 나눠주는 은옥이 부부를 그린다.

「황금 고양이」	동화 줄거리에 따른 그림 제작 설명
⑰ 맛있는 황금 열매는 바로 귤이었어요. 마을 사람들은 황금 열매를 맛있게 먹었답니다.	⑰ 그림 17: 귤을 크게 클로즈업 시켜 그린다.

4) 청춘 남녀의 사랑이 주제가 된 동화 「선녀와 나무꾼」을 가지고 그림동화의 제작을 시도

「선녀와 나무꾼」	동화 줄거리에 따른 그림 제작 설명
① 옛날 어떤 마을에 나무꾼 한 사람이 있었어요. 날마다 산에 가서 나무를 해다가 장에 갖다 팔아서는 어머니와 둘이서 가난하게 살았어요. 나무꾼은 나이 서른이 가까웠지만 장가를 들지 못했어요. 색시를 얻어 장가를 들자면 돈이 있어야 하는데, 그날그날을 간신히 살아가는 터라 그럴 돈이 모이지를 않았어요. 그래서 한 해 두 해 벼르기만 하는 중에 나이 스물이 넘고 서른에 가까워졌어요.	① 그림 1: 산에 가서 나무를 해다가 장에 갖다 파는 나무꾼을 그린다.
② 이 나이 많은 총각이 그 날도 지게를 지고 산으로 가서 나무를 하고 있는데 뒤에서 갑자기 바스락바스락하는 소리가 났어요. 휙 돌아보니 웬 사슴 한 마리가 달려와서, "나 좀 숨겨 주시오. 사냥꾼이 쫓아옵니다." 하고 급한 듯	② 그림 2: 산에서 나무하는 나무꾼과 숨겨 달라는 사슴 한 마리를 그린다.

「선녀와 나무꾼」	동화 줄거리에 따른 그림 제작 설명
이 애걸을 했어요.	
③ 나무꾼은 사슴을 가엾이 생각하여 곧 솔가지 쌓은 곳에 숨기고 보이지 않게 덮어 주었어요. 그러고는 시치미를 떼고 나무를 하고 있었어요.	③ 그림 3: 솔가지 쌓은 곳에 사슴을 숨기는 나무꾼을 그린다.
④ 이때 사냥꾼 한 사람이 헐레벌떡하며 뛰어왔어요. “총각, 이리 사슴 한 마리 달려오지 않았나?” “보기는 했지만 저편으로 달아났소.”	④ 그림 4: 헐레벌떡 뛰어오는 사냥꾼과 저편을 가리키는 나무꾼을 그린다.
⑤ 나무꾼은 저편 길을 가리키면서 이렇게 거짓말을 했어요. 사냥꾼은 나무꾼이 가리킨 쪽으로 사슴을 찾아 뛰어갔어요.	⑤ 그림 5: 거짓말하는 나무꾼과 등을 돌리고 뛰어가는 사냥꾼을 그린다.
⑥ 사냥꾼의 모습이 산모퉁이를 돌아 보이지 않게 되자 나무꾼은 숨겨 놓았던 사슴에게, “자, 이제 달아나라. 사냥꾼은 저쪽으로 갔으니, 어서 다른 데로 가서 잡히지 않도록 해라.” 하고 말했어요. 솔가지 밑에서 숨을 죽이고 숨어 있던 사슴은 그제야 마음을 놓고 나무꾼에게 몇 번이나 고개를 끄덕여 고마운 인사를 하고는 이렇게 말했어요. “나는 지금 사슴으로 있지만 원래 이 산의 산신령입니다. 오늘은 모처럼 놀러 나왔다가 사냥꾼에게 쫓겨 죽을 것	⑥ 그림 6: 솔가지에서 나와서 나무꾼과 대화하는 사슴을 그린다.

「선녀와 나무꾼」	동화 줄거리에 따른 그림 제작 설명
을 당신 덕택에 살게 되었으니, 이 은혜를 보답해 드려야 하겠습니다. 당신의 소원을 한 가지 말씀해 주십시오. 그러면 그 소원이 이루어지도록 해드리겠습니다."	
⑦ 이 말을 듣고 나무꾼은 한편 놀라면서 무슨 소원을 말할까 하고 생각해 보았어요. 그러나 과연 무슨 소원을 말해야 할지 얼른 생각이 나지 않았어요. 소원은 너무 많은 것도 같고, 그러면서도 말을 하려니까 말할 소원이 없는 것도 같았어요. 나무꾼은 언뜻 장가를 들고 싶다는 생각을 했어요. 그래서 사슴에게 이렇게 말했어요. "내게는 아직 아내가 없으니, 좋은 색시를 얻도록 해주십시오."	⑦ 그림 7: 소원을 말하는 나무꾼과 사슴을 그린다.
⑧ 그러자 사슴은 "그건 어렵지 않은 일입니다. 이 산을 자꾸 올라가 보십시오. 그러면 산꼭대기에 큰 연못이 있을 겁니다. 그 못에 하늘에 사는 선녀들이 목욕을 하러 내려오는데, 선녀의 옷을 하나 감춰 놓으면 그 선녀는 옷이 없어 하늘에 올라가지 못할 것이니, 그때 잘 이야기를 해서 아내로 삼으면 됩니다." 하고 일러주었어요. "고맙습니다. 그렇게 해보겠습니다." "그런데 한 가지 잊어서는 안 될 일이	⑧ 그림 8: 산꼭대기 연못에서 목욕하는 선녀의 옷을 감추라는 사슴과 나무꾼의 대화하는 장면을 그린다.

「선녀와 나무꾼」	동화 줄거리에 따른 그림 제작 설명
있습니다. 그 선녀와 결혼해서 아이 넷을 낳을 때까지 당신이 감춰 둔 옷을 내주어서는 안 됩니다. 선녀는 그 옷을 가지면 하늘로 날아오를 수 있으니까, 아이가 셋이면 한 팔에 하나씩, 그리고 다리 사이에 한 아이를 끼고 날아가 버릴 것입니다. 그렇지만 아이를 하나만이라도 남겨 두고는 가지 못하니, 아기가 넷이 된 후에 그 날개옷을 주어야 합니다."	
사슴은 이렇게 당부를 하고 곧 숲 속으로 들어가 버렸어요. ⑨ 나무꾼은 사슴이 가르쳐 준 대로 산 위로 한참 동안 올라갔어요. 높은 산마루에 이르니 맑은 물이 괴어 있는 못이 있는데 과연 예쁜 선녀들이 물속에서 목욕을 하고 있었어요.	⑨ 그림 9: 연못에서 목욕하는 예쁜 선녀들과 그것을 엿보고 있는 나무꾼을 그린다. 여기서 유·아동을 생각해서 완전 나체의 그림보다는 속옷을 입은 선녀를 그려야 한다. ⑩ 그림 10: 바위 뒤에 숨어서 엿보는 나무꾼과 옷을 입는 선녀를 그린다.
⑩ 나무꾼은 두근거리는 가슴을 눌러 진정하며 선녀의 옷 한 벌을 가만히 감춰 놓고 바위 뒤에 숨어서 거동을 보았어요. 한참 동안 목욕을 한 선녀들은 서로 웃으며 물에서 나오더니 옷을 찾아 입기 시작했어요.	
⑪ 그런데 그 중 한 선녀만은 옷을 찾지 못해 이리저리 기웃거리며 어쩔 줄을 몰라 했어요.	⑪ 그림 11: 옷을 찾지 못해 어쩔 줄을 모르는 선녀와 나머지 4명의 옷을 입은 선녀가 하늘로 올라가는 모습

「선녀와 나무꾼」	동화 줄거리에 따른 그림 제작 설명
옷을 입은 선녀들은 비단 같기도 하고 새 깃 같기도 한 부드러운 옷자락을 바람에 날리며 공중에 둥실 떠올랐어요. 하나, 둘, 셋, 넷……. 선녀들은 춤추듯 떠올라 하늘로 날아갔어요.	을 그린다.
⑫ 그러나 단 한 사람만은 발가벗은 채 못가에서 옷을 찾아다니다가 끝내 눈에 띄지 않으니까 울상이 되어 발을 동동 구르고 있었어요. 선녀는 걱정과 근심에 싸여 있었지만, 그 얼굴은 이 세상에서는 일찍이 한 번도 보지 못한 아름다운 얼굴이었어요.	⑫ 그림 12: 발가벗은 채 울상이 된 아름다운 선녀를 그린다. 여기서도 완전 나체로 그리는 것은 안 된다.
⑬ 나무꾼은 바위 뒤에서 나와 혼자 남아 있는 선녀의 앞으로 갔어요. "여보시오." 하고 나지막이 불렀어요. "앗!" 선녀는 자지러지게 놀랐어요. 사람이 있으리라고는 꿈에도 생각지 못했는데, 옷을 벗고 있는 자리에 나무꾼이 나타났으니 놀랄 수밖에 없었어요. "놀라지 마십시오. 옷을 찾으시는 모양인데, 옷은 제가 잘 가지고 있습니다."	⑬ 그림 13: 불쑥 나타난 나무꾼과 당황한 선녀를 그린다.
⑭ 이 말을 듣자 선녀는 두 팔로 몸을 가리며, "옷을 주세요. 어서 제 옷을 주세요." 하고 애걸을 했어요. 나무꾼은 선녀가 애원하는 걸 보니 딱	⑭ 그림 14: 두 팔로 몸을 가리는 선녀와 대화하는 나무꾼을 그린다.

「선녀와 나무꾼」	동화 줄거리에 따른 그림 제작 설명
하고 마음이 언짢았지만 꾹 참고 이렇게 말했어요. “옷은 잘 가지고 있습니다마는 그냥 드릴 수는 없습니다. 저는 아직 장가를 들지 못한 사람이니 제 아내가 되어주시오. 그러면 옷을 드리겠습니다.” “그건 안 됩니다. 저는 하늘나라에서 이 못에 목욕을 하러 온 선녀인데, 이 땅 위의 사람과 결혼을 할 수는 없습니다. 어서 하늘로 올라가야 하니 제발 저의 옷을 내주십시오.” “하늘나라 사람이나 땅 위의 사람이나 연분이 있어서 이렇게 만난 것이 아니겠소? 아내가 되어 주기 전에는 옷을 드릴 수 없으니 생각대로 하시오.”라고 나무꾼은 사슴이 일러준 말을 생각하면서 용기를 내어 이렇게 고집을 부렸어요.	
⑮ 선녀는 잠자코 생각해 보았어요. 하늘에서 사는 몸이 땅 위의 사람과 결혼을 하는 것은 일찍이 생각도 못한 일이지마는 이렇게까지 자기를 아내로 삼고 싶다고 조르는 남자는 아직껏 없던 일이에요. ‘하늘나라든 땅 나라든 그것을 가릴 것이 아니라, 서로 정답게 지낼 수만 있으면 결혼을 해도 좋지 않을까	⑮ 그림 15: 곰곰이 생각하는 선녀를 그린다.

「선녀와 나무꾼」	동화 줄거리에 따른 그림 제작 설명
……' 그런 생각이 들었어요.	
⑯ 또 나무꾼은 늠름하게 잘생긴 사람이에요. 이런 사람을 남편으로 가지는 것은 자랑스러운 일이라 생각되었어요. 그리고 그보다는 하늘을 날아다닐 수 있는 귀중한 옷을 찾기 위해서라도 나무꾼의 말을 들어주어야 했기 때문에 "그런 소원이라면 아내가 되어 드리지요." 하고 승낙을 했어요.	⑯ 그림 16: 늠름하게 잘생긴 나무꾼과 결혼을 승낙하는 선녀를 그린다.
⑰ 나무꾼은 속옷만을 내주어 입게 하고, 날개같이 생긴 옷은 제가 가지고 같이 집으로 돌아왔어요.	⑰ 그림 17: 속옷만 입은 선녀와 날개옷을 손에 감춘 나무꾼이 집으로 돌아오는 모습을 그린다.
⑱ 나무꾼은 곧 선녀와 결혼하여 재미있게 살았어요. 결혼한 후에 선녀는 인제 날개옷을 내어 달라고 졸랐어요. 그러나 나무꾼은 "이 땅 위에 사는 사람에게는 날개옷이 필요 없는 것이오. 이다음에 줄 테니 이 세상 사람들이 입는 옷을 입고 삽시다." 하고 날개옷을 깊이 감춰 두고 내주지 않았어요.	⑱ 그림 18: 결혼하여 재미있게 살아가는 선녀와 나무꾼을 그린다.
⑲ 선녀는 그 후로는 하늘나라의 날개옷에 대해서 전혀 말이 없었어요. 두 사람은 남편과 아내가 되어 즐거운 살림을 하면서 아기도 낳았어요. 세월이 흘러가는 동안에 두 사람에게는 아기가 셋이 되었어요. 나무꾼도 처음에는 선녀의 옷을 빼앗아 억지로	⑲ 그림 19: 아기 셋을 낳고 행복하게 살아가는 선녀와 나무꾼의 모습을 그린다.

「선녀와 나무꾼」	동화 줄거리에 따른 그림 제작 설명
아내가 되게 한 것이 마음에 꺼림칙했지만, 아기를 셋이나 낳고 또 늘 정답게 살아가게 되니까 그런 생각도 없어져서 즐겁고 행복하기만 했어요. 선녀도 날개옷을 뺏긴 일을 이제는 조금도 원망스럽게 생각하지 않았어요. 인정 많은 남편의 사랑을 만족하게 여기며 지냈어요.	
⑳ 그러나 선녀에게는 이따금씩 하늘나라의 광경이 머릿속에 떠올랐어요. 오색 별들이 꽃밭을 이룬 하늘, 노랫소리 곱게 울리는 하늘, 향기로운 햇볕에서 춤추는 선녀들의 모습, 정든 동무들과 부모님의 얼굴들이 선녀의 마음을 문득문득 하늘나라로 이끌어 가려고 했어요. 훨훨 바람 속을 날아다니던 옛일이 그리워졌어요. 하늘이나 땅이나 맘대로 날아다닐 수 있으면 좀 좋을까! 그렇게 하려면 날개옷이 있어야 합니다. 선녀는 옛날의 그 옷이 입고 싶어 견딜 수가 없게 되었어요. 그래 하루는 남편에게 이런 말을 했어요.	⑳ 그림 20: 하늘나라의 광경을 그리워하는 선녀의 모습을 그린다.
㉑ "여보, 예전에 당신이 감춰 두고 결혼한 뒤에 주신다고 하신 제 옷을 좀 보여 주세요. 저는 인제 이 땅 위의 사람이 되었으니, 그걸 주신대도 제가	㉑ 그림 21: 날개옷을 보여 달라는 선녀와 그 옷을 꺼내주는 나무꾼을 그린다.

「선녀와 나무꾼」	동화 줄거리에 따른 그림 제작 설명
이 세 아이들과 당신을 두고 날아가 버리지는 않을 거예요. 저는 그 옷을 만져 보기만이라도 하면 마음이 즐겁겠어요." 이 말을 들은 나무꾼은 옷을 오랫동안 감춰 두고 보여 주지도 않은 것은 너무 지나친 일이라 생각되어 날개옷을 꺼내 주었어요. "자, 인제 만져 보든 입어 보든 마음대로 하오." "아! 내가 입던 날개옷!"	
㉒ 선녀는 그 날개옷을 보자 반가운 얼굴로 옷을 끌어안았어요. 선녀의 눈앞에는 그런 날개옷을 입은 하늘나라의 동무들과 아름다운 무지개와 오색별의 꽃밭이 나타나 보이는 것 같았어요.	㉒ 그림 22: 반가운 얼굴로 날개옷을 끌어안는 선녀를 그린다.
㉓ 선녀는 그 옷을 입었어요. 날개가 저절로 훨훨 쳐질 것만 같았어요. 어느새 선녀는 땅 위의 사람이 된 것을 잊어버리고, 두 아이를 한 팔에 하나씩 껴안고 한 아이는 두 다리 사이에 끼고는 그냥 스르르 공중으로 떠올랐어요. '하늘나라로 올라가자!' 선녀는 그 생각밖에 아무 생각이 없었어요. 오랫동안 잃었던 날개옷을 구름 사이로 길게 나부끼며 하늘나라로 훨훨 올라갔어요.	㉓ 그림 23: 날개옷을 입고 두 아이를 한 팔에 하나씩 껴안고 한 아이는 두 다리 사이에 끼고 하늘나라로 올라가는 선녀와 멍하니 쳐다보는 사냥꾼을 그린다.

「선녀와 나무꾼」	동화 줄거리에 따른 그림 제작 설명
㉔ 사슴이 한 말대로 아기 넷을 낳을 때까지는 옷을 주어서는 안 된다는 것을 잊어버리고 선불리 옷을 내준 나무꾼은 아내와 아기 셋을 한꺼번에 잃어버리고 외로운 신세가 되고 말았어요. 재미있게 살던 살림도 이제는 그만입니다. 귀엽고 사랑스럽던 아기들과 아내도 이제는 없어요. 나무꾼은 이렇게 된 자기 신세가 너무도 슬프고 원통하여 견딜 수가 없어서, 일을 하려고 해도 일이 손에 잡히지 않고 온 세상이 다 싫어지기만 했어요. '그렇게 정답게 해주던 선녀가 아기들을 데리고 날아가 버리다니! 내가 이렇게까지 슬퍼하고 있는데 나를 버리고 가 버리다니!' 이런 생각을 하면 선녀가 원망스러워 견딜 수가 없었어요. 그렇게 원망을 하면서도 보고 싶고 그리워서 가슴이 찢어지는 것만 같았어요.	㉔ 그림 24: 홀로 남아서 선녀를 원망을 하면서도 보고 싶고 그리워서 가슴이 찢어지는 것만 같은 나무꾼을 그린다.
㉕ 나무꾼은 어느 날 산에 나무를 하러 갔어요. 도끼를 들어 나무를 찍다가 문득 아내와 아기들 생각이 나자, 나무 찍던 도끼를 내던지고 바위에 기대앉아 땅이 꺼지게 한숨을 쉬었어요.	㉕ 그림 25: 산에 나무하다가 선녀와 아기 생각이 나서 도끼를 내던지고 바위에 기대앉아 땅이 꺼지게 한숨을 쉬는 나무꾼을 그린다.
㉖ 푸르르 소리를 내며 꿩 두 마리가 날아갔어요. 장끼와 까투리가 서로 가까이 산등성이를 넘어 사라졌어요.	㉖ 그림 26: 다정히 날아가는 꿩 두 마리를 그린다.

「선녀와 나무꾼」	동화 줄거리에 따른 그림 제작 설명
㉗ 바스락바스락 낙엽을 헤치며 다람쥐 두 마리가 놀고 있었어요. 모두 남편과 아내인 것이에요. 짐승들도 부부끼리 즐겁게 놀고 있는데 나무꾼은 혼자입니다. 아내는 다시 돌아오지 않는 하늘나라로 가 버렸으니, 이 산골에서 나무꾼은 언제나 외로운 홀아비로 살아야 합니다.	㉗ 그림 27: 다정히 놀고 있는 다람쥐 두 마리를 그린다.
㉘ 나무꾼은 버림받은 신세를 생각하고는 그만 두 손으로 얼굴을 가리고 흑흑 흐느껴 울었어요.	㉘ 그림 28: 두 손으로 얼굴을 가리고 흐느껴 우는 나무꾼을 그린다.
㉙ 이때 등 뒤에서 누군지 나무꾼을 부르는 소리가 났어요. 돌아보니 예전에 만난 그 사슴이었어요. "그렇게 슬퍼하지 말고 한 번 더 산 위의 못으로 가 보시오. 선녀들은 전에 옷을 잃어버린 사건이 있어서 이제 못에 목욕을 하러 내려오지는 않지만, 못의 물을 길어 올려서 목욕을 하게 되어 있소. 물을 긷는 두레박이 하늘에서 내려올 테니, 당신이 두레박 안에 들어가 앉으시오. 그러면 하늘에서는 당신인 줄 모르고 하늘까지 끌어올릴 것이오. 그렇게 되면 아내도 만나고 아기들도 만날 수 있을 거요." 사슴은 이런 말을 해주고는 금세 어디론지 사라져 버렸어요.	㉙ 그림 29: 나무꾼과 대화하는 사슴을 그린다.

「선녀와 나무꾼」	동화 줄거리에 따른 그림 제작 설명
㉚ 나무꾼은 이제 됐다 하고 곧 산마루로 뛰어올라 갔어요. 사슴의 말대로 긴 줄에 맨 두레박 하나가 하늘에서 내려왔어요.	㉚ **그림 30:** 긴 줄에 맨 두레박 하나가 하늘에서 내려오는 모습과 그것을 보고 있는 나무꾼을 그린다.
㉛ 나무꾼은 부리나케 그 두레박 안에 들어가 앉았어요. 두레박이 공중으로 술술 올라갔어요. 높디높은 하늘로 까마득히 올라가는 두레박 안에서 나무꾼은 두려움과 기쁨에 가슴을 두근거리고 있었어요. 너무나 높은 하늘로 올라가는 두레박이라 나무꾼은 어지러워 눈을 꼭 감고 있었어요. 그런데 어디선지 상쾌한 바람과 함께 아름다운 곡조의 음악 소리가 들려 왔어요. 어느덧 하늘나라에 올라온 것입니다.	㉛ **그림 31:** 두레박을 타고 하늘나라로 올라가는 나무꾼을 그린다.
㉜ 나무꾼은 얼른 두레박에서 뛰어나와 나무 그늘에 몸을 숨기고 아내와 아기들이 어디 있나? 그것만 살펴보고 있었어요.	㉜ **그림 32:** 두레박에서 뛰어나와 나무 그늘에 몸을 숨기고 선녀와 아기들을 찾는 나무꾼의 모습을 그린다.
㉝ 이때 웬 선녀 한 사람이 그 옆을 지나다가, "이상해라. 어디서 사람 냄새가 날까?" 하며 사방을 두리번거렸어요. 결국 나무꾼은 그 선녀에게 들키고 말았답니다. "당신은 어떻게 하늘까지 올라왔습니까? 그리고 무슨 일로 오셨나요?" "죄송합니다만 나는 선녀와 결혼한 사	㉝ **그림 33:** 다른 선녀 한 명과 대화하는 나무꾼을 그린다.

「선녀와 나무꾼」	동화 줄거리에 따른 그림 제작 설명
람인데, 아기 셋을 낳은 아내가 하늘로 올라가 버려서 보고 싶은 마음에 두레박을 타고 올라왔습니다." 이 말을 들은 선녀는 "아, 땅 위 세상에서 시집을 간 선녀라면 하느님의 따님이지요. 어서 이리 따라오십시오." 하며 나무꾼을 어디론지 이끌었어요.	
㉞ 선녀가 데리고 간 곳은 하늘나라의 임금이 사는 굉장한 궁전이었어요. "공주님의 서방님께서 찾아오셨습니다." 선녀의 말을 들은 하느님께서는 "땅 위의 사람이 어떻게 여기를 올 수 있었을꼬?" 하며 나무꾼에게 물었어요. 나무꾼은 찾아온 내력을 쭉 이야기하였어요.	㉞ 하느님과 만나 대화하는 나무꾼을 그린다. 옥좌에 앉은 하나님과 그 앞에 엎드린 나무꾼을 그린다.
㉟ 하느님은 나무꾼의 정성에 감동하여 곧 나무꾼의 아내인 공주를 불러 나무꾼과 만나게 해주었어요. 나무꾼을 만난 선녀는 남편을 두고 하늘나라로 와 버린 것을 사과하였어요. 그러고는 이제 하늘나라에서 같이 재미있게 살자고 했어요.	㉟ 그림 35: 나무꾼과 선녀의 재회를 그린다. 키스신을 그려서는 안 되고 두 손을 맞잡은 선녀와 나무꾼을 그린다.
㊱ 산에서 나무를 하여 간신히 살아가는 땅 위의 생활보다 하늘나라의 생활은 즐거웠어요. 나무꾼은 하늘나라의 아름다운 옷을 입고, 하늘나라의 향기	㊱ 그림 36: 하늘나라의 아름다운 옷을 입고, 하늘나라의 향기로운 음식을 먹으며 행복하게 살아가는 나무꾼을 그린다.

「선녀와 나무꾼」	동화 줄거리에 따른 그림 제작 설명
로운 음식을 먹으며 살았어요. 아무 걱정도 괴로움도 없는 즐겁기만 한 생활이었어요.	
㊲ 그러나 이러한 즐거운 날을 보내던 나무꾼에게 땅 위에 혼자 계신 어머니 생각이 났어요. 나이 많으신 어머니는 산 밑 오막살이집에서 아들과 며느리와 손자들을 보지 못하고 혼자 외로이 고생스런 생활을 하고 계실 것을 생각하니, 나무꾼의 마음은 갑자기 어두워지고 어머니를 뵙고 싶은 생각이 불같이 타올랐어요.	㊲ 그림 37: 땅 위에 혼자 계신 어머니를 생각하는 나무꾼을 그린다.
㊳ 어머니는 아들이 어디 가서 돌아오지 않는지 그 까닭조차 알지 못하고 계실 것이니, 한 번 어머니를 찾아가서 사정 이야기라도 해야겠다는 생각이 들어 선녀에게 집에 다녀오고 싶다는 말을 했어요. 그러니까 선녀는 나무꾼의 손을 잡고,	㊳ 그림 38: 한 번 어머니를 찾아가서 사정 이야기라도 해야겠다는 나무꾼과 선녀의 모습을 그린다.
㊴ "안 돼요. 땅으로 내려가시면 인제 다시 올라오시지 못하게 됩니다. 제발 아무 데도 가지 말고 여기서 같이 살아요." 하며 만류했어요. 하늘나라에 다시 오지 못한다는 말을 들으니 아내와 아기들을 못 보게 되는 것이 두려워 땅 위 나라로 내려갈 용기가 나지 않았어요.	㊴ 그림 39: 만류하는 선녀와 체념하는 나무꾼을 그린다.

「선녀와 나무꾼」	동화 줄거리에 따른 그림 제작 설명
㊵ 그러나 하루하루 날이 갈수록 늙은 어머니 생각이 간절해졌어요. 나무꾼은 생각다 못해, 다시 선녀에게 집에 다녀올 방법이 없겠느냐고 물어 보았어요. "두레박을 타고 올라오기도 했는데 어찌 도로 내려가지 못하겠소? 어떻게든지 한 번만 다녀오게 해주오." 하고 나무꾼이 간절히 청했어요. "두레박은 선녀들이 당신이 탄 줄 모르고 끌어올렸지만, 이제는 땅 위로 두레박을 내리지도 못하게 되었답니다."	㊵ 그림 40: 다시 한 번 대화하는 선녀와 나무꾼의 모습을 그린다.
㊶ 선녀는 나무꾼의 말을 들어주지 않았어요. 그러나 선녀도 남편의 청을 끝까지 물리치지는 못하여, 하늘나라의 용마 한 필을 내주면서 이렇게 말했어요. "이 말을 타시면 잠깐 만에 땅 위 나라에 갈 수 있을 거예요. 그렇지만 이 말이 집에 닿거든 어떤 일이 있더라도 말에서 내리지 말고 타고 앉은 채 어머니를 뵙고 곧 도로 올라오세요. 만일에라도 말에서 내려 땅을 밟으시면 하늘로 올라올 수 없게 되니, 절대로 땅을 밟지 마셔야 합니다."	㊶ 그림 41: 용마를 건네주는 선녀와 나무꾼을 그린다.
㊷ 나무꾼은 용마를 타고 하늘을 날아	㊷ 그림 42: 용마를 타고 하늘을 날아

「선녀와 나무꾼」	동화 줄거리에 따른 그림 제작 설명
땅 위 세상으로 구름같이 훨훨 달려갔어요. 용마는 금방 그리운 고향 어머니가 있는 집 앞에 가닿았어요.	땅 위로 내려가는 나무꾼을 그린다.
㊸ 어머니는 소식을 모르고 걱정을 하며 기다리던 아들이 훌륭한 모습으로 말을 타고 온 것을 보자 버선발로 뛰어나와 아들을 붙들고 반가워했어요. "애야, 나는 네가 어딜 갔나 하고 얼마나 걱정을 했는지 모른다. 하늘나라에 갔다 왔다니 참 다행이구나. 어서 방으로 들어가자."	㊸ **그림 43:** 버선발로 뛰어나와 아들을 붙들고 반가워하는 어머니와 용마 위에 앉아 있는 나무꾼을 그린다. 나무꾼의 어머니는 여기에 갑자기 등장하지만 개의치 말고 따듯한 어머니 모습으로 그린다.
㊹ 늙은 어머니는 아들을 말에서 내려오라고 잡아끌었어요. "어머니, 저는 어머니가 보고 싶어서 하늘나라에서 가지 말라는 걸 간신히 허락을 얻어 내려왔습니다. 하늘에서 제게 하는 말이, 이 용마에서 땅에 내려서면 안 된다고 그랬으니, 말 위에서 이대로 있다가 도로 가야 합니다." 아들은 어머니에게 죄송스런 생각이 들기는 해도 이렇게 말하지 않을 수 없었어요. "그러냐? 이 늙은 어미는 혼자 살아야 한단 말이냐?"	㊹ **그림 44:** 나무꾼을 말에서 내려오라고 잡아끄는 어머니와 용마에 그대로 있는 나무꾼을 그린다.
㊺ 어머니는 아들을 붙들고 눈물을 지었어요. "어머니, 이다음에 선녀와 아이들을	㊺ **그림 45:** 눈물짓는 어머니와 나무꾼을 그린다.

「선녀와 나무꾼」	동화 줄거리에 따른 그림 제작 설명
다 데리고 다시 어머니를 찾아오도록 하겠어요." "여기 와서 나무꾼 노릇을 하는 것보다는 하늘나라에서 사는 게 좋은데 뭐 하러 또 오니? 게다가 너희들이 온다 해도 나는 늙어서 언제까지나 기다리고 있을 수도 없을 게다."	
㊻ 나무꾼은 쓸쓸한 얼굴을 하는 어머니와 이런 저런 얘기를 주고받다가 이윽고 하직 인사를 했어요. 그러자 어머니는 "얘야, 지금 호박죽을 쑤니 그거나마 좀 먹고 가거라. 넌 호박죽을 좋아했지……." 하며 부엌으로 호박죽 한 사발을 떠 가지고 말 위에 타고 있는 아들에게 주었어요.	㊻ 그림 46: 하직인사를 하는 나무꾼에게 호박죽을 주는 어머니모습을 그린다.
㊼ 나무꾼은 호박죽 그릇을 받아 들다가 이제 갓 쑨 죽이라 뜨거워서 그만 말 등에 엎질렀어요. 용마가 뜨거워 펄쩍 뛰었어요. 그 바람에 나무꾼은 그만 말에서 떨어져 땅을 밟고 말았어요.	㊼ 그림 47: 뜨거운 죽을 말 등에 엎지른 나무꾼과 펄쩍 뛰어오른 용마를 그린다.
㊽ 나무꾼이 땅을 밟자 용마는 외마디 높은 소리로 울더니, 나무꾼을 두고 혼자 높이 날아가 버렸어요. 용마가 하늘로 사라져 버리자 나무꾼은 푸른 하늘만 우러러보며 넋 잃은 사람처럼 땅에 주저앉았어요. 이제는	㊽ 그림 48: 땅에 떨어진 나무꾼과 하늘로 사라져 버린 용마를 그린다.

「선녀와 나무꾼」	동화 줄거리에 따른 그림 제작 설명
아무리 선녀와 아기들을 만나러 가려 해도 갈 수 없게 된 것입니다. 나무꾼은 자기의 실수로 아내와 아기들을 못 보게 된 슬픔에 가슴이 찢어질 것만 같았어요. 늙으신 어머니를 모시고 있게 된 것은 그나마 다행이지마는 아내와 아이들을 영영 잃어버린 나무꾼의 마음은 한없이 아팠어요.	
㊾ 나무꾼은 날마다 넋 잃은 사람처럼 먼 하늘만 쳐다보며 슬픈 얼굴을 하고 지냈어요. 어떻게 하면 처자가 있는 하늘로 도로 올라갈 수 있을까? 혹시나 하늘에서 두레박이 내려와서 물을 긷지나 않나 하고 산 위 못에 가서 지켜보기도 했어요. 하늘 높이 날아가 버린 용마가 행여나 저를 데리러 내려오지나 않나 하고 기다리기도 했어요.	㊾ 그림 49: 날마다 넋 잃은 사람처럼 먼 하늘만 쳐다보며 슬픈 얼굴을 하고 있는 나무꾼을 그린다.
㊿ 그러나 두레박도, 용마도 내려오지 않았어요. 나무꾼은 미칠 듯한 마음으로 하늘만 쳐다보고 한숨만 지으며 그날그날을 지냈어요. 나무꾼은 이렇게 애태우며 지내다가 죽었어요. 나무꾼이 죽은 후 그 집 지붕마루에 수탉 한 마리가 올라앉아 하늘을 보고 길게 목을 빼어 울었어요.	㊿ 그림 50: 하늘만 쳐다보고 애태우며 지내다가 죽은 나무꾼과 하늘을 보고 길게 목을 빼어 우는 수탉 한 마리를 그린다.

「선녀와 나무꾼」	동화 줄거리에 따른 그림 제작 설명
"웬 닭이 남의 집 용마루에 올라가서 우나?" 하고 늙은 어머니가 중얼거렸어요. 그것이 나무꾼의 넋인 줄은 어머니도 알지 못했어요. 그때부터 수탉들은 어디서나 높은 데 올라가서 하늘을 보고 울게 되었답니다. 조금이라도 하늘에 가까이 가서 선녀를 부르고 싶어 한 나무꾼의 넋이 모든 수탉들에게 전해진 것이랍니다.	

3. 그림동화의 종류

그림동화를 책으로 엮지 않고 글과 그림을 따로 분리해서 아동교육을 할 때, 그 종류를 낱장씩 그림동화, 융판 활용 그림동화, OHP 그림동화, TV상자 그림동화 등으로 나눌 수 있다. 그러나 가장 흔한 그림동화는 글과 그림이 같이 제본된 그림동화책이라고 할 수 있다.

1) 낱장씩 그림동화

낱장씩 그림동화란 동화 줄거리에서 핵심이 되는 내용을 낱장에 그려서 유·아동들이 그 그림을 보고 동화를 읽거나 들을 수 있도록 만든 그림동화를 말한다. 여기에는 다음과 같이 몇 가지 유의할 점이 있다.

첫째, 낱장씩 그림동화는 글자 그대로 낱장으로 만들었기 때문에 그림 순서를 기억하는 것이 매우 중요하다. 그래서 그림을 그린 뒷면에 구연자나 지도교사가 알아볼 수 있는 번호나 표시를 써 놓는 게 바람직하다. 특히 쉽게 구겨지거나 찢어지지 않도록 두꺼운 종이를 낱장 그림으로 사용하는 게 좋다.

둘째, 낱장씩 그림을 동화구연으로 이용할 경우에는 구연대상자의 연령과 인원수에 따라서 낱장그림 크기와 위치를 선택해야 한다. 아동이 혼자서 낱장씩 그림동화를 본다면 그림을 크게 그릴 필요는 없다.

셋째, 낱장씩 그림은 동화 줄거리의 내용과 양에 따라 결정된다. 즉 동화 줄거리가 '출발-억압-구원-행복'의 단순한 구성으로 이루어졌다면 적게는 4장, 많아야 12장을 넘지 않아야 한다.

넷째, 낱장씩 그림을 동화 줄거리의 핵심이 되는 내용에 따라 그릴 때 무엇보다도 등장인물들을 확실히 구별할 수 있는 색깔을 사용하는 게 좋다. 예를 들어 동화 주인공의 모습을 파란색으로 채색했다면 처음부터 끝까지 파란색을 유지하는 게 좋다는 뜻이다.

다섯째, 낱장씩 그림동화는 동화구연에 적합한 방법이기 때문에 구연자는 동화 줄거리를 숙지하고 낱장그림을 구연대상자들에게 보여주면서 구연해야 한다.

이와 같은 낱장씩 그림동화의 내용을 바탕으로 동화 「털 없는 아기 오리」를 낱장그림으로 만들어보자.

「털 없는 아기 오리」	낱장그림
① 조용한 강가에 오리 부부가 살고 있었어요. 어느 날 아침. "여보, 우리 아기들이 나오려나 봐요." 톡톡, 바삭바삭 ⋯⋯	① 그림 1: 오리 부부를 하얀색으로 그린다.
② 알에서 소리가 났어요. "아이, 귀여워라." 아기 오리의 솜털은 보송보송 참 귀여웠어요. 그런데 막내 오리가 알에서 나왔을 때, 모두들 깜짝 놀랐어요. 막내는 털이 하나도 없었거든요.	② 그림 2: 알을 깨고 나오는 아기 오리 다섯 마리를 회색으로 그린다. 동화 주인공 막내 오리는 빨간색으로 그린다.
③ 엄마 오리는 막내에게 하얀 털옷을 만들어 주었어요. "아이, 좋아."	③ 그림 3: 하얀 털옷을 입은 막내 오리를 그린다.
④ 막내 오리가 멋진 털옷을 입고 집 밖으로 나갔어요. "하하하, 제 좀 봐. 깃털 대신 털옷을 입었네." "호호호." 친구들이 막내를 놀려댔어요. 막내 오리는 시무룩해서 강 모퉁이로 갔어요.	④ 그림 4: 하얀 털옷을 입은 막내 오리가 강 모퉁이로 걸어가는 모습을 그린다.
⑤ 언니, 오빠가 열심히 수영 연습을 하고 있었어요. "야, 잘한다. 나도 수영을 하고 싶어." 그러나 막내 오리는 알몸이 부끄러워	⑤ 그림 5: 수영하고 있는 언니, 오빠 오리를 그린다.

「털 없는 아기 오리」	낱장그림
서 옷을 벗을 수가 없었지요. "왜 나는 깃털이 없는 걸까?" 막내 오리는 부러운 듯이 언니, 오빠를 바라보았어요.	
⑥ 그때 갑자기 시꺼먼 독수리가 나타나 아기 오리들을 잡아가려고 했지요. "앗, 큰일 났네. 언니, 오빠가 위험해. 어떻게 하지?" 막내 오리는 가슴이 콩닥콩닥 뛰었어요. "그래, 좋은 수가 있어. 옷을 벗는 건 창피하지만 할 수 없지 뭐."	⑥ 그림 6: 까만색으로 독수리가 공격하는 모습을 그린다.
⑦ 막내 오리는 하얀 털옷을 벗어서 나뭇가지에 걸었어요. "이 나쁜 독수리야, 저리 가." 막내는 독수리에게 나뭇가지를 흔들며 꽥꽥 소리쳤어요. 독수리는 막내 오리의 털옷을 보고 깜짝 놀랐어요. "이상한 오리다. 깃털을 마음대로 벗다니……. 분명히 무서운 요술쟁이 오리일거야."	⑦ 그림 7: 하얀 털옷을 벗고 독수리에게 나뭇가지를 흔들며 꽥꽥 소리 지르는 막내 오리를 빨간색으로 그린다.
⑧ 독수리는 겁을 먹고 도망가 버렸어요. "휴, 큰일 날 뻔 했어." "막내야, 네가 독수리를 막아줬어. 고마워."	⑧ 그림 8: 겁을 먹고 도망치는 독수리를 검은 색으로 그린다.

「털 없는 아기 오리」	낱장그림
그런데 이게 웬일이지? ⑨ 막내 오리의 몸에 어느새 회색 털이 나 있었어요. "야, 내 몸에도 털이 났어." 막내 오리는 매우 기뻤답니다.	⑨ 그림 9: 몸에 털이 나서 기뻐하는 막내 오리를 회색으로 그린다.

2) 융판 활용 그림동화

융판 활용 그림동화란 나무판 또는 베니어판 위에 융을 깔고, 그 융판 위에 동화그림을 붙였다 떼었다 활용하는 그림동화를 말한다. 융판에 그림이 쉽게 떨어지지 않도록 그림도화지 뒷면에 까칠까칠한 스티커를 접착해야 한다. 융판 활용 그림동화에서 유의할 점은 다음과 같다.

첫째, 융판 활용 그림동화는 동화구연에 적합한 방법이다. 구연자는 우선 융판의 크기를 구연대상자의 인원에 알맞게 제작해야 한다. 일반적으로 10명 미만의 유·아동을 대상으로 구연할 때 융판의 크기는 가로 90cm 세로 50cm가 적당하며, 10명 이상 20명 미만인 경우에는 가로 110cm 세로 70cm가 알맞다. 융판 활용 그림동화는 20명 이상의 대상자들에게는 알맞지 않으므로 20명 이상의 유·아동들에게 구연할 때는 다른 방법을 이용하여 구연해야 한다. 또한 융판을 세워놓을 거치대도 융판의 크기에 따라 알맞은 것을 준비해야 한다.

둘째, 융판을 활용하여 그림을 붙이면서 동화를 이야기하기 때문에 동화그림도 융판의 크기에 따라 준비해야 한다. 즉 융판의 크기가 가로 90cm 세로 50cm이면 그림의 크기도 그 안에 붙일 수 있을 정도로 제작해야 하고, 융판의 크기가 가로 110cm 세로 70cm이면 그림의 크기를 조금 더 크게 만들어야 한다는 뜻이다.

셋째, 융판 활용 그림동화는 제한된 융판의 크기에 적합한 동화그림을 만들어야 하기 때문에 될 수 있으면 동화 등장인물이 적고 스토리도 짧은 동화가 알맞다. 특히 배경보다는 인물 캐릭터가 중요하기 때문에 등장인물들의 캐릭터 그림을 두꺼운 도화지에 그린 후 모양대로 오려서 뒷면에 까칠까칠한 스티커를 덧붙여야 한다. 오래 보관하고 사용하려면 캐릭터 그림을 코팅해 놓으면 좋다.

넷째, 융천과 나무판 사이에 자석을 필요한 부분에 고정시켜 놓으면 등장인물 캐릭터 그림 뒷면에 얇은 양철이나 쇠붙이를 까칠까칠한 스티커 대신에 붙여서 사용해도 좋다. 비용이 더 들어가기 때문에 자석을 붙인 융판 활용 그림동화보다는 까칠까칠한 스티커 또는 찍찍이를 그림에 붙인 융판 활용 그림동화가 더 많이 일반적으로 사용된다.

다섯째, 융판의 색깔이 보통 초록색 또는 파란색이기 때문에, 동화 인물 그림을 채색할 때 대비가 되는 색을 칠하는 게 좋다. 여주인공은 하얀색이나 빨간색으로, 남주인공은 노란색이나 융판이 초록색이면 파란색으로, 융판이 파란색이면 초록색으로, 가해자 또는 적수는 검은색으로, 조력자는 회색으로 채색하는 게 좋다. 동화는 순수한 색깔을 선호하기 때문에 다양한 중성색 또는 혼합색은 피하는 게 일반적이다. 단지 회색이 유일하게 혼합색으로 동화에서 사용된다.

여섯째, 정해진 동화 줄거리에 따라 등장인물들의 그림 캐릭터를 순서대로 융판에 붙였다 떼었다 하는 일에 신경 써야 한다. 동화를 구연하면서 인물 캐릭터 그림을 붙였다 떼었다 하기 때문에 미리 그림 뒷면에 구연자가 알아볼 수 있는 순서번호나 기호를 써놓는 게 좋다.

이와 같은 융판 활용 그림동화의 내용을 바탕으로 동화 「이만큼 자랐어요」의 융판용 등장인물 캐릭터 그림을 만들어보자.

「이만큼 자랐어요.」	융판용 등장인물 캐릭터 그림 제작
① 따뜻한 방에서 아기가 자고 있어요. 귀여운 얼굴로 새근새근 자고 있지요. "엄마, 신기해요. 울 때는 큰 소리로 앙앙 우는데……."라고 호영이가 말했어요.	① 그림 1: 자고 있는 귀여운 아기를 융판 크기에 맞춰 그린 후, 오려서 뒤에 까칠까칠한 스티커 또는 찍찍이를 붙인다.
② "우리 호영이도 갓난아기 때는 잘 울었단다. 하지만 지금은 잘 울지 않아. 오빠가 되었으니까."라고 말하면서 엄마는 호영이를 쓰다듬어 주셨어요.	② 그림 2: 동화 주인공 호영이를 그린 후 역시 오려서 뒤에 까칠까칠한 스티커 또는 찍찍이를 붙인다.
③ "아 참~ 엄마가 아기 우유 사는 것을 잊었구나. 아기가 자고 있는 동안 얼른 다녀올게. 그 동안 집 잘 볼 수 있지?" "그럼요. 걱정 마세요." 호영이는 씩씩하게 대답했지요. "다녀오셔서 제가 만든 것을 보세요. 멋있는 것을 만들게요." 착 착 착, 호영이는 쌓기 나무를 맞추어	③ 그림 3: 엄마를 그린 후 오려서 뒷면에 까칠까칠한 스티커 또는 찍찍이를 붙인다.

「이만큼 자랐어요.」	융판용 등장인물 캐릭터 그림 제작
갑니다. 처음에는 잘 안되었지만 지금은 집도 자동차도 척척 만듭니다.	
④ "이것은 공룡이다!"라고 중얼거리면서 호영이는 쌓기 나무로 만든 공룡으로 헝겊 인형과 씨름 놀이를 했어요. 딩동, 딩동!	④ 그림 4: 나무로 만든 공룡 그림과 헝겊 인형 그림을 그린 후 오려서 뒷면에 까칠까칠한 스티커 또는 찍찍이를 붙인다.
⑤ "아, 편지를 전해주는 집배원 아저씨구나! 어머니가 안 계세요."	⑤ 그림 5: 집배원 아저씨를 그린 후 오려서 뒷면에 까칠까칠한 스티커 또는 찍찍이를 붙인다.
⑥ "소포다. 혼자 집을 보다니 장하구나." "저도 이제 형인 걸요. 보세요. 무서운 공룡도 만들었어요." "알았어, 잘 있어라." "안녕히 가세요." 집배원 아저씨가 닫은 문이 쾅 하고 닫혔어요.	⑥ 그림 6: 소포를 그린 후 오려서 뒷면에 까칠까칠한 스티커 또는 찍찍이를 붙인다.
⑦ "으앙! 으앙!" 아기가 울기 시작했어요. "아이, 착하지, 울지 마." "으앙! 으앙!"	⑦ 그림 7: 우는 표정의 아기를 그린 후 오려서 뒷면에 까칠까칠한 스티커 또는 찍찍이를 붙인다.
⑧ "이것 봐, 아기 곰이 인사하네." 호영이는 아기 곰 인형을 들고 동생을 달랬어요. 인형의 머리를 꾸벅꾸벅 숙이며 말했어요. "안녕, 안녕"	⑧ 그림 8: 곰 인형을 그린 후 오려서 뒷면에 까칠까칠한 스티커 또는 찍찍이를 붙인다.

「이만큼 자랐어요.」	융판용 등장인물 캐릭터 그림 제작
"옹알, 옹알 ……" ⑨ 아기가 울음을 그치고 방글방글 웃었어요. "아기가 웃었다!" 호영이는 신이 나서 아기에게 뽀뽀를 해 주려고 하였어요. 그러자 아기가 귀여운 손으로 호영이의 얼굴을 찰싹찰싹 때렸어요. 그렇지만 호영이는 아기가 싫지 않았어요. "호영아, 엄마 왔다!" 엄마가 돌아오셨어요. "저런, 아기가 깼구나. 아니, 오빠를 때리고 있네." "아프지 않아요. 나는 오빠니까요." "정말 오빠 노릇을 잘하는구나. 집도 잘 보고 동생도 봐주고." "공룡도 만들었어요. 자, 보세요. 멋지지요? 얼마 안 있으면 학교에 가게 되잖아요. 그땐 열심히 공부해서 훌륭한 사람이 될 거예요." 호영이는 활짝 웃었어요.	⑨ 그림 9: 방글방글 웃고 있는 아기를 그린 후 오려서 뒷면에 까칠까칠한 스티커 또는 찍찍이를 붙인다. 위와 같이 9개의 캐릭터를 만들어서 뒷면에 순서번호를 매긴 후 동화 줄거리에 따라 구연하면서 필요한 그림을 융판에 붙였다 떼었다 하면 된다.

3) OHP 그림동화

OHP 그림동화란 OHP 필름에 그림을 그려서 OHP(두상頭上 투영기) 위에 올려놓고 하얀 벽이나 스크린에 비치는 그림동화를 말한다. 투명 OHP 필름에 유성매직펜으로 동화 스토리에 따라 필요한 그림을 그린 후 OHP 위에 올려놓고 투영기 스위치를 켜고 스크린에 비치는 그림의 윤곽이 뚜렷해질 때까지 조절을 하면서 동화구연을 하면 된다. A4 사이즈의 필름에 직접 유성 펜으로 그림을 그려도 되고, 컴퓨터에서 그래픽디자인 한 것을 프린터로 직접 A4 사이즈 필름에 출력해서 사용해도 된다. OHP 그림동화에서 유의할 점은 다음과 같다.

첫째, OHP 필름에 동화 줄거리에 따라 그림을 그릴 때 컴퓨터그래픽을 이용하면 세밀한 묘사까지 가능하기 때문에 낱장씩 그림동화나 융판 활용 그림동화처럼 그림개수와 범위에 제한을 둘 필요는 없다.

둘째, OHP 필름에 직접 그림을 그려서 동화구연을 할 경우에는 낱장씩 그림동화나 융판 활용 그림동화처럼 캐릭터 위주의 큰 그림을 그리는 게 좋다. 동화내용의 연속성을 주기 위해 OHP 필름이 겹치도록 그림을 그릴 때는 앞과 뒤의 그림이 무리 없이 이어지도록 신경 써야 한다.

셋째, 동화구연자가 혼자서 OHP를 활용하여 그림을 보여주면서 동화구연을 하기가 힘들다면 2인 1조로 해서 구연하는 게 바람직하다. 즉 주 구연자는 화면에만 신경 쓰고 구연대상자들에게 집중하여 구연하고, 보조 구연자는 OHP 사용에만 신경 쓰고 기기 운영에만 몰입하는 게 좋다는 말이다.

이와 같은 OHP 그림동화의 내용을 바탕으로 그림 동화 「늑대와 일곱 마리 새끼 양」의 OHP용 그림을 만들어보자.

「늑대와 일곱 마리 새끼 양」	OHP용 그림 제작
① 옛날 옛날에 한 마리 어미 양이 있었는데, 그 양은 일곱 마리 새끼 양들을 가지고 있었어요. 그리고 그녀는 바로 엄마가 그녀의 아이들을 사랑하는 것처럼, 새끼 양들을 사랑했어요. 어느 날 양은 숲으로 가서 먹이를 가져오려고 했어요. 그러자 그녀는 모든 일곱 마리를 불러놓고 "얘들아, 나는 숲으로 갈 거야, 늑대를 경계하렴. 그 놈이 들어오면, 너희들을 모조리 잡아먹을 거야. 그 악당은 종종 속인단다. 그러나 그의 거친 목소리와 검은 발에서 너희들은 그를 곧 알아볼 거야."라고 말했어요. 새끼 양들은 "엄마, 우리는 벌써 경계하고 있어요. 걱정하지 말고 다녀오세요."라고 말했어요. 그러자 어미는 음매 하고 울었고 기분 좋게 떠났어요.	① **그림 1**: 어미 양과 일곱 마리 새끼 양을 OHP 필름 위에 유성 펜으로 그린다. 동물을 의인화한 동화이기에 뒷발로 서 있는 모습도 가능하다. 색깔은 하얀색으로 한다.
② 오래 걸리지 않아, 누군가 문을 두드렸고, "얘들아, 문 열어라, 너희 엄마가 왔단다. 그리고 너희 각자에게 어떤 것을 가져왔단다."라고 외쳤어요. 그러나 새끼 양들은 거친 목소리를 들었고, 그것이 늑대라는 것을 알았어요. "우리는 열지 않을 거예요."라고 그들은 외쳤어요. "당신은 우리 엄마가 아니에요. 그녀는 맑고 사랑스런 목소리	② **그림 2**: 늑대의 모습을 검은색으로 그린다.

「늑대와 일곱 마리 새끼 양」	OHP용 그림 제작
를 가졌어요. 그러나 당신의 목소리는 거칠어요. 당신은 늑대예요."	
③ 그러자 늑대는 한 소매상인에게 갔고 커다란 조각의 백묵을 구입했어요. 그것(백묵)을 그가 먹었고, 그것으로써 목소리가 맑아졌어요. 그러고 나서 그는 돌아왔고, 문을 두드렸으며, "얘들아, 문을 열어라. 너희의 엄마가 왔고 각자에게 어떤 것을 가져왔단다."라고 외쳤어요.	③ 그림 3: 늑대와 백묵을 파는 소매상인을 그린다.
④ 그러나 늑대는 그의 검은 발을 창문 위에 놓았어요. 그것을 아이들은 보았고 "우리는 열지 않아요. 우리 엄마는 당신처럼 검은 발을 가지고 있지 않아요. 당신은 늑대예요."라고 외쳤어요.	④ 그림 4: 검은 발을 창문 위에 올려놓은 늑대를 그린다.
⑤ 그러자 늑대는 빵 제조업자에게 달려갔고, "나는 발이 돌부리에 채었단다. 내 발 위에 반죽을 발라라."라고 말했어요. 그리고 빵 제조업자가 발에 발랐을 때, 그는 방앗간 주인에게 갔고, "내 발 위에 하얀 밀가루를 뿌려라."라고 말했어요.	⑤ 그림 5: 늑대와 그의 앞발에 반죽을 발라주는 제빵사를 그린다.
⑥ 방앗간 주인은 늑대가 누군가를 속이려 한다고 생각했고 거절했어요. 그러나 늑대는 "네가 그것을 행하지 않는다면, 나는 너를 잡아먹어버리겠다."고 말했어요. 그러자 방앗간 주인은 두려웠고 그의 발을 하얗게 했어요. 그래요, 사람들이란 그런 거예요. 이제 그 악당은 세 번째로 현관문으로 갔고,	⑥ 그림 6: 늑대와 그의 앞발에 하얀 밀가루를 뿌려주는 방앗간 주인을 그린다.

「늑대와 일곱 마리 새끼 양」	OHP용 그림 제작
두드렸으며, "얘들아, 내게 열어주렴, 너희들의 사랑하는 엄마가 돌아왔단다. 그리고 너희들 각자에게 어떤 것을 숲에서 가져왔단다."라고 말했어요. 새끼 양들은 "당신이 사랑하는 엄마라는 것을 우리가 알도록, 우선 당신의 발을 보여주세요." 라고 외쳤어요.	
⑦ 그러자 그는 발을 창문 안으로 놓았어요. 그리고 그들이 그것이 하얗다는 것을 보았을 때, 그가 말한 모든 것이 사실이었다고 믿고, 문을 열었어요. 그러나 들어온 사람은 늑대였어요. 그들은 놀랐고 숨으려고 했어요.	⑦ **그림 7:** 하얀 앞발을 창문 안으로 올려놓은 늑대와 문을 열어주는 첫째 새끼 양을 그린다.
⑧ 한 마리는 책상 밑으로 뛰어갔고, 둘째는 침대로, 셋째는 난로로, 넷째는 부엌으로, 다섯째는 장롱으로, 여섯째는 세숫대야 밑으로, 일곱째는 벽시계 상자 안으로 뛰어들었어요. 그러나 늑대는 그들 모두를 발견했고 성큼 먹어 치웠어요. 한 마리씩 차례차례로 그는 아가리 속으로 꿀꺽 삼켰어요. 단지 시계상자 안의 막내를 그는 발견하지 못했어요.	⑧ **그림 8:** 책상 밑에 숨는 첫째 새끼 양, 침대 밑으로 숨는 둘째 새끼 양, 난로로 숨는 셋째 새끼 양, 부엌으로 도망치는 넷째 새끼 양, 장롱 안으로 숨는 다섯째 새끼 양, 세숫대야 밑으로 숨는 여섯째 새끼 양, 벽시계 상자 안으로 숨은 일곱째 새끼 양을 그린다.
⑨ 늑대가 그의 욕망을 채웠을 때, 급히 도망쳤고, 밖에 푸른 초원 위에 한 나무 아래 누웠고, 잠자기 시작했어요.	⑨ **그림 9:** 여섯 마리 새끼 양을 통째로 삼킨 늑대가 나무아래서 잠든 모습을 그린다.
⑩ 그 후 오래지 않아 어미 양이 숲에서 다시 돌아왔어요. 아, 그녀가 그때 무엇을 보아야만 했던가! 현관이 활짝 열려 있었고, 책상, 의자와 걸상들이 내동댕이쳐 있었고, 세숫대야가 조각	⑩ **그림 10:** 돌아온 어미 양이 깜짝 놀라 새끼 양들의 이름을 부르는 모습을 그린다.

「늑대와 일곱 마리 새끼 양」	OHP용 그림 제작
나 있었으며, 이불과 베개가 침대에서 끌어내려져 있었어요. 그녀는 아이들을 찾았으나, 어디에서도 그들을 발견할 수 없었어요. 그녀는 차례차례로 그들의 이름을 불렀어요. 그러나 아무도 대답하지 못했어요.	
⑪ 마침내, 그녀가 막내 곁에 왔을 때, 한 맑은 목소리가 "엄마, 나는 시계상자 안에 숨어 있어요."라고 외쳤어요. 그녀는 그 애를 끄집어냈고, 그 애는 그녀에게 늑대가 왔었고 다른 모두를 잡아먹었다고 이야기했어요.	⑪ **그림 11:** 어미 양과 막내 새끼 양과의 기쁜 만남과 대화의 모습을 그린다.
⑫ 지금 여러분들은 얼마나 그녀가 불쌍한 아이들 때문에 울었는지를 생각할 수 있겠죠. 마침내 그녀는 비탄에 잠겨 밖으로 나갔고, 막내 새끼 양도 함께 뛰어 갔어요.	⑫ **그림 12:** 잡아먹힌 새끼 양 때문에 슬프게 울부짖는 어미 양을 그린다.
⑬ 그녀가 초원 위로 왔을 때, 거기에 늑대가 나무 곁에 누워 있었고, 가지들이 떨릴 정도로 코를 골고 자고 있었어요. 그녀는 그를 사방에서 관찰했고, 가득 찬 배 속에서 어떤 것이 움직이고 허우적거리는 것을 보았어요. "맙소사", 그녀는 "그가 저녁식사로 꿀꺽 삼켰던, 내 불쌍한 아이들이 아직 살아 있을까?"라고 생각했어요. 그러자 새끼 양은 집으로 달려가 가위, 바늘과 실을 가져와야만 했어요. 그리고 나서 그녀는	⑬ **그림 13:** 코를 골며 자고 있는 늑대와 그 주위에서 바라보고 서있는 어미 양과 새끼 양을 그린다.

「늑대와 일곱 마리 새끼 양」	OHP용 그림 제작
그 괴물의 배를 절개했어요.	
⑭ 그리고 막 그녀가 절개를 행하자마자, 이미 한 마리 새끼 양이 머리를 내밀었고, 계속 절개했을 때, 차례대로 모든 여섯 마리가 밖으로 뛰어 나왔어요.	⑭ **그림** 14: 자고 있는 늑대의 배를 절개하는 어미 양을 그린다.
⑮ 그리고 아직 모두 살아 있었고, 한 마리도 상처를 입지 않았어요. 왜냐하면 그 괴물이 그들을 열망 가운데 통째로 꿀꺽 삼켰기 때문이에요.	⑮ **그림** 15: 절개한 늑대의 배에서 밖으로 나오는 여섯 마리 새끼 양을 그린다.
⑯ 그거 기쁜 일이죠! 그러자 그들은 사랑하는 엄마를 껴안았고, 결혼식을 치르는 재단사처럼 기뻐서 깡충깡충 뛰었어요. 그러나 어미는 "지금 가서 큰 돌멩이를 찾으렴. 그것으로서 녀석이 아직 잠자고 있는 동안에, 우리는 그 사악한 동물의 배를 채우자꾸나."라고 말했어요.	⑯ **그림** 16: 어미 양과 일곱 마리 새끼 양이 손을 잡고 깡충깡충 뛰는 모습을 그린다.
⑰ 그래서 일곱 마리 새끼 양들은 서둘러서 돌들을 끌어왔고, 그것들을 그들이 갖다 넣을 수 있을 만큼 그렇게 많이, 그의 배 속에 집어넣었어요.	⑰ **그림** 17: 늑대의 배 속으로 일곱 개의 큰 돌멩이를 채워 놓는 새끼 양의 모습을 그린다.
⑱ 그러고 나서 어미 양이 그 배를 신속하게 다시 꿰매어 붙였고, 그는 아무것도 알아채지 못했으며, 한 번도 움직이지 않았어요.	⑱ **그림** 18: 늑대의 배를 꿰매는 어미 양을 그린다.
⑲ 늑대가 마침내 잠에서 깨어났을 때, 그는 떠났어요. 그리고 돌들이 그의 배 속에서 커다란 갈증을 자극했기 때문에, 그는 한 샘으로 갔고 마시려고 했어요. 그러나 그가 걷기 시작하고, 이리저리 움직였을	⑲ **그림** 19: 잠에서 깬 늑대가 물을 마시러 샘으로 걸어가는 모습을 그린다.

「늑대와 일곱 마리 새끼 양」	OHP용 그림 제작
때, 돌들이 그의 배 속에서 충돌했고 덜컹덜컹 소리를 냈어요. 그러자 그는 외쳤어요. "무엇이 내 배 속에서 덜컹덜컹 소리 내고 쿵, 쾅 소리 내는가? 내 생각에는 그것은 여섯 마리 새끼 양들일 텐데, 그게 소리 나는 큰 돌멩이들인가?"	
⑳ 그리고 그가 샘에 와서 물 위로 구부리고 물을 마시려고 했을 때, 무거운 돌들이 그를 안으로 끌어 당겼고, 그는 비참하게 물에 빠져 죽어야만 했어요.	⑳ 그림 20: 샘물 속으로 빠져 죽는 늑대를 그린다.
㉑ 일곱 마리 새끼 양들이 그것을 보았을 때, 그들은 뛰어 나왔고, 큰 소리로 "늑대가 죽었다! 늑대가 죽었어!"라고 외쳤어요. 그리고 그들의 엄마와 함께 기뻐서 샘을 맴돌면서 춤을 췄어요.	㉑ 그림 21: 손에 손을 잡고 샘을 맴돌면서 기뻐하는 어미 양과 일곱 마리 새끼 양의 춤추는 모습을 그린다.

4) TV상자 그림동화

TV상자 그림동화란 네모난 상자를 TV처럼 모양을 꾸며서 그 안에서 그림을 보여주고 이야기하는 그림동화를 말한다. 그림을 보여주는 방식에는 구연자가 낱장씩 그림을 위와 아래 또는 옆으로 뽑아내는 방법과 그림을 연이어 붙여서 두루마리처럼 왼쪽에서 오른쪽으로 감아가면서 구연하는 방법이 있다. 실제로 TV에 대한 관심이 아주 많은 유·아동들이기 때문에 TV상자 그림동화 구연은 매우 효과가 클 것이다. 따라서 TV상자 그림동화에서 유의할 점을 다음과 같이 지적해 본다.

첫째, TV로 사용할 상자는 구연대상자의 인원수에 따라 그 크기가 정해진다. 실제로 대형화된 TV가 강세이지만, 동화구연은 실제의 TV가 아니라 가상의 TV에서 이루어지므로 소수의 유·아동들의 구연에 적합하다고 생각한다. 따라서 10명 미만은 A4용지의 크기인 14인치 TV용 상자를, 10명에서 20명까지는 8절지 크기인 20인치 TV용 상자를 만들면 된다. 20명 이상의 유·아동들을 구연하기에는 TV상자 그림동화가 적합하지 않다.

둘째, 구연자가 1인일 경우에는 TV상자를 자기 앞에 두고 낱장씩 그림을 위와 아래로 또는 옆으로 빼내면서 이야기하기 때문에 아주 간단한 줄거리의 동화를 선택해야 한다. TV상자 그림동화에 유·아동들을 집중시키기 위해서 구연자는 부단한 노력과 경험이 필요하다. 따라서 구연자는 2인 1조로 TV상자 그림동화를 구연하는 게 바람직하다고 본다. 즉 한 사람은 동화를 구연하는 데 몰두하고, 다른 한 사람은 구연자의 이야기 진행에 따라 TV상자에서 그림을 바꿔주면 된다는 말이다.

셋째, 두루마리식 그림동화인 경우는 한 사람의 구연이 가능하다. 전제 조건으로 그림을 연이어 붙여서 두루마리처럼 왼쪽에서 오른쪽으로 감아가는 TV상자용 동화 구연 자료가 완벽하게 준비되어야 한다. 다시 말해 두루마리식 그림동화는 양쪽에 각각 긴 봉을 세우고, 구연할 동화그림을 정해진 줄거리에 따라 쭉 연이어 붙여야 하며, TV상자 양쪽 위에 구연자가 손으로 돌릴 수 있는 봉 꼭지가 나와 있어야 한다.

넷째, TV상자 그림동화에 대한 유·아동들의 호기심이 매우 크기 때문에, 구연자는 진짜 TV에서 방송하는 것 같은 동화구연을 하도록 최선을 다해야 한다. 상자로 만든 TV가 엉성해서 구연 중에 쓰러진다든지, 낱장씩 그림을 잘못 뽑아서 이야기 순서가 뒤바뀐다든지, 두루마리식 그림이 너무 얇아서 구부러지거나 심지어 쉽게 찢어진다든지 해서는 안 된다는 뜻이다.

이와 같은 TV상자 그림동화의 내용을 바탕으로 동화 「소원을 이룬 숲 속 친구들」의 TV상자용 그림을 만들어보자.

「소원을 이룬 숲 속 친구들」	TV상자용 그림 제작
① 아기 원숭이가 연못으로 물을 마시러 왔어요. "어? 저기 오리 아주머니다! 아줌마, 안녕하세요?" 오리 아주머니는 연못 위에서 점잖게 헤엄을 치며 아기 원숭이에게로 다가왔어요.	① 그림 1: 연못에서 물 마시는 아기 원숭이와 헤엄치는 오리 아줌마를 그린다.
② "야. 아줌마의 수영 솜씨는 정말 멋져요. 나도 아줌마처럼 수영을 잘할 수 있으면 좋겠어요." 오리 아주머니는 고개를 저으며 말했어요. "나는 네가 더 부러운데? 너는 나무타기 선수잖니? 아무리 높은 나무라도 쪼르르. 못 오르는 나무가 없잖아. 나무 위로 올라갈 수만 있다면 심술꾸러기 여우가 나타나더라도 무서울 게 없을 거야."	② 그림 2: 오리와 원숭이가 대화하는 모습을 그린다.
③ 그래서 아기 원숭이와 오리 아주머니는 부엉이 박사님을 찾아가라고 했어요. 부엉	③ 그림 3: 안경 낀 부엉이 박사를 크게 그린다.

「소원을 이룬 숲 속 친구들」	TV상자용 그림 제작
이 박사님은 무엇이든 척척 해결해 주시거든요.	
④ 부엉이 박사님한테 가는 길에 다람쥐를 만났어요. "오리 아줌마, 어디 가세요?" "부엉이 박사님한테 부탁 좀 하려고." 다람쥐는 오리 아줌마의 이야기를 듣더니 자기도 데리고 가 달라고 졸랐어요.	④ 그림 4: 귀엽게 생긴 다람쥐를 그린다.
⑤ 셋은 부엉이 박사님께 드린 선물도 준비했어요. 딱정벌레 열 마리를 나뭇잎으로 싸고 꽃잎으로 예쁘게 장식도 했어요.	⑤ 그림 5: 선물을 들고 걸어가는 원숭이와 오리 그리고 다람쥐를 그린다.
⑥ 부엉이 박사님 집은 커다란 도토리나무 기둥이에요. "부엉이 박사님, 안녕하세요? 부탁드릴게 있어서 왔어요."	⑥ 그림 6: 커다란 도토리나무 위에 서있는 부엉이 박사를 그린다.
⑦ 아기 원숭이와 오리 아줌마는 소원을 부엉이 박사님께 말했어요. 그리고 "저는 하늘을 날고 싶어요. 하늘에서 우리 동네가 어떻게 생겼는지 보고 싶고, 넓고 넓은 바다에도 가보고 싶어요." 다람쥐도 자기의 소원을 말했어요. 모두의 이야기를 들은 부엉이 박사님은 곰곰이 생각했어요. "그래 좋은 방법이 있어. 아기 원숭이는 수영을 잘하고 싶다고 했지?	⑦ 그림 7: 부엉이 박사와 대화를 주고받는 원숭이, 오리, 다람쥐의 모습을 그린다.
⑧ 오리 아줌마는 그 물갈퀴 발을 좀 아기 원숭이에게 빌려주세요. 그리고 오리 아줌마는 나무타기를	⑧ 그림 8: 물갈퀴 발을 한 아기 원숭이와 긴 꼬리를 단 오리 아줌마를 그린다.

「소원을 이룬 숲 속 친구들」	TV상자용 그림 제작
잘하고 싶다고 했지요? 아기 원숭이야, 그 길고 유연한 꼬리를 오리 아줌마에게 빌려 주렴." 부엉이 박사님의 이야기를 들은 오리 아줌마와 아기 원숭이는 매우 기뻤어요. "그런 나는 어떻게 해요? 나한테는 날개를 빌려 줄 친구가 없는데……." 다람쥐는 울먹이며 말했어요.	
⑨ "내가 있잖니. 나는 너한테 날개를 빌려 주고, 너는 나한테 앞니를 빌려 주렴. 네 튼튼한 앞니로 우리 집 지붕에 잔뜩 열린 도토리를 까먹고 싶었거든."	⑨ 그림 9: 날개 단 다람쥐와 튼튼한 앞니를 한 부엉이 박사를 그린다.
⑩ 원숭이는 오리 아줌마의 물갈퀴를 신고 첨벙 첨벙. 오리 아줌마는 나무에 매달려서 흔들흔들. 다람쥐는 날개를 달고 훨훨. 그리고 부엉이 박사님은 튼튼한 앞니로 도토리를 오도독, 오도독. 모두모두 잘됐답니다.	⑩ 그림 10: 오리 아줌마의 물갈퀴를 신은 원숭이, 원숭이꼬리를 단 오리, 부엉이날개 단 다람쥐, 다람쥐 앞니를 한 부엉이를 그린다. 모두 만족한 표정으로 그린다.

4장 동화 인형극 또는 동화극 아동교육

1. 동화 인형극 아동교육

동화 인형극 아동교육이란 동화 줄거리를 바탕으로 인형을 만들어 드라마로 꾸며서 아동에게 구연하는 교육방법을 말한다. 다시 말해, 유·아동들의 눈높이에 맞춰 제작한 인형을 활용하여 즐거움을 극대화하는 동화 인형극 아동교육을 말한다. 유·아동들은 인형을 무척 좋아한다. 그래서 교사나 학부모가 동화 등장인물들을 인형으로 만들어 동화 스토리를 극화하여 아이들에게 이야기해준다면 그 교육효과는 매우 높다고 하겠다. 따라서 인형을 올바르게 제작하는 일이 관건[關鍵]이며, 필요하다면 전문제작자에게 주문제작하는 것도 나쁘지 않다고 생각한다. 그러나 경비[經費]문제로 망설일 수가 있기 때문에 교사와 학부모는 스스로 인형 제작에 매진하는 게 좋다. 그럼 동화 인형극 아동교육을 위해 어떤 동화 인형극의 종류가 있는지 알아보자.

1) 동화 인형극의 종류

인형극[人形劇]이란 조형적 물체인 인형을 조작하면서 그 움직임으로 연기표현을 하는 연극을 말한다. 따라서 인형을 만드는 일이 매우 중요하며 그 인형의 형태에 따라 인형극의 종류가 달라진다. 동화 인형극도 마찬가지로 인형이 등장인물을 대신하기 때문에 인형 제작이 매우 중요하며 그 모양에 따라서 손 인형극, 막대 인형극, 장난감 인형극, 그림자 인형극, 줄 인형극 등으로 나눌 수 있다.

손 인형극

손 인형극이란 구연자가 장갑이나 양말에 그림을 그리거나 단추와 천조각 등을 꿰매 붙인 인형을 손 또는 손가락에 끼고 동화구연을 하는 인형극을 말한다. 동화 인형극 아동교육을 위해 가장 간단하고 손쉬운 방법이며, 교사와 학부모가 쉽게 인형 제작을 할 수 있기 때문에 가장 선호하는 방법이기도 하다. 손 인형극에서 구연자는 인형을 보통 머리 부분을 검지에 끼우고 왼팔은 엄지, 오른팔은 중지에 끼워 조종한다. 손 인형을 독일에서는 한트푸페[Handpuppe], 프랑스에서는 기뇰[Guignol], 영국에서는 펀치[Punch], 이탈리아에서는 브라띠니[Burattini], 중국에서는 포대희[布袋戱]라고 부른다. 손 인형극은 유럽에서 먼저 생겨서 전 세계로 퍼져나갔다. 사람이 직접 무대에 등장하여 연기하는 드라마를, 사람 대신에 인형을 만들어 작은 무대에서 드라마를 하게 된 것이다. 연극은 일반적으로 시간과 장소와 줄거리의 삼 통일법칙하에 이루어지는데, 손 인형극은 정해진 장소가 아니라 거리에서 공연하면서 사회세태 풍자 등에 동원되어 거리의 구경꾼들에게 큰 인기를 모았고 많은 공감을 받았다. 특히 현대에 와서 동화를 손 인형극으로 구연하면서 아동교육에 많은 영향을 미치게 되었고, 더욱 다양한 동화 손 인형극으로 발전하게 된다. 즉, 인형을 손가락에 끼워서 공연하는 방식을 손가락 인형극이라고 하고, 인형을 손에 장갑처럼 끼워서 조종하면서 구연하는 방식을 장갑 손 인형극이라고 부르며, 양말에 천조각과 단추, 뜨개실과 양털 등을 붙여서 공연하는 방법을 양말 손 인형극이라고 한다. 보다 자세히 설명하자면 손가락 인형극은 구연자가 동화 등장인물에 해당하는 인형을 자기 양손의 검지와 엄지 그리고 중지에 맞게 만들어서 검지에는 머리 부분을, 오른손 엄지에는 왼팔을 왼손 엄지에는 오른팔을, 오른손 중지에는 오른팔을 왼손 중지에는 왼팔을 끼워서 동화구연을 공연하듯이 하면 된다는 말이다. 장갑 손 인형극은 구연자가 동화 등장인물에 해당하는 인형을 장갑 끝부분에 그림을 그리거나 장식을 해서 구연하면 된다. 끝으로 양말 손 인형극은 구연자가 동화 등장인물에 해당하는 인형을 양말에 천조각이나 뜨개실, 단추나 양털 또는 융조각 등을 덧붙여서 손 전체를 양말 안에 넣고 공연하듯이 구연하면 된다.

주의할 점은 손가락 인형극이든 장갑 손 인형극이든 양말 손 인형극이든 공연할 무대장치가 있어야 한다는 것이다. 즉, 구연자가 손가락에 낀 인형이나 장갑손가락 인형 그리고 양말 인형만 구연대상자들에게 보이게 하는 무대장치가 있어야 한다는 뜻이다. 또한 동화 손 인형극은 구연자의 손 크기에 맞게 인형을 만들어 구연대상자에게 보여주면서 공연하기 때문에 소수 인원의 구연에 적합하다는 점을 강조하고 싶다. 더욱이 손가락에 인형을 끼워서 공연을 하기 때문에 구연자 혼자서 동화 인형극을 공연하는 것은 무리이다. 따라서 동화 줄거리가 단순하고 적은 등장인물이 등장하는 동화를 선택하여 공연하는 게 바람직하며, 2인 이상이 함께 구연하는 게 좋다. 물론 장갑 손 인형극은 혼자서 한 손에 5명씩의 인물을 구연할 수 있기 때문에 혼자 공연해도 무방하다고 생각한다.

그럼 동화 손 인형극의 공연을 위해 동화 「설날에 온 꼬마 도깨비」의 등장인물들을 손가락 인형으로 만들어보자.

「설날에 온 꼬마 도깨비」	손가락 인형 만들기
① 꼬마 도깨비가 엄마한테 조르기 시작했습니다. "엄마, 배고파요. 맛있는 것 주세요." "오늘은 '설날'이라는 사람들의 명절이란다. 틀림없이 맛있는 것이 많을 거야. 사람들이 사는 마을에 가보자." ② 엄마 도깨비와 꼬마 도깨비는 방망이를 타고 마을로 갔습니다. 고소하고 맛있는 냄새가 마을에 들어서자마자 진동을 했습니다. 도깨비들은 빨간 대문이 활짝 열려 있는 집으로 들어가 보았습니다. 하지만 아무도 도깨비를 보고 놀라지 않았습니다. 사람들은 도깨비를 볼 수 없으니까요. "어? 엄마 저기 하얗고 긴 게 뭐지요?" "가래떡이란다. 저 떡을 얇게 썰어서 떡국을 끓이는 거야. 사람들은 설날 아침엔 떡국을 먹지." 엄마 도깨비와 아기 도깨비는 이곳 저 곳을 돌아다니며 맛있는 음식 냄새를 실컷 맡았습니다. "야, 맛있다. 엄마, 이제 배가 불러요."	① 동화 주인공 꼬마 도깨비의 손가락 인형을 만든다. 머리 위에 뿔이 달린 모습으로 얼굴은 빨간색으로 채색하고, 몸과 두 팔은 파랑색 천을 오려서 만든다. 검지가 들어갈 만큼 공간을 유지한 채 닥종이나 찰흙을 물에 적셔서 얼굴을 둥그렇게 만들고, 몸과 양팔은 그냥 천으로 엄지와 중지가 들어갈 정도로만 만든다. ② 엄마 도깨비도 같은 요령으로 만든다. 단지 얼굴색은 하얀색으로 채색하고, 몸과 양팔은 빨간색 천을 오려서 만든다. 그밖에 등장인물들은 굳이 인

「설날에 온 꼬마 도깨비」	손가락 인형 만들기
도깨비들은 음식을 먹는 대신 그 냄새를 먹는답니다. 도깨비들은 안방으로 들어가 보았습니다. 안방에서는 온 가족이 함께 모여 할아버지, 할머니께 절을 했습니다. "왜 절을 하는 거지요?" "사람들은 설날에 예쁜 한복으로 갈아입고 어른들께 절을 한단다. '세배'라는 건데 어른들께 건강하시고 복 많이 받으시라고 인사하는 거야." 엄마 도깨비는 차근차근 가르쳐 주었습니다. "자, 이제 그만 집으로 돌아가자." 엄마 도깨비와 꼬마 도깨비는 방망이를 타고 날아갔습니다. "어? 엄마, 이상하게 생긴 새에요." "새가 아니라 '연'이란다. 동네 아이들이 연날리기를 하면서 노는구나." "저기 빙글빙글 돌아가는 건 뭐지요?" "'팽이'라는 거야. 땅 위나 얼음 위에서 누가 오랫동안 팽이를 돌릴 수 있는지 시합을 하기도 하지. '설날'에 사람들은 가족들과 재미있는 놀이를 하면서 지내지. 윷놀이, 널뛰기 같은 놀이를 하면서 말이야." 꼬마 도깨비는 갑자기 시무룩해졌어요. "왜 그러니, 아가야?" "사람들은 좋겠어요. 엄마, 왜 우리 도깨비들한테는 '설날'이 없는 거지요?" 꼬마 도깨비는 사람들이 매우 부러웠습니다. "그럼, 우리도 '설날'을 만들어 볼까?" "정말이에요 엄마? 야호, 신난다."	형을 만들 필요가 없고 단지 구연자가 말로서 구연하고 넘어가도 무방하다. 이 동화는 손가락 인형을 두 개만 제작해서 공연하면 되기 때문에 구연자 혼자서 양손에 꼬마 도깨비 인형과 엄마 도깨비 인형을 끼고 구연해도 좋다.

「설날에 온 꼬마 도깨비」	손가락 인형 만들기
도깨비들은 방망이를 타고 더 세게 날았습니다. 어서 가서 오늘이 '설날'이라는 기쁜 소식을 친척들과 친구들에게 알려 주려고 말이에요.	

막대 인형극

막대 인형극이란 '봉 인형극' 또는 '장대 인형극'이라고도 하며, 그림이나 인형 얼굴에 막대를 끼워서 만들거나 이미 만들어진 인형 형태에 막대를 덧붙여서 그것을 대상자에게 보여주면서 동화 구연을 하는 인형극을 말한다. 막대 인형극에 사용하는 막대의 종류는 나무, 플라스틱, 철사, 철제기구 등 다양하다. 일반적으로 인형의 머리는 닥종이나 찰흙으로 만들고, 몸통은 머리에 막대를 꽂아서 늘어뜨린 다음 옷에 해당하는 천을 덧붙여서 만든다. 양팔은 철사를 몸통막대에 양쪽으로 늘어뜨려서 만들고, 그 양손 끝에도 막대를 연결하여 아래쪽에서 조종하게 하며, 굳이 다리는 따로 만들 필요 없이 몸통을 감싼 천을 길게 늘어뜨린 상태를 유지하면 된다. 가장 단순하게 막대 인형을 만들고 싶으면, 그림동화에 등장하는 인물을 직접 가위로 오리고, 그것을 막대에 붙여서 사용하면 된다. 특히 인형 형태를 완성한 후 긴 봉으로 끼워서 무대의 밑에서 조종하면서 공연하는 인형극을 봉 인형극이라고 말한다. 장대 인형극도 마찬가지로 긴 막대기를 인형에 장치시켜서 무대의 밑에서 조종하면서 동화 구연하는 인형극을 말한다. 따라서 막대 인형극을 공연할 무대가 필요하고, 인형조종자는 유·아동들에게 보이지 않도록 무대 밑에서 막대로만 인형을 조종해야 하는 점을 잊어서는 안 된다. 그래서 올바른 동화 막대 인형극을 공연하기 위해서는 동화구연자가 2인 이상은 되어야 하며, 특별히 내레이션을 하는 해설자가 구연대상자들을 통제하면서 한 역할을 담당하는 게 바람직하다.

그럼, 동화 막대 인형극의 공연을 위해 강정연 동화 「심술쟁이 버럭 영감」의 등장인물들을 막대 인형으로 만들어보자.

「심술쟁이 버럭 영감」	막대 인형 만들기
커다랗고 험한 산 아흔아홉 개를 넘으면 작은 마을이 나와. 바로 구구봉 마을이지. 구구봉 마을에는 예로부터 전해 오는 이야기가 있어. 소원을 외쳐서 아흔아홉 개의 산봉우리에 메아리가 울려 퍼지면, 그 소원은 반드시 이루어진다는 거야. 하지만 아흔아홉 개의 산에 메아리가 울려 퍼지는 건 있을 수 없는 일이야. 산 하나만 해도 얼마나 크고 깊은지, 한번 골짜기로 들어간 소리는 결코 밖으로 나오지 않거든. 그래서 구구봉 마을 사람들은 그 이야기를 잊고 산 지 오래야.	
① 버럭 영감은 구구봉 마을에서 제일가는 부자야. 마을 사람들 모두 버럭 영감 집에서 일감을 얻어 살고 있을 정도지. 그러니 버럭 영감 앞에서는 누구도 꼼짝하지 못할 수밖에. 하지만 이런 버럭 영감에게도 아쉬운 게 하나 있어. 그건 바로, 집안 대대로 벼슬을 해 본 사람이 아무도 없다는 거야. 그래서 하나뿐인 아들이 벼슬길에 오르는 걸 보고 죽는 게 버럭 영감의 소원이었지.	① 동화 주인공 버럭 영감의 막대 인형을 만든다. 찰흙이나 닥종이로 얼굴을 만들고 머리에 상투를 씌운다. 얼굴은 붉은 색으로 채색하고 심술궂은 표정을 그린다. 얼굴이 완성되면 막대나 철사로 몸통과

「심술쟁이 버럭 영감」	막대 인형 만들기
한데 이 아들이란 녀석이 도통 글을 읽으려 들지 않는 거야. 그저 나무와 망치를 들고 이것저것 만드는 데에만 애썼지. “아버님, 저는 아주 멋진 집을 짓는 목수가 되고 싶어요.” 버럭 영감은 이런 아들이 못마땅해서 버럭 버럭 화만 냈어. “하라는 공부는 않고 목수가 되겠다고? 어림없는 소리! 넌 반드시 벼슬을 해야 한다!” 그래서 결국 ② 아들은 공부를 할 수 없는 핑계를 만들어 냈지. “시끄러워서 책을 못 읽겠어요!” “옳거니, 네가 글공부를 못하는 이유가 바로 그것이었구나!” 이때부터 버럭 영감의 심술이 시작된 거야. 동네 꼬맹이들이 골목에서 조금이라도 놀라 치면 어느새 버럭 영감이 나타나 버럭 소리를 질렀어. “이 녀석들, 썩 꺼지지 못해! 한번만 더 골목에서 시끄럽게 굴면 확 잡아다가 볼기짝이 터지도록 두들겨 줄 테다!” 그러면 동네 아이들은 “걸음아 날 살려라!” 하며 꽁지 빠지게 도망가는 거야. 동네 아낙네들이 냇가에서 수다를 떨며 빨래라도 할라 치면 또 어느새 버럭 영감이 나타나 버럭 소리를 질렀어. “이 여편네들, 빨래를 입으로 해? 왜 이리 시끄러운 거야? 자꾸만 나불대면 일감을 모조리 뺏어 버릴	양팔을 붙여서 만들고, 노란색 비단천으로 옷을 만들어 덧씌운다. 다리를 만들 필요는 없고 막대를 길게 해서 밑에서 조종할 수 있도록 해야 한다. 긴 막대는 얼굴인형에 붙여서 몸통 아래까지 늘어뜨리고 양팔은 철사로 연결하며, 양손에 가는 막대나 철사로 길게 밑에서 조종할 수 있도록 해야 한다. ② 아들의 막대 인형도 버럭 영감과 같은 요령으로 만든다. 얼굴은 노란색으로, 몸과 양팔은 파란색 비단천으로 만든다.

「심술쟁이 버럭 영감」	막대 인형 만들기
테니 그리 알아!" 그러면 아낙네들은 빨래를 입에 문 것처럼 조용해졌지. 논에서 일하는 일꾼들이 노래라도 한가락 할라치면 또 어느새 버럭 영감이 나타나 소리를 지르는 거야. "논매는데 무슨 노래야, 노래가! 자꾸만 시끄럽게 굴면 농사지을 땅 한 뙈기 없을 줄 알아!" 그러면 일꾼들은 땅만 보고 숨소리도 안 나게 조용조용 일했지. 이러기를 십 년이야. 아들은 혼인을 하고 나서도 벼슬을 하지 못했어. "아버님, 저는 아주 멋진 집을 짓는 목수가 되고 싶습니다." 아직도 이러고 고집을 피울 뿐이었지. 그러니 버럭 영감의 심술이 점점 더 고약해질 수밖에. 남의 집 뒷간에서 똥 떨어지는 소리만 나도 버럭 화를 낼 정도가 됐지 뭐야. 그러던 어느 날이었어. 버럭 영감이 어디 시끄러운 데 없나 하고 마을 구석구석을 살피며 다닐 때였지. 어디선가 구슬픈 울음소리가 들리는 거야.	
③ 돌쇠네였어. "요놈들 잘 걸렸다!" 버럭 영감은 돌쇠네 집 문을 발로 냅다 차며 들어갔지. "내가 분명히 조용히 하라고 했을 텐데! 이게 무슨 난리야? 내 집 일 그만두고 싶어?"	③ 돌쇠의 막대 인형도 버럭 영감과 같은 요령으로 만든다. 얼굴은 파란색으로, 몸과 양팔은 하얀색 무명천으로 만든다.

「심술쟁이 버럭 영감」	막대 인형 만들기
"영감은 피도 눈물도 없소? 우리 어머님이 돌아가셨단 말이오!" 돌쇠가 참지 못하고 영감에게 대뜸 대들었어. 하지만 버럭 영감은 눈썹 하나 까딱 않고 말했지. "이놈이 어디서 눈을 똑바로 뜨고 대들어? 네놈은 내일부터 일 없을 줄 알아!" 그러고는 휑하니 나가 버리는 거야.	
④ 돌쇠 부인은 하얗게 질린 얼굴로 얼른 쫓아나와 버럭 영감을 붙잡았어. "영감님, 무슨 말씀이세요. 그러면 우리 가족은 굶어 죽어요!" 아무리 울며 매달려도 버럭 영감은 아랑곳하지 않고 코웃음 치며 뿌리쳤지. 이를 보던 마을 사람들은 무척 화가 났지만 자기들도 일감을 잃을까봐 아무 말도 할 수 없었어. 조용히 집으로 돌아가는 수밖에. 마을 사람들이 할 수 있는 일이라고는 고작 마당에 굴러다니는 돌멩이를 발로 걷어차는 일뿐이었지. 그런데 말이야, 이상하게도 그날따라 걷어찬 돌멩이들이 마당에 세워 둔 장독들을 '쨍그랑' 하고 깨지 뭐야. 쨍그랑! 쨍그랑! 쨍그랑! 여기저기서 장독 깨지는 소리가 끊이지 않았어. 버럭 영감은 이 소리에 화가 나서 견딜 수가 없었어. 그래서 집으로 돌아가다 말고 그 자리에서 소리를 질러 댔지. "망할 놈의 소리들이 몽땅 사라져 버렸으면 좋겠다!"	④ 돌쇠 부인의 막대 인형도 버럭 영감과 같은 요령으로 만든다. 얼굴은 하얀색으로, 몸과 양팔은 빨간색 무명천으로 만든다.

「심술쟁이 버럭 영감」	막대 인형 만들기
그때였어! 버럭 영감의 커다란 목소리가 온 동네에 쩌렁쩌렁 하게 울리더니, 아흔아홉 개의 산을 타고 너울너울 넘어가네! 그러고는 다시 아흔아홉 개의 산을 타고 메아리가 되어 돌아오는 거야. “망할 놈의 소리들이 몽땅 사라져 버렸으면 좋겠다!” “망할 놈의 소리들이 몽땅 사라져 버렸으면 좋겠다!” 버럭 영감은 잠시 정신이 멍했어. 자기 목소리가 귀에 한참이나 맴돌았거든. 버럭 영감은 머리를 세차게 흔들며 정신을 가다듬었지. 그런데 이상해. 정신을 차리고 나니 세상이 너무 조용한 거야. 소리를 들으려고 아무리 귀를 쫑긋 세워 보아도 바람 소리, 벌레 소리 하나 안 들렸어. 마을이 정말 쥐 죽은 듯이 조용했지. 아무 소리도 안 나. 아무 소리도. 이게 웬일이야! 마을 사람들이 놀란 토끼 눈을 하고 죄다 길로 나와 섰는데, 서로 입만 벙긋거리지 뭐야. 버럭 영감이 무릎을 탁 치며 말했지. “옳거니! 내 소원이 이루어진 게로구나!” 물론 버럭 영감도 입만 벙긋거릴 뿐이야. 그날 밤이었어. 버럭 영감이 촛불 아래에서 깜빡 조는데 이상한 냄새가 나. 그래서 얼른 눈을 떠 보니 방에서 불이 활활 타오르는 게 아니겠어? 아마도 방에 켜 둔 초가 넘어져 이불에 불이 붙은	

「심술쟁이 버럭 영감」	막대 인형 만들기
모양이야. 버럭 영감은 얼른 밖으로 뛰쳐나가 소리를 질렀어. "불이야! 불이야! 불이야!" 그런데 어쩌면 좋아! 아무리 소리를 질러도 소리가 나지 않는 걸! "아이코 이러다 우리 아들, 며느리까지 잃겠구나. 우리 며느리는 산달이 가까운데!" 버럭 영감은 방문을 부수다시피 해서 열고 들어가 아들, 며느리를 마구 흔들어 깨웠어. 영문도 모르는 아들, 며느리는 엉겁결에 마당으로 나와 섰지. 버럭 영감은 일꾼들도 모두 흔들어 깨웠어. 하지만 일꾼들이 정신을 차리고 마당으로 나왔을 때는 이미 불길이 커질 대로 커진 뒤였지. "불이야! 불이야! 불이야!" 일꾼들도 목청껏 외쳤지만, 소리가 날 리 없잖아? 다 같이 붕어마냥 입만 벙긋거릴 수밖에. 일꾼들이 어떻게든 힘을 합쳐 불을 꺼 보려 했지만 아무 소용이 없었어. 마을 사람들이 모두 모여 불을 끈다면 모를까.	
엎친 데 덮친 격으로 ⑤ 며느리가 산기가 있네. 남산만한 배를 안고 주저앉아 온 인상을 찌푸리는 거야. 아들은 그 옆에서 발만 동동 구르고 있고. 이제 버럭 영감 눈에는 뵈는 게 없어. 영감은 미친 듯이 골목으로 뛰어나가 이 집 저 집을 다니며 문을 두드리고 흔들어 댔지. 하지만 꼭꼭 잠긴 문은 열리기는커녕 흔드는 소리조차 나지 않는 거야. 버럭 영감은 너무 지치고 기가 막혀서 길바	⑤ 며느리의 막대 인형도 버럭 영감과 같은 요령으로 만든다. 얼굴은 하얀색으로, 몸과 양팔은 빨간색 천으로 만든다.

「심술쟁이 버럭 영감」	막대 인형 만들기
닥에 풀썩 주저앉았지. '다 내 잘못이지, 다 내 잘못이야…….' 버럭 영감 눈에서 닭똥 같은 눈물이 뚝뚝 떨어졌어. 나중엔 어깨까지 들썩이며 울어 댔지. 하지만 아무 소용없는 울음이었어. 소리가 나지 않았으니까. 그런데 바로 그때! "응애, 응애!" 바람 소리 하나 안 들리던 조용한 마을에 우렁찬 아이 울음소리가 울려 퍼졌어. "응애, 응애!" 이 소리는 아흔아홉 개의 산을 넘어 아흔 아홉 개의 메아리로 다시 돌아왔지.	
그래, 버럭 영감의 ⑥ 손자가 태어난 거야! 아마도 새로 태어난 아기 울음소리는 버럭 영감 소원에 들지 않았나봐. 그 덕분에 버럭 영감 소원은 깨져 버렸지. "불이야! 불이야! 불이야!" 드디어 소리가 나기 시작했어. 버럭 영감은 벌떡 일어나 집집마다 다니며 문을 흔들고 소리쳤지. "불이야! 불이야! 불이야!" 그제야 마을 사람들이 하나둘 밖으로 나오기 시작했어. 마을 사람들은 불길에 싸인 버럭 영감 집을 보고 맨발로 뛰어갔지. 사람들이 모두 함께 불을 끄기 시작했어. 한마음이 되어서 말이야. 불은 한참이 지나서야 겨우 꺼졌어.	⑥ 손자의 막대 인형도 버럭 영감과 같은 요령으로 만든다. 얼굴은 빨간색으로, 몸과 양팔은 하얀색 비단천으로 만든다.

「심술쟁이 버럭 영감」	막대 인형 만들기
버럭 영감은 새로 태어난 손자를 품에 안았어. “네가 우리를 살렸구나.” 버럭 영감의 아들은 불타 버린 집을 손수 지었어. 정말 멋지게 지었지. 집이 어찌나 멋진지 다른 마을 사람들이 구경 올 정도였어. 아들의 집 짓는 솜씨는 멀리 임금님에게까지 소문이 났지.	
⑦ 임금님은 버럭 영감의 아들을 불러 나라목수(옛날 조정에 속하여 일을 맡아 하던 목수) 일을 맡기고 큰 벼슬까지 주었단다. 드디어 버럭 영감의 평생소원이 이루어진 거야. 이제 버럭 영감은 더 이상 소리를 쫓아다니며 심통을 부릴 필요가 없게 됐지. 대신 어린 손자 보는 재미에 푹 빠져 있어. 그래서 구구봉 마을은 다시 아이들 소리, 아낙네 빨래하는 소리, 농부의 노랫소리가 가득한 마을이 되었대.	⑦ 임금님의 막대 인형도 버럭 영감과 같은 요령으로 만든다. 얼굴은 하얀색으로, 몸과 양팔은 황금색 비단천으로 만든다.

줄 인형극

줄 인형극이란 프랑스어 마리오네트Marionnette에서 나온 말이며, 인형의 팔, 다리, 머리, 그리고 필요한 부위의 마디마디를 실로 묶어 조종자가 위에서 조종하여 연기하는 인형극을 말한다. 동화 줄 인형극은 동화 등장인물들의 인형을 만들어 줄을 이용하여 위에서 조종하기 때문에 동작이 세밀하지는 못하지만 입체감이 뛰어나고 재미가 있어 구연대상자들에게 매우 흥미를 줄 수 있는 인형극이다. 줄 인형극에 등장하는 인형은 대부분 나무로 만드는데 머리와 상반신, 허리와 하반신으로 나누어 자연스럽게 연결되게 하여 굴절이 가능하게 만들어야 한다. 양팔과 양다리는 팔꿈치와 무릎에 관절이 있게 만들어야 하고 얼굴과 목도 자연스럽게 움직이도록 관절을 만들어야 한다. 즉 얼굴 아랫부분 가운데에 구멍을 뚫어 목이 그 안으로 들어가서 자유롭게 움직일 수 있도록 만들어야 한다. 또한 양손과 양발은 양팔과 양다리에 붙여서 고정시킬 수도 있고, 그 사이에 관절을 넣어 움직이게 할 수도 있다. 보통 얼굴 부분은 나무를 깎아 조각해서 만들지만, 쉽게 두꺼운 종이를 오려 붙여 만들거나 또는 찰흙, 석고, 닥종이, 플라스틱 등으로 만들 수도 있다. 얼굴 위 머리 부분은 양털실을 붙이거나 모자 또는 관을 씌워서 만들면 된다. 줄 인형극에서 조종자는 인형의 발이 바닥면에 닿을 정도의 높이로 매달은 줄 또는 철사를 십자막대기에 붙여 밑에서 위로 움직이도록 조종하면 되며, 반대로 위에서 아래로 인형이 움직이게 동작시키려면 인형 자체의 중량에 의해, 곧 인형의 양손과 양발 밑에 무거운 납을 달아서 조종하면 된다. 특히 발밑에는 무거운 납덩이를 붙이는 게 좋다.

동화 줄 인형극은 무대나 교실, 홀이나 거리 등에서 자유롭게 구연할 수 있는 장점이 있지만, 줄 인형을 만드는 일과 조종하는 일에 매우 전문적인 지식과 기술이 필요하다는 단점도 있어서 동화 구연자는 단순한 줄거리에 등장인물이 적게 나오는 동화 구연에 적합하다고 생각한다.

그러면 동화 줄 인형극의 공연을 위해 동화 「양반 가르친 꾀 많은 하인」의 등장인물들을 줄 인형으로 만들어보자.

「양반 가르친 꾀 많은 하인」	줄 인형 만들기
옛날도 옛날, 아주 까마득한 옛날의 일입니다. 어느 마을에 사냥을 좋아하는 ① 부자가 살았습니다. 살림이 넉넉한 큰 부자였지만 퍽 인색했습니다. 돈을 헤프게 쓰는 일이 없을뿐더러 먹는 음식까지도 아끼는 지독한 구두쇠였습니다. 그런데 어느 겨울날 눈이 소복이 내려 쌓였습니다. 산과 들이 온통 흰 눈으로 덮였습니다. 부자는 하인 하나를 불렀습니다. 하인들 중에 가장 어리고 씩씩한 ② 하인이었습니다. "여봐라, 이렇게 눈이 많이 내린 날은 사냥하기에 안성맞춤이다. 내 너와 함께 사냥을 가고자 하니 채비를 서둘러라." "예, 대감마님, 분부 거행하겠습니다." 하인은 물러 나와 대감의 활과 화살을 준비하고 망태기도 찾아 챙겼습니다. 그러고는 사냥 나가서 먹을 주먹밥을 준비하고 있었습니다. 그런데 또 대감이 불렀습니다. "대감마님, 부르셨습니까?" "너 사냥 갈 채비를 서두르라 했는데 여태 뭘 하고 있느냐?" "대감마님, 다른 채비는 다 되었습니다만, 아직 점심밥 준비가 안 되어서 ……" "무, 뭐, 뭣이라고? 이놈아, 사냥은 놀이인데, 아 점심밥이 무슨 소용이 있느냐? 그만두고 어서 떠나도록 하자." 하는 수가 없었습니다. 하인은 점심밥 준비는 그만두고 활과 화살통과 망태기를 메고 떠났습니다.	① 부자의 줄 인형을 제일 쉬운 방법으로 만들어보자. 먼저 나무막대를 몸통으로 하고, 얼굴 부분은 두꺼운 도화지나 닥종이 또는 찰흙에 대감 갓을 쓴 구두쇠 부자를 그리고 오려서 나무막대에 붙인다. 양팔과 양다리를 나무막대로 붙여서 만든다. 이때 팔꿈치와 무릎에 관절이 있게 만든다. 특히 발바닥에 무거운 납이나 쇠 등을 붙여야 한다. 이제 부자에 어울리는 옷을 상의는 노란색 비단천으로, 하의는 파란색 비단천으로 씌워서 만든다. 양어깨와 양팔, 양다리 등에 줄을 연결한 후, 인형의 발이 바닥면에 닿을 정도의 높이로 조절십자막대기에 붙여 밑에서 위로 인형을 움직이도록 조종할 수 있게 한다. ② 하인의 줄 인형을 부자 인형을 만드는 방식으로 만

「양반 가르친 꾀 많은 하인」	줄 인형 만들기
눈이 소복이 쌓인 산속에 닿자 대감과 하인은 온종일을 쏘다녔습니다. 높은 산비탈에 오르기도 하고, 깊은 산골짜기로 내려가기도 했습니다. 그러나 온종일을 쫓아다녔어도 꿩 한 마리만 잡았을 뿐 큰 사냥은 못했습니다. 두 사람은 눈 속을 헤매고 다녔기 때문에 지칠 대로 지치고 배도 고팠습니다. "여봐라, 이제 기운이 빠지고 배가 고파서 견딜 수가 없구나. 그 꿩이라도 구워 먹자. 지쳐서 더 걸을 수가 없구나." 하인은 신명이 났습니다. 아닌 게 아니라 하인도 눈이 쑥 들어가고 배가 등에 가서 붙을 지경이었습니다. 그런데 대감이 꿩을 구워 먹자고 하니 얼마나 반가웠겠습니까? 이리하여 하인은 삭정이(살아 있는 나무에 붙어 있는, 말라 죽은 가지)를 한아름 꺾어다가 모닥불을 피웠습니다. 뜨거운 불길이 기운차게 일었습니다. 하인은 불 위에다 꿩을 얹었습니다. 그리고 잠시 후 꿩을 꺼내어 털을 뽑아 다시 불 위에다 놓았습니다. 고기 익는 냄새가 풍겨 오자 하인은 군침이 돌면서 더더욱 배가 고팠습니다. 고기가 다 익어 가자 대감은 꿩고기를 혼자서만 다 먹고 싶어졌습니다. 맛있는 꿩고기를 하인에게 나누어 주려니 몹시도 아까웠습니다. 그리하여 대감은 하인에게 고기를 주지 않아도 될 무슨 방법이 없을지 생각해 보았습니다. 대감이 이것저것 생각하던 끝에 실로 그럴듯한	든다. 단, 상하의는 모두 하얀 무명천으로 씌워 만든다.

「양반 가르친 꾀 많은 하인」	줄 인형 만들기
묘안 하나가 머릿속에 떠올랐습니다. "여봐라, 이 눈 내린 좋은 경치 속에서 시 한 수 지어 보지도 않고 어찌 그냥 고기만 먹겠느냐? 우리, 먼저 시를 짓는 사람이 이 고기를 먹도록 하자." 대감은 이런 좋은 생각이 떠오른 것을 속으로 퍽 기뻐했습니다. 하인은 글을 배우지 못한 무식쟁이니까 도저히 시를 지을 수 없으리라고 짐작한 때문입니다. "대감마님, 금강산도 식후경이요, 수염이 대 자라도 먹어야 양반입니다. 어디 배가 고파서야 시인들 제대로 지을 수 있겠습니까?" "아냐, 이 눈경치가 아깝지도 않느냐? 속에 먹물이 들지 않은 상놈은 할 수가 없구나. 내 쉬운 운자(시 한 줄의 맨 끝말)를 낼 터이니 그걸 넣어서 시를 짓기로 하자." "예, 대감마님의 생각이 꼭 그러시다면야 소인인들 어떡합니까? 어서 운자를 내보세요." "응, 좋았어. '까' 자를 맨 끝 말에다 세 번 넣기로 하자. 시가 원래는 넉 줄이지만 네가 무식하니 석 줄이라도 괜찮아." 이 말을 마치고 대감은 시를 지으려고 열심히 생각을 가다듬었습니다. 바로 이때였습니다. 하인이 꿩 다리를 떼어 입에다 날름 넣으면서 이렇게 말했습니다. "다 구워졌을까? 맛이 있을까? 어디 먹어 볼까?" "아니 이놈아, 시도 짓지 않고 날름 먹어 버리면	

「양반 가르친 꾀 많은 하인」	줄 인형 만들기
어떻게 해? 에이, 고얀 놈 같으니라고." 대감은 두 눈을 부라리며 큰소리로 하인을 꾸짖었습니다. "대감마님, 참 딱도 하십니다. 소인, 약속대로 했는뎁쇼." "아니, 이런 놈 봤나? 무슨 약속인 줄도 까맣게 잊고 있구나." 하인은 다시 꿩고기를 한입 뜯어먹더니 또 대감을 놀려 주었습니다. "대감마님, 소인은 분명히 약속대로 했습죠. 대감마님이야말로 약속을 잊으셨나 봅니다. 벌써 소인은 '까' 자를 넣어 시를 다 지었지 않습니까? 아까 분명히 그 시를 읊어 드렸는데, 모르셨나 보지요? 소인이 다시 읊어 드리겠습니다요. 자, 잘 들어보세요. 다 구워졌을까? 분명히 '까' 자가 들어갔지요? 맛이 있을까? 또 '까' 자가 들어가지 않았습니까? 이제 마지막 줄입니다. 어디 먹어 볼까? 이것 보세요, 마지막 줄에도 '까' 자가 들어갔지 않습니까? 이러니 소인이 대감마님보다 먼저 시를 지었지요? 소인 뭣을 잘못했습니까?" "……" 대감은 어이가 없었습니다. 듣고 보니 정말 '까' 자가 다 들어간 시가 되어 있었습니다. 그저 예사말로 들어 넘겼는데, 듣고 보니 꼼짝 못하게 되었습니다. "대감마님, 소인이 시 짓기에 이겼으니 약속대로 이 꿩고기 다 먹어도 아무 잘못이 없지요?"	

「양반 가르친 꾀 많은 하인」	줄 인형 만들기
"……" 대감은 대답할 말이 없었습니다. 꿀 먹은 벙어리처럼 그저 잠자코 있는데 하인이 또 입을 열었습니다. "대감마님, 이 고기 잡수세요." "아니……" "사람이란 인정이 있어야 되니까요. 소인은 혼자 먹지 않겠습니다. 그리고 대감마님께 이 고기 안 드리면 배가 고프셔서 넘어지실 게 아닙니까? 그렇게 되면 소인이 대감마님을 업고 집으로 돌아가야 되잖아요? 자, 이 고기 잡수시고 기운을 내셔서 걸어 돌아가셔야죠. 사양 마시고 좀 잡수세요." "……" 대감은 고기를 얻어 씹으면서도 끝내 말을 하지 못했습니다. 그러나 속으로는 자기 잘못을 뉘우치고 오히려 하인에게서 참된 진리를 배웠다고 생각했습니다.	

그림자 인형극

그림자 인형극이란 프랑스어 실루엣Silhouette에서 나온 말이다. 원래 실루엣은 미술용어로서 윤곽의 안을 검게 칠한 사람의 얼굴 그림을 뜻한다. 실제로 18세기 말에 프랑스의 재무상 실루엣이 극단적인 경비 절약을 부르짖어 초상화도 검은색만으로 충분하게 그릴 수 있다고 주장한 데서 유래한다. 즉 그림자 인형극이란 인형의 그림자를 스크린에다 비쳐서 그 인형의 움직이는 그림자로 하여금 연기가 진행되는 인형극을 말한다. 손 인형극과 막대 인형극 그리고 줄 인형극이 입체 인형극이라면 그림자 인형극은 평면 인형극이라고 할 수 있다. 옛날 동양에서도 그림자 인형극은 매우 인기가 높았다고 한다. 이미 기원전 120년경에 고대 중국의 한漢나라 무제武帝 때에 그림자 인형극에 대한 일화逸話가 있는데, 그 일화를 소개하면 다음과 같다.

> 무제는 자기가 매우 사랑하던 왕비인 이부인李夫人이 죽자, 그녀를 그리워한 나머지, 이부인의 영혼을 궁중의 무술사巫術師에게 왕실로 불러들이라는 명을 내린다. 이에 겁먹은 무술사는 이부인의 모습을 한 그림자 인형을 만들어서 하얀 벽면에다 비쳐 무제에게 보여준다. 이때 무술사는 무제를 드높은 천정의 천개天蓋 속으로 초청하여 향연이 피어오르는 희미한 등불 속에서 그 그림자를 얇고 흰 천으로 만든 막幕에 비추어 무제의 그리움을 달랬다고 한다.

아무튼 동화 그림자 인형극은 구연자가 동화 등장인물들의 인형에 조명을 비춰 스크린에다 반사시켜 그림자를 만들고, 그 그림자 인형을 스크린 뒤에서 움직이면서 구연하는 방법을 말한다. 동화 그림자 인형극은 평면 인형극이기 때문에, 입체적인 인형 외에 종이나 얇은 판자, 셀룰로이드, 플라스틱, 경금속 등의 재료에 동화 등장인물들의 그림을 그리고, 그 형체를 오려서 만들어 스크린에 투영시키게 하는 그림자 인형극도 포함된다. 그림자 인형극을 연기하는 그림자 인형은 원칙적으로 머리와 몸체, 양팔과 양다리를 가지며, 심지어 관절을 갖고 자유자재로 움직일 수 있어야 한다. 구연자나 인형조종자가 그림자 인형을 손으로 들고 스크린에 반사시킬 수 있도록 인형에 막대나 가는 철사를 붙여야 한다. 18세기 고전주의 때 유행했듯이 그림자 인형극은 고전적인 소박한 아름다움과 통일된 조형미를 갖고 있는 게 매력이라고 할 수 있다. 그러면 동화 그림자 인형극의 공연을 위해 그림동화 「개구리 왕자」의 등장인물들을 그림자 인형으로 만들어보자.

「개구리 왕자」	그림자 인형 만들기
옛날에, 소원이 아직 도움이 되었던 시대에, 한 ① 왕이 살고 있었습니다. 그의 딸들은 모두 아름다웠는데, 특히 막내딸이 너무 아름다웠기 때문에, 많은 것을 보아왔던 태양조차도 그녀의 얼굴을 비칠 때마다 경탄했습니다. 왕의 성 근처에 크고 울창한 숲이 있었고, 숲 속 오래된 보리수나무 아래 샘물이 있었습니다. 이제 날씨가 매우 덥게 되자, ② 공주는 숲으로 갔고, 차가운 샘물가에 앉았습니다. 그녀는 지루할 때면 ③ 황금 공을 잡고 그것을 높이 던졌다가 다시 받았습니다. 그것이 그녀가 가장 좋아하는 장난감이었습니다. 한번은 공주의 황금 공이, 높이 쳐든 그녀의 손에 떨어지지 않고, 땅바닥에 떨어져 바로 물속으로 굴러 들어가는 일이 생겼습니다. 공주는 눈으로 그 공을 따라갔지만 공은 사라졌습니다. 샘물은	① 왕의 그림자 인형을 두꺼운 도화지에 그림을 그려 오려서 만든다. 그림자 인형극은 평면적으로 화면에 투영시켜서 연기하면 되기 때문에 평면적인 종이를 오려서 만들면 된다는 뜻이다. 아울러 목과 팔다리 관절 부분을 분리 연결시키고 머리부터 몸통을 관통하여 약간 굵은 막대를 삽입하고, 양손과 양 발에는 가는 철사를 연결해서 조종자가 연기할 수 있게 한다. 조명은 무대 뒤에 스탠드를 이용하고 스크린은 가는 창호지가 좋

「개구리 왕자」	그림자 인형 만들기
깊었고, 너무 깊어서 그 깊이를 알 수 없었습니다. 그러자 그녀는 울기 시작했고, 점점 더 크게 울었으나, 아무런 위로가 되지 못했습니다. 그녀가 그렇게 울고 있었을 때, 누군가 그녀에게 "공주님, 무슨 일이죠? 당신은 돌이 가엾게 여길 정도로 우는군요."라고 외쳤습니다. 그녀는 그 소리가 어디서 들려오는지, 주위를 둘러보았고, 그때 그의 납작하고 못생긴 얼굴을 물 밖으로 내밀고 있는, 한 마리 ④ 개구리를 발견했습니다. "아, 당신이군요. 개구리님, 나는 샘물 속에 빠진 내 황금 공 때문에 운답니다."라고 그녀는 말했습니다. "진정하고 울지 마시오, 내가 아마 방법을 찾을 수 있을 거요. 그러나 내가 당신의 장난감을 다시 꺼내오면, 무엇을 당신은 내게 줄 건가요?"라고 개구리는 대답했습니다. "사랑하는 개구리님, 당신이 원하는 것을, 내 옷들, 내 진주와 보석들, 또한 내가 쓰고 있는 황금 왕관을 줄게요."라고 그녀는 말했습니다. 개구리는 "당신의 옷들, 당신의 진주와 보석들과 당신의 황금 왕관을 나는 원하지 않소. 그러나 당신이 나를 사랑하고, 내가 당신의 반려자이자 놀이 친구가 되어, 당신의 식탁에서 당신 곁에 앉아, 당신의 황금 접시에서 먹고, 당신의 잔으로 마시고, 당신의 침대에서 잔다면, 당신이 내게 그것을 약속한다면, 나는 아래로 내려가 당신에게 황금 공을 다시 가져다 주겠소."라고 대답했습니다. "아 그래요, 당신이 내게 그 공만 다시 가져온다면, 나는 당신이 원하	다. 어차피 그림자가 검은색이기 때문에 그림자 인형의 색깔은 신경 쓸 필요 없다. 왕관을 머리 위에 삽입하는 것을 잊어서는 안 된다. ② 공주의 그림자 인형을 왕을 만들 때와 같은 방법으로 만든다. ③ 황금 공의 그림자 인형을 왕을 만들 때와 같은 방법으로 만든다. 둥근 공에 막대 하나만 연결시켜 만들면 되니 간단할 것이다. ④ 개구리의 그림자 인형을 왕을 만들 때와 같은 방법으로 만든다. 개구리 역시 공처럼 개구리에 막대 하나만 연결시켜서 만든다.

「개구리 왕자」	그림자 인형 만들기
는 모든 것을 약속할게요."라고 그녀는 말했습니다. 그러나 그녀는 "단순한 개구리가 지껄이는 건데 뭐, 그 개구리는 물속에 그의 동료들과 앉아서 개굴개굴 거리고, 인간의 반려자가 될 수 없잖아." 라고 생각했습니다. 개구리는 그가 약속을 받았을 때, 그의 머리를 밑으로 가라앉혔고 아래로 내려갔습니다. 그리고 얼마 후 그는 다시 헤엄쳐 나왔습니다. 입에 공을 물었고 그 공을 풀밭으로 던졌습니다. 공주는 그녀의 예쁜 장난감을 다시 발견했을 때, 매우 기뻐했고, 그것을 집어 들고는 집으로 뛰어갔습니다. "기다려요, 기다려, 나를 데려가시오, 나는 당신처럼 뛸 수 없소."라고 개구리는 외쳤습니다. 그러나 그가 할 수 있을 만큼 그렇게 큰 소리로 개굴개굴 그녀에게 외쳐본들 무슨 소용이 있겠는가! 그녀는 듣지 않았고, 서둘러 집으로 갔으며, 다시 그의 샘물 속으로 들어가야만 했던 불쌍한 개구리를 곧 잊어버렸죠. 다음 날, 그녀가 왕과 모든 신하들과 함께 식탁에 앉아서 그녀의 황금 접시로부터 먹고 있었을 때, 철벅 철벅, 철벅 철벅하는 어떤 것이 대리석 계단을 기어 올라오는 소리가 들렸고, 그것이 위에 도착했을 때, 그것은 문을 두드렸으며, "공주님, 막내 공주님, 내게 문을 열어주시오."라고 외쳤습니다. 그녀는 달려가서 밖에 누가 있는지 보려고 했습니다. 그러나 그녀가 문을 열었을 때, 그 앞에	

「개구리 왕자」	그림자 인형 만들기
개구리가 앉아 있었습니다. 그러자 그녀는 문을 격렬하게 닫았고, 다시 식탁에 앉았으며, 매우 두려워했습니다. 왕은 그녀의 심장이 격렬하게 뛰는 것을 보고 "얘야, 너는 무엇을 두려워하니, 어떤 거인이 문 앞에 서서 너를 데려가려 하니?" 라고 말했습니다. "아 아니에요, 거인이 아니라, 추한 개구리예요."라고 그녀는 대답했습니다. "개구리가 네게 무엇을 원하니?" "아! 사랑하는 아버지, 내가 어제 숲 속 샘물 곁에 앉아서 놀고 있었을 때, 내 황금 공이 물속에 빠졌습니다. 그리고 내가 너무 울었기 때문에, 그 공을 개구리가 다시 꺼내왔습니다. 그리고 그가 철저하게 요구했기 때문에, 나는 그가 내 반려자가 되어야 한다고 그에게 약속했습니다. 그러나 나는 그가 그의 물 밖으로 나올 수 있다고는 결코 생각하지 못했습니다. 이제 그는 밖에 있고, 내게 들어오려고 해요." 그 사이에 그것은 두 번째로 문을 두드렸고, "공주님, 막내 공주님, 내게 문을 열어주시오. 당신은 어제 차가운 샘물가에서 내게 말했던 것을 모르진 않겠죠? 공주님, 막내 공주님, 내게 문을 열어주시오."라고 외쳤습니다. 그러자 왕은 "네가 약속한 것을 너는 또한 지켜야만 한다. 가서 그에게 문을 열어줘라."라고 말했습니다. 그녀는 가서 문을 열어주었고, 그때 개구리가 안으로 들어왔으며, 그녀의 의자로 올 때까지 항상 그녀의 발을 따라 갔습니다. 거기에 그는 앉아서 "나를 당신에게로 들어 올려주시오."라고 외쳤습니다.	

「개구리 왕자」	그림자 인형 만들기
그녀는 아버지가 그것을 마침내 명령할 때까지 망설였죠. 개구리가 비로소 의자 위에 앉았을 때, 그는 식탁 위로 올라가려고 했습니다. 그리고 그가 거기에 앉았을 때, 그는 "이제 우리가 함께 먹을 수 있도록 내게 당신의 황금 접시를 가까이 미시오."라고 말했습니다. 그녀가 그렇게 하기는 했지만, 억지로 했다는 것을 사람들은 잘 알았습니다. 개구리는 맛있게 먹었습니다. 그러나 그녀는 거의 모든 음식이 목에 걸렸습니다. 드디어 그는 "내가 배부르게 먹었고 피곤하니, 나를 당신의 침실로 데리고 가시오. 당신의 비단 침대를 정돈하고 거기서 우리 함께 누워 잡시다."라고 말했습니다. 공주는 울기 시작했고, 그녀는 개구리를 건드릴 수 없었으며, 그녀의 아름답고 깨끗한 침대에서 함께 자야만 하는 그 차가운 개구리가 두려웠습니다. 그러나 왕은 화를 냈고, "네가 위험에 처했을 때, 너를 도와준 사람을 너는 그 후에 업신여겨서는 안 된다."라고 말했습니다. 그러자 그녀는 개구리를 두 손가락으로 잡고, 그를 날랐으며 구석에 놓았습니다. 그녀가 침대에 누웠을 때, 그는 기어왔고 "나는 피곤하오, 나도 당신처럼 잘 자고 싶소. 나를 위로 올려주시오, 아니면 나는 당신의 아버지에게 말하겠소."라고 말했습니다. 그러자 그녀는 비로소 무진장 화가 났고, 그를 집어 올려 그를 온힘을 다해 벽을 향해 던졌습니다. "이제 조용해지겠지, 더러운 개구리 녀석아."	

「개구리 왕자」	그림자 인형 만들기
그러나 그가 떨어졌을 때, 더 이상 개구리가 아니었고, 아름답고 다정한 두 눈을 가진 ⑤ 왕자였습니다. 그는 이제 그녀의 아버지의 의지에 따라 그녀의 사랑하는 반려자와 남편이 되었습니다. 그러자 그는 그녀에게, 그가 한 사악한 마녀에 의해 마법에 걸리게 되었다는 것과, 그녀 이외에 아무도 그를 샘물로부터 구해낼 수 없었다는 것을 이야기했습니다. 그리고 내일 함께 그의 나라로 가자고 했습니다. 그러고 나서 그들은 잠들었습니다.	⑤ 왕자의 그림자 인형을 왕을 만들 때와 같은 방법으로 만든다. 왕보다는 날씬하고 키도 크게 만든다.
다음 날 아침, 해가 그들을 깨웠을 때, ⑥ 여덟 마리의 백마들이 끄는 마차가 도착했습니다. 그 말들은 하얀 깃털을 머리에 꽂고, 황금 사슬로 이어져 있었습니다. 그리고 뒤에 젊은 왕의 하인이 서있었는데, 그가 충실한 ⑦ 하인리히였습니다. 그 충실한 하인리히는 그의 주인이 한 마리 개구리로 변했을 때, 너무 슬펐기 때문에, 심장이 그의 고통과 슬픔 때문에 빠개지지 않도록, 세 개의 쇠로 만든 끈을 그의 심장에 동여맸습니다. 그러나 마차를 타고 젊은 왕을 그의 나라로 데리고 가야 합니다. 충실한 하인리히는 두 사람을 안으로 태웠고, 다시 뒤로 가서 섰으며, 구원된 것에 대해 매우 기뻐했습니다. 그리고 그들이 얼마큼 길을 갔을 때, 왕자는 그의 뒤에서 마치 어떤 것이 부서지는 듯한, 뚝 부러지는 소리를 들었습니다. 그러자 그는 돌아다보았고, "하인리히, 마차가 부서진다."라고 외쳤습니다. "아닙니다, 주인님. 마차가 아니라 그것은 당신이 샘물에 앉아 있을	⑥ 여덟 마리의 백마들이 끄는 마차의 그림자 인형을 개구리를 만들 때와 같은 방법으로 만든다. 여덟 마리의 백마를 다 만들 수는 없으니 상징적으로 한 마리가 끄는 마차를 역시 공처럼 마차에 막대하나만 연결시켜서 만든다. ⑦ 충신 하인리히의 그림자 인형을 왕을 만들 때와 같은 방법으로 만든다. 마차 위에서 마차를 모는 모습으로 연기해야 한다.

「개구리 왕자」	그림자 인형 만들기
때, 당신이 한 마리 개구리였을 때, 커다란 슬픔으로 내 심장을 동여맨 끈이 부러지는 소립니다." 재차 그리고 또 한 번 그 끈이 도중에 부러졌습니다. 그리고 왕자는 그때마다 마차가 부러졌다고 생각했습니다. 하지만 그것은 그의 주인이 구원되고 행복해졌기 때문에, 충실한 하인리히의 심장으로부터 끊어지는 끈이었던 것입니다.	

2) 동화 인형극의 아동교육 효과

동화를 단순히 책으로 읽는 아동에게 교육적 효과가 있을 거라고 기대하는 사람은 많지 않다고 생각한다. 특히 어린아이일수록 그 효과는 더욱 미비할 것이다. 따라서 인형극을 통해 동화를 이야기해 준다면 아이 스스로 단순히 책을 접했을 때보다 훨씬 더 아동의 지적·정서적·언어적·사회적 발달에 커다란 영향을 미칠 수 있을 것이다. 동화를 인형극으로 교육하는 방법이야말로 동화를 미디어 콘텐츠화하는 방법의 기본이다. 동화 인형극의 아동교육 효과에 대해 다음 몇 가지로 정리해보자.

첫째, 유·아동은 다양한 동화 인형극을 통해 인간의 생사화복生死禍福을 간접 경험함으로써 장차 미래의 인생에 대해 준비하는 교육 효과를 가져온다.

둘째, 동화를 소재로 한 인형극이기에 유·아동은 인형극을 봄으로써 꿈과 희망을 가지고 현실을 살아가는 교육 효과를 가져온다.

셋째, 동화 인형극 감상을 통해 유·아동은 상상력을 키우고 창조적 능력을 개발하는 교육 효과를 가져온다.

넷째, 유·아동은 동화 인형극의 극적 효과를 감상함으로써 인형과 하나 되는 카타르시스를 맛보는 교육 효과를 가져온다.

다섯째, 동화 인형극의 등장인물들의 역할에 따라 주인공과 조력자, 가해자와 적수, 가짜주인공 등이 각기 맡은 역을 연기할 때 유·아동은 '과연 나는 어떤 삶을 추구해야 하는가?' 하는 자기 발견[自己發見]의 교육 효과를 가져온다.

여섯째, 동화 인형극을 통해 유·아동은 서로 교통[交通]하고 이해하는 협동심을 기르는 교육 효과를 가져온다.

일곱째, 유·아동은 다양한 형태의 동화 인형극의 여러 가지 스토리를 보고 들음으로써 문제해결 능력을 키우는 교육 효과를 가져온다.

여덟째, 다양한 동화 인형극을 감상함으로써 유·아동은 바람직한 문학 감상태도를 배양하는 교육 효과를 가져온다.

2. 동화극 아동교육

동화극 아동교육이란 동화를 소재로 극을 만들어서 아동을 교육하는 행위를 말한다. 다시 말해 아동에게 보여주기 위해 동화를 각색[脚色]하여 극을 만들어 교육하는 방법을 말하는 것이다. 즉, 무대 위에서 동화 인물들이 실제로 등장하여 권선징악[勸善懲惡]과 전화위복[轉禍爲福]의 감동을 맛볼 수 있는 동화극 아동교육을 말한다. 동화극은 독일어

메르헨드라마Märchendrama에서 나온 말이며, 동화내용을 바탕으로 유·아동들의 이해력과 흥미를 고려하여 만든 드라마란 뜻이다.

동화가 그랬듯이 동화극도 공상적이고 직감적인 유·아동들의 심적 특성에 알맞게 실재實在의 존재와 초자연적인 존재가 등장하여 자연스럽게 교제하거나 같은 언어로 대화를 주고받으며, 현실이 아닌 몽상적夢想的인 장면이 많이 나타나는 등 동경적憧憬的·비현실적인 요소가 비교적 강하게 나타나는 드라마이다. 동화극 아동교육에서 유의할 점은 다음과 같다.

첫째, 교사나 학부모는 동화극을 통한 아동교육이 목적이므로 극의 소재가 되는 동화 선택에 있어서 교훈성이 강한 작품을 골라야 한다.

둘째, 교사나 학부모가 유·아동의 눈높이에 맞춰 동화내용을 각색하여 극화劇化한다면 보다 효과적인 교육 드라마가 될 수 있다.

셋째, 교사나 학부모는 동화극을 통해 동화내용을 단순히 구연하는 수준이 아니라 진지하게 공연하는 수준으로 연출하거나 직접 연기해야 한다.

넷째, 교사나 학부모는 유·아동들의 규모에 따라 동화극의 규모를 결정해야 한다. 관객이 20명 미만이면 일정한 무대시설 없이 교실이나 공간의 앞부분에서 공연하면 되고, 관객이 20명에서 50명 이하이면 작은 무대시설을 준비하여 공연해야 하며, 관객이 50명 이상이면 큰 규모의 무대를 강당이나 전문 극장을 빌려서 공연해야 한다는 말이다.

다섯째, 교사나 학부모는 동화극의 규모에 따라 적합한 동화작품을 선택해야 한다. 즉 소규모 동화극에서는 동화 줄거리가 짧은 작품을 각색하는 게 좋고, 중규모 동화극에서는 중간 길이의 동화작품을 선택해야 하며, 대규모 동화극에서는 긴 동화 줄거리의 작품을 선택해야 된다는 뜻이다.

여섯째, 교사나 학부모가 연출가로서 동화내용을 동화극으로 각색하는 일은 매우 중요하다. 즉 교사나 학부모가 동화 줄거리를 바탕으로 동화극 각본을 스스로 쓸 수도 있고, 전문가에게 의뢰할 수도 있다. 이 역시 동화극의 규모에 따라 소규모라면 스스로 대본을 만드는 게 좋고, 중규모 이상이라면 전문 극작가에게 의뢰하는 게 좋다.

일곱째, 동화 각색은 교사나 학부모가 자유롭게 동화 스토리를 바탕으로 등장인물들의 지문과 대사로 표현하면 된다. 이미 동화 속에는 극적 요소가 들어 있기 때문에 반드시 드라마 이론에 맞춰 동화극을 쓸 필요는 없다는 뜻이다.

여덟째, 교사나 학부모는 필요하다면 동화 줄거리에서 나타나는 장소의 변화에 따라 혹은 출발 - 억압 - 구원 - 행복의 동화 구성에 따라 막을 나눌 수 있다. 동화극 규모에 따라 다르겠지만 보통 3막극이나 4막극이면 무난하다고 생각한다. 5막극은 큰 규모의 동화극에 적합하고, 1막극은 소규모의 동화극에 알맞다고 할 수 있다. 아무튼 연출자가 몇 막극[幕劇]으로 동화극을 상연할지는 동화 작품과 규모에 따라 정할 문제이다.

1) 동화극의 종류

일반적으로 드라마의 종류는 고전극, 서사극, 실험극, 부조리극, 소극[笑劇], 잔혹극, 그로테스크극 등으로 극의 내용과 형식에 따라 다양하게 구분하지만, 동화를 소재로 만든 동화극의 종류에는 ① 아동을 관객으로 하여 아동 스스로가 연기하는 동화극 ② 아동을 관객으로 하여 성인이 연기하는 동화극 ③ 아동을 관객으로 하여 아동과 성인이 함께 연기하는 동화극 ④ 아동과 성인을 관객으로 하여 아동이 공연하는 동화극 ⑤ 아동과 성인을 관객으로 하여 성인이 공연하는 동화극 ⑥ 아동과 성인을 관객으로 하여 아동과 성인이 같이 공연하는 동화극 등이 있다.

아동을 관객으로 하여 아동 스스로가 연기하는 동화극

아동을 관객으로 하여 아동 스스로가 연기하는 동화극이란 글자 그대로 아이들을 관객으로 하여 같은 또래 아이들이 배우로 등장하여 동화극을 공연하는 것을 말한다. 이 경우 교사나 학부모는 연출자로서 아이들이 스스로 연기할 수 있는 훈련을 시켜야 하며, 긴 대사의 각본보다는 짧은 대사의 각본을 준비해야 한다. 유치원이나 초등학교 저학년의 학습발표회 때 자주 사용하는 방법이며, 대사보다는 율동과 노래를 많이 삽입하는 게 효과적이다. 특히 어린아이를 관객으로 공연한다면 교사나 학부모가 내레이션을 맡아 상황 설명을 해주는 게 바람직하다.

짧은 동화 「하늘을 나는 거북」을 각색해서 1막의 동화극으로 만들어보자.

「하늘을 나는 거북」	동화극 만들기
① 연못 주위를 어슬렁거리며 돌아다니던 ② 거북이는 새들이 나무에 모여	제1막 ① 무대장소: 연못(무대배경에 연못그림을 띄운다.) ② 등장인물: 거북이(주인공), 새 1, 새 2(조력자)

「하늘을 나는 거북」	동화극 만들기
앉아 떠들고 있는 것을 보았습니다.	제1장 내레이션: (관객을 향해) 연못 주위를 어슬렁거리며 돌아다니던 거북이는 새들이 나무에 모여 앉아 떠들고 있는 것을 보았어요.
③ “무슨 일이야? 왜들 그렇게 떠드는 거지?” 거북이가 새들에게 물었습니다.	③ 거북이: (새들을 향해) “무슨 일이야? 왜들 그렇게 떠드는 거지?”
④ “우린 지금 따뜻한 남쪽으로 가려고 준비하는 중이야.”	④ 새 1: (거북이를 보면서) “우린 지금 따뜻한 남쪽으로 가려고 준비하는 중이야.”
⑤ “이 곳은 너무 추워! 하지만 남쪽은 따뜻하단다. 거긴 언제나 여름이고, 먹을 것도 많아.”	⑤ 새 2: (거북이를 향해) “이 곳은 너무 추워. 하지만 남쪽은 따뜻하단다. 거긴 언제나 여름이고, 먹을 것도 많아.”
⑥ 먹을 것 소리를 듣자 거북이는 귀가 솔깃해졌습니다.	⑥ 내레이션: (객석을 보면서) 먹을 것이라는 소리를 듣자 거북은 귀가 솔깃해졌어요.
⑦ “나도 너희들하고 같이 갈 수 있을까?”	⑦ 거북이: (사정하듯이) “나도 너희들하고 같이 갈 수 있을까?”
⑧ “남쪽으로 가려면 날아가야 해. 넌 거북이니까 날 수가 없잖아.” 그러나 거북이는 물러서지 않았습니다.	⑧ 새 1: (코웃음 치면서) “남쪽으로 가려면 날아가야 해. 넌 거북이니까 날 수가 없잖아.”
⑨ “날 데리고 갈 방법이 없겠니?”	⑨ 거북이: (매달리듯이 조르면서) “날 데리고 갈 방법이 없겠니?”
⑩ 거북이는 새들이 허락할 때까지 조르고 졸라댔지요.	⑩ 내레이션: (관객을 향해) 거북이는 새들이 허락할 때까지 조르고 졸라댔지요.

「하늘을 나는 거북」	동화극 만들기
⑪ "너 이 막대기를 꽉 물고 있을 수 있니?" 새들이 물었습니다.	⑪ 새 1, 새 2: (동시에) "너 이 막대기를 꽉 물고 있을 수 있니?"
⑫ "문제없어. 나는 뭐든 한 번 물었다 하면 절대로 놓지 않으니까." 거북이는 대답했습니다.	⑫ 거북이: (자신 있게) "문제없어. 나는 뭐든 한 번 물었다 하면 절대로 놓지 않으니까."
⑬ "좋아. 그럼 이 막대기를 단단히 물어. 그럼 우리가 양쪽 끝을 잡고 날 테니까. 그러면 널 데려갈 수 있을 거야. 하나만 명심해. 절대로 입을 벌리면 안 돼!"	⑬ 새 1: (단호하게) "좋아. 그럼 이 막대기를 단단히 물어. 그럼 우리가 양쪽 끝을 잡고 날 테니까. 그러면 널 데려갈 수 있을 거야. 하나만 명심해. 절대로 입을 벌리면 안 돼!"
⑭ "알았다고. 그거야 쉽지!" 거북이는 말했습니다.	⑭ 거북이: (자신 있게) "알았다고. 그거야 쉽지!"
⑮ "자, 가자!"	⑮ 새 1, 새 2: (동시에) "자, 가자!"
⑯ 거북이가 막대기 한 가운데를 물자 새 두 마리는 양쪽 끝을 잡았습니다. 새들이 날개를 몇 번 세차게 날개치자 거북이는 공중으로 떠올랐습니다. 새들은 곧 하늘 높이 올라 남쪽을 향했습니다. 얼마 날지 않아 거북이는 여기가 어디인지 궁금해졌습니다.	제2장: 무대배경을 하늘그림으로 만든다. ⑯ 내레이션: (객석을 보면서) 거북이가 막대기 한 가운데를 물자 새 두 마리는 양쪽 끝을 잡았어요. 새들이 날개를 몇 번 세차게 날개치자 거북이는 공중으로 떠올랐어요. 새들은 곧 하늘 높이 올라 남쪽을 향했어요. 얼마 날지 않아 거북이는 여기가 어디인지 궁금해졌답니다. '여름이 살고 있다는 남쪽으로 가려면 얼마나 더 날아야 할까?'라고 거북이는 새에게 물어보고 싶었지만 계속 날기만 했죠. 이번에는 앞발을

「하늘을 나는 거북」	동화극 만들기
여름이 살고 있다는 남쪽으로 가려면 얼마나 더 날아야 할까? 거북이는 새에게 물어보고 싶었지만 계속 날기만 했습니다. 이번에는 앞발을 휘저었지만, 새들은 못 본 것 같았습니다. 거북은 화가 나기 시작했습니다.	휘저었지만, 새들은 못 본 것 같았어요. 거북은 화가 나기 시작했어요.
⑰ "으으으읍!"	⑰ 거북이: (입을 다물고 신음하듯이) "으으으읍!"
⑱ 거북이는 입을 다문 채 소리를 질렀습니다. 그러나 소용이 없었습니다. 마침내 거북이의 화가 폭발했습니다.	⑱ 내레이션: (관객을 향해) 거북이는 입을 다문 채 소리를 질렀어요. 그러나 소용이 없었죠. 마침내 거북이의 화가 폭발했어요.
⑲ "왜 내 말은 듣지도 않……."	⑲ 거북이: (입을 벌려 큰 소리로) "왜 내 말은 듣지도 않……."
⑳ 그러나 거북이가 한 말은 그게 전부였습니다. 막대기를 놓자마자 거북이는 떨어지기 시작했습니다. 아래로, 아래로, 아주 오랫동안 말이죠. 거북이는 너무나 놀란 나머지 다리와 머리를 쑥 집어넣었습니다. 땅으로 쿵 떨어지면서 거북이의 등껍질에 금이 갔습니	⑳ 내레이션: (객석을 보면서) 그러나 거북이가 한 말은 그게 전부였어요. 막대기를 놓자마자 거북이는 떨어지기 시작했죠. 아래로, 아래로, 아주 오랫동안 말이죠. 거북이는 너무나 놀란 나머지 다리와 머리를 쑥 집어넣었답니다! 제3장: 등껍질이 갈라진 채 엉금엉금 기어가는 거북이를 배경화면에 비친다. 내레이션: (객석을 보면서) 땅으로 쿵 떨어지면서 거북이의 등껍질에 금이 갔어요. 거북이는 엉금엉금 기어서 호수 속으로 들어갔죠. 거기서 겨울 내내 잠을 잤어요. 그래서 거북이의 등에는 지금도 그렇게 금이 많고, 겨울에는 계속 잠을 자는

「하늘을 나는 거북」	동화극 만들기
다. 거북이는 엉금엉금 기어서 호수 속으로 들어갔습니다. 거기서 겨울 내내 잠을 잤습니다. 그래서 거북이의 등에는 지금도 그렇게 금이 많고, 겨울에는 계속 잠을 자는 거랍니다.	거랍니다.

아동을 관객으로 하여 성인이 연기하는 동화극

아동을 관객으로 하여 성인이 연기하는 동화극이란 아이들을 관객으로 하여 어른들이 배우로 등장하여 동화극을 공연하는 것을 말한다. 이 경우 교사나 학부모는 동료들과 연출자로서 또는 배우로서 역할을 나눠서 맡을 준비를 해야 하며, 동화극 내용이 유·아동들에게 친숙한 동화를 선택하여 각색한 대본을 연습해야 한다. 물론 전문극단에서 소극장이나 대극장을 빌려 공연할 수도 있지만 유치원이나 초등학교 교사나 학부모가 자신들의 아이들을 위해 스스로 참여하여 공연하는 게 더 바람직하다고 생각한다. 특히 동화극에서는 내레이션이 매우 중요한 역할을 하기 때문에 구연에 탁월한 교사나 학부모 또는 전문 구연가가 무대 한쪽 옆에서 관객을 보면서 내레이션 하는 게 좋다. 그림동화 「백설공주」를 각색해서 4막의 동화극으로 만들어보자.

「백설공주」	동화극 만들기
① 옛날 한겨울에, 눈송이들이 깃털처럼 하늘로부터 떨어졌습니다. 그때 왕비는 테두리가 검은 흑단 재로 만들어진 창가에 앉아 있었고, 바느질을 하고 있었습니다. 그녀가 그렇게 바느질하면서 눈을 바라보았을 때, 그녀는 바늘에 손가락이 찔렸고, 세 방울의 피가 눈에 떨어졌습니다. 그리고 그 붉은 색이 하얀 눈 속에서 너무 아름답게 보였기 때문에, 그녀는 스스로	제1막 제1장 무대: 성의 왕비 방, 검은색 테두리창문과 하얀 눈이 쌓인 전경을 배경으로 비친다. ① 내레이션: (관객을 향해) 옛날 한겨울에 눈송이들이 깃털처럼 하늘로부터 떨어졌어요. 그때 왕비는 테두리가 검은 흑단재로 만들어진, 창가에 앉아 있었고, 바느질을 하고 있었어요. 그녀가 그렇게 바느질하면서 눈을 바라보았을 때, 그녀는 바늘에 손가락이 찔렸고, 세 방울의 피가 눈에 떨어졌어요. 그리고 그 붉은 색이 하얀 눈 속에서 너무 아름답게 보였답니다.
② 내가 아이를 갖는다면, 피부는 눈처럼 하얗고 입술은 피처럼 붉으며 머릿결은 창 테두리의 나무처럼 검을 것이라고 생각했습니다.	② 왕비: (바느질하고 밖을 쳐다보면서) "내가 아이를 낳는다면, 피부는 눈처럼 하얗고 입술은 피처럼 붉으며 머릿결은 창 테두리의 나무처럼 검을 거야!"
③ 그 후 곧 그녀는 딸을 낳았고, 그 아이는 눈처럼 하얀 피부에 피처럼 붉은 입술과 흑단 재처럼 검은 머리였기 때문에 백설공주라고 불렸습니다. 그리고 아이가 태어났을 때, 왕비는 죽었습니다.	③ 내레이션: (객석을 보면서) 그 후 곧 그녀는 딸을 낳았고, 그 아이는 눈처럼 하얀 피부에 피처럼 붉은 입술과 흑단 재처럼 검은머리였기 때문에 백설공주라고 불렸어요. 그리고 아이가 태어났을 때, 왕비는 죽었어요. 제2장 무대: 성의 왕비 방, 말하는 거울은 배경 오른쪽에 위치한다.
④ 1년이 지나자 왕은 다른 부인을 얻었습니다. 그녀는 아름다운 여인이었으나, 거만하고 오만했으며, 특히 누군가에게	④ 내레이션: (관객을 향해) 1년이 지나자 왕은 다른 부인을 얻었어요. 그녀는 아름다운 여인이었으나, 거만하고 오만했으며, 특히 누군가에게 미에 대해 추월당할 경우 참을 수 없었답

「백설공주」	동화극 만들기
미에 대해 추월당할 경우 참을 수 없었습니다. 그녀는 마법의 거울을 가지고 있었는데, 그녀가 그 거울 앞에 다가가 안을	니다.
들여다보면서 ⑤ "거울아, 벽에 걸린 거울아, 누가 이 나라 전체에서 가장 아름다운 여인이지?"라고 물으면, 거울은	⑤ **계모 왕비:** (마법의 거울을 들여다보면서) "거울아, 벽에 걸린 거울아, 누가 이 나라 전체에서 가장 아름다운 여인이지?"
⑥ "왕비님, 당신이 이 나라에서 가장 아름다운 여인입니다."라고	⑥ **말하는 거울:** (울리는 목소리로) "왕비님, 당신이 이 나라에서 가장 아름다운 여인입니다."
대답했습니다. ⑦ 그러면 그녀는 만족했습니다. 왜냐하면 그녀는 거울이 진실을 말한다는 것을 알고 있기 때문입니다. 그러나 백설공주는 성장했고 점점 더 아름다워졌습니다. 그리고 그녀가 일곱 살이 되었을 때, 그녀는 맑은 날처럼 아름다웠고 왕비 자신보다도 더 아름다웠습니다. 한번은 왕비가 그	⑦ **내레이션:** (관객을 향해) 그러면 그녀는 만족했어요. 왜냐하면 그녀는 거울이 진실을 말한다는 것을 알고 있기 때문입니다. 그러나 백설공주는 성장했고 점점 더 아름다워졌어요. 그리고 그녀가 일곱 살이 되었을 때, 그녀는 맑은 날처럼 아름다웠고 왕비 자신보다도 더 아름다웠답니다.
녀의 거울에게 ⑧ "거울아, 벽에 걸린 거울아, 누가 이 나라 전체에서 가장 아름다운 여인이지?"라고 물었을 때, 거울은	⑧ **계모 왕비:** (마법의 거울을 들여다보면서) "거울아, 벽에 걸린 거울아, 누가 이 나라 전체에서 가장 아름다운 여인이지?"
⑨ "왕비님, 당신이 여기에서 가장 아름다운 여인입니다. 그러나 백설공주가 당신보다 천 배	⑨ **말하는 거울:** (울리는 목소리로) "왕비님, 당신이 이 나라에서 가장 아름다운 여인입니다. 그러나 백설공주가 당신보다 천 배나 더 아름답

「백설공주」	동화극 만들기
나 더 아름답습니다."라고 대답했습니다. ⑩ 그러자 왕비는 깜짝 놀랐고 질투 때문에 붉으락푸르락해졌습니다. 그 순간부터 그녀가 백설공주를 볼 때면, 그녀는 마음이 아팠고, 그래서 그녀는 그 소녀를 미워했습니다. 그리고 질투와 교만이 잡초처럼 그녀의 마음속에서 점점 자라났고, 그녀는 밤낮으로 더 이상 편안히 있을 수 없었습니다. 그래서 그녀는 사냥꾼을 불렀고	습니다." ⑩ 내레이션: (객석을 보면서) 그러자 왕비는 깜짝 놀랐고 질투 때문에 붉으락푸르락해졌어요. 그 순간부터 그녀가 백설공주를 볼 때면, 그녀는 마음이 아팠고, 그래서 그녀는 그 소녀를 미워했어요. 그리고 질투와 교만이 잡초처럼 그녀의 마음속에서 점점 자라났고, 그녀는 밤낮으로 더 이상 편안히 있을 수 없었어요. 그래서 그녀는 사냥꾼을 불렀답니다.
⑪ "그 아이를 숲으로 데리고 나가라. 나는 더 이상 그 아이를 내 눈앞에서 보고 싶지 않다. 너는 그 아이를 죽이고 내게 허파와 간을 증거로 가져와야 한다."라고 말했습니다.	⑪ 계모 왕비: (사냥꾼에게 단호하게) "그 아이를 숲으로 데리고 나가라, 나는 더 이상 그 아이를 내 눈앞에서 보고 싶지 않다. 너는 그 아이를 죽이고 내게 허파와 간을 증거로 가져와야 한다." 제3장 무대: 성 밖 숲속의 풍경이 배경에 비춰진다.
⑫ 사냥꾼은 순종했고 아이를 밖으로 데리고 나갔습니다. 그리고 그가 사냥용 칼을 꺼내서 백설공주의 죄 없는 심장을 도려내려 했을 때, 그녀는 울기 시작했고,	⑫ 내레이션: (객석을 보면서) 사냥꾼은 순종했고 아이를 밖으로 데리고 나갔어요. 그리고 그가 사냥용 칼을 꺼내서 백설공주의 죄 없는 심장을 도려내려 했어요.
⑬ "아, 사랑하는 사냥꾼님, 나를 살려주세요! 내가 거친 숲으로 달려가서 결코 다시 돌아오지 않을 게요."	⑬ 백설공주: (애절하게 간청하면서) "아, 사랑하는 사냥꾼님, 나를 살려주세요! 내가 거친 숲으로 달려가서 결코 다시 돌아오지 않을 게요."

「백설공주」	동화극 만들기
라고 말했습니다. 그리고 그녀가 너무 아름다웠기 때문에, 사냥꾼은 동정했고 ⑭ "도망치거라, 가엾은 아이야!"라고 말했습니다. ⑮ 야생동물들이 아이를 곧 잡아먹을 거라고 생각한 그는 그 아이를 죽일 필요가 없었기 때문에, 돌덩어리가 마음에서 굴러 떨어진 것같이 한시름 놓았습니다. 그리고 바로 어린 멧돼지 새끼가 거기로 뛰어왔을 때, 그는 그 멧돼지를 잡았고 허파와 간을 끄집어내어 그것들을 증거로 왕비에게 가져다주었습니다. 요리사는 그것들을 소금으로 요리해야만 했고, 사악한 왕비는 그것들을 다 먹어치웠으며, 그녀는 백설공주의 허파와 간을 먹었다고 생각했습니다.	⑭ **사냥꾼:** (동정하는 마음으로) "도망치거라, 가엾은 아이야!" ⑮ **내레이션:** (객석을 보면서) 야생동물들이 아이를 곧 잡아먹을 거라고 생각한 그는 그 아이를 죽일 필요가 없었기 때문에, 돌덩어리가 마음에서 굴러 떨어진 것같이 한시름 놓았습니다. 그리고 바로 어린 멧돼지 새끼가 거기로 뛰어왔을 때, 그는 그 멧돼지를 잡았고 허파와 간을 끄집어내어 그것들을 증거로 왕비에게 가져다주었어요. 요리사는 그것들을 소금으로 요리해야만 했고, 사악한 왕비는 그것들을 다 먹어치웠으며, 그녀는 백설공주의 허파와 간을 먹었다고 생각했어요. 제2막 제1장 무대: 숲속을 배경으로 비친다. 무대 위에는 난쟁이 집을 꾸며놓는다. 칠 인분의 식사가 차려진 식탁과 의자. 일곱 개의 침대가 나란히 놓여 있다.
⑯ 이제 그 불쌍한 아이는 커다란 숲에 외톨이가 되었고, 나무에 매달린 나뭇잎들을 바라보는 것이 너무 무서웠기 때문에, 그 아이는 어찌할 바를 알지 못했습니다. 그래서 그녀는 달리기 시작했고, 뾰족한 돌을 넘	⑯ **내레이션:** (관객을 향해) 이제 그 불쌍한 아이는 커다란 숲에 외톨이가 되었고, 나무에 매달린 나뭇잎들을 바라보는 것이 너무 무서웠기 때문에, 그 아이는 어찌할 바를 알지 못했어요. 그래서 그녀는 달리기 시작했고, 뾰족한 돌을 넘고 가시덤불을 통과해 달렸어요. 야생동물들이 그녀 곁을 뛰어지나갔으나, 그녀에게 아무

「백설공주」	동화극 만들기
고 가시덤불을 통과해 달렸습니다. 야생동물들이 그녀 곁을 뛰어지나갔으나, 그녀에게 아무 짓도 하지 않았습니다. 그녀는 단지 두 다리가 계속 이끄는 대로, 어두워질 때까지 달렸습니다. 그때 그녀는 하나의 작은 집을 보았고, 쉬기 위해 안으로 들어갔습니다. 그 집안은 모든 것이 작았지만, 그녀가 말할 수 없을 정도로 귀엽고 깨끗했습니다. 거기에 일곱 개의 작은 접시가 놓인 하얀 식탁보가 덮인 식탁이 있었고, 모든 접시에는 숟가락들이, 더 나아가 일곱 개의 칼과 포크들, 그리고 일곱 개의 작은 잔들이 있었습니다. 벽에는 일곱 개의 작은 침대들이 나란히 놓여 있었고, 눈처럼 하얀 침대보가 그 위에 덮여 있었습니다. 백설공주는 너무 배고프고 목말랐기 때문에, 모든 접시들에서 약간의 야채와 빵을 먹었고 모든 잔에서 한 방울씩의 포도주를 마셨습니다. 왜냐하면 그녀는 하나에서 모든 것을 다 먹어 치우려고	짓도 하지 않았어요. 그녀는, 단지 두 다리가 계속 이끄는 대로, 어두워질 때까지 달렸어요. 그때 그녀는 하나의 작은 집을 보았고, 쉬기 위해 안으로 들어갔어요. 그 집안은 모든 것이 작았지만, 그녀가 말할 수 없을 정도로 귀엽고 깨끗했어요. 거기에 일곱 개의 작은 접시가 놓인 하얀 식탁보가 덮인 식탁이 있었고, 모든 접시에는 숟가락들이, 더 나아가 일곱 개의 칼과 포크들, 그리고 일곱 개의 작은 잔들이 있었어요. 벽에는 일곱 개의 작은 침대들이 나란히 놓여 있었고, 눈처럼 하얀 침대보가 그 위에 덮여 있었어요. 백설공주는 너무 배고프고 목말랐기 때문에, 모든 접시들에서 약간의 야채와 빵을 먹었고 모든 잔에서 한 방울씩의 포도주를 마셨어요. 왜냐하면 그녀는 하나에서 모든 것을 다 먹어 치우려고 하지 않았기 때문입니다. 그 후, 너무나도 피곤했던 그녀는 작은 침대에 누웠어요. 그러나 어떤 것도 맞지 않았어요. 하나는 너무 길고, 다른 하나는 너무 짧고, 마침내 일곱 번째가 맞았을 때, 그 안으로 그녀는 누웠고, 하나님께 자신을 맡겼으며 잠들었어요.

「백설공주」	동화극 만들기
하지 않았기 때문입니다. 그 후, 너무나도 피곤했던 그녀는 작은 침대에 누웠습니다. 그러나 어떤 것도 맞지 않았습니다. 하나는 너무 길고, 다른 하나는 너무 짧고, 마침내 일곱 번째가 맞았을 때, 그 안으로 그녀는 누웠고, 하나님께 자신을 맡겼으며 잠들었습니다.	제2장 무대: 숲속의 난쟁이 집, 때: 저녁, 흐트러진 식탁과 의자, 침대. 끝 침대에 백설공주가 누워 잠자고 있다.
⑰ 날이 완전히 어두워졌을 때, 그 집의 주인들이 왔고, 그들은 일곱 명의 난쟁이들이었으며, 그들은 산에서 구리를 캐고 팠습니다. 그들은 그들의 일곱 개의 등불을 켰고, 이제 집안이 밝아졌을 때, 그들은 누군가 그 안에 있었다는 것을 알았습니다. 왜냐하면 그들이 집을 떠났을 때처럼, 모든 것이 그렇게 정돈되어 있지 않았기 때문입니다. 첫째 난쟁이가	⑰ 내레이션: (객석을 보면서) 날이 완전히 어두워졌을 때, 그 집의 주인들이 왔고, 그들은 일곱 명의 난쟁이들이었으며, 그들은 산에서 구리를 캐고 팠어요. 그들은 그들의 일곱 개의 등불을 켰고, 이제 집안이 밝아졌을 때, 그들은 누군가 그 안에 있었다는 것을 알았어요. 왜냐하면 그들이 집을 떠났을 때처럼, 모든 것이 그렇게 정돈되어 있지 않았기 때문입니다.
⑱ “누가 내 작은 의자에 앉았지?”라고 말했고, 둘째 난쟁이는	⑱ 난쟁이 1: (약간 의아해하면서) “누가 내 작은 의자에 앉았지?”
⑲ “누가 내 작은 접시에서 먹었지?”, 셋째 난쟁이는	⑲ 난쟁이 2: (약간 당황하면서) “누가 내 작은 접시에서 먹었지?”
⑳ “누가 내 작은 빵을 먹었지?”, 넷째는	⑳ 난쟁이 3: (약간 놀라면서) “누가 내 작은 빵을 먹었지?”
㉑ “누가 내 야채를 먹었	㉑ 난쟁이 4: (약간 의아해하면서) “누가 내 야채

「백설공주」	동화극 만들기
지?", 다섯째는 ㉒ "누가 내 포크를 사용했지?", 여섯째는 ㉓ "누가 내 칼로 잘랐지?", 일곱째는 ㉔ "누가 내 작은 잔에서 마셨지?"라고 말했습니다. 그러고 나서 첫째 난쟁이가 주위를 둘러봤고, 그의 침대 위에 한 작은 발자국을 보았습니다.	를 먹었지?" ㉒ **난쟁이 5:** (약간 당황하면서) 누가 내 포크를 사용했지?" ㉓ **난쟁이 6:** (약간 놀라면서) "누가 내 칼로 잘랐지?" ㉔ **난쟁이 7:** (약간 의아해하면서) "누가 내 작은 잔에서 마셨지?"
그러자 그는 ㉕ "누가 내 작은 침대에 들어갔었지?"라고 말했습니다.	㉕ **난쟁이 1:** (자기 침대로 걸어가고 약간 놀라면서) "누가 내 작은 침대에 들어갔었지?"
다른 난쟁이들이 달려왔고, ㉖ "내 침대에도 누군가 누워 있었어!"라고 외쳤습니다.	㉖ **난쟁이 2, 3, 4, 5, 6:** (각자의 침대로 달려오고 놀라면서 한목소리로) "내 침대에도 누군가 누워 있었어!"
㉗ 그러나 일곱째가 그의 침대 안을 보았을 때, 거기에 누워 잠자고 있는 백설공주를 보았습니다. 이제 그는 다른 이들을 불렀고, 그들은 거기로 달려왔으며, 놀라서 소리 질렀고 그들의 일곱 개의 등불을 가져와서 백설공주를 비췄습니다.	㉗ **내레이션:** (객석을 보면서) 그러나 일곱 번째가 그의 침대 안을 보았을 때, 거기에 누워 잠자고 있는 백설공주를 보았어요. 이제 그는 다른 이들을 불렀고, 그들은 거기로 달려왔으며, 놀라서 소리 질렀고 그들의 일곱 개의 등불을 가져와서 백설공주를 비췄어요.
㉘ "아이고 맙소사! 아이고 맙소사! 얼마나 아름다운 아이인가!"라고 그들은 외쳤습니다.	㉘ **난쟁이 1, 2, 3, 4, 5, 6, 7:** (일곱 개의 등불을 동시에 비추고 매우 놀라면서 한 목소리로) "아이고 맙소사! 아이고 맙소사! 얼마나 아름다운 아이인가!"
㉙ 그리고 너무 기뻤기 때문에, 그들은 그 아이를 깨우지 않았고, 침대에서 계속 잠자게	㉙ **내레이션:** (객석을 보면서) 그들은 너무 기뻤기 때문에, 그 아이를 깨우지 않았고, 침대에서

「백설공주」	동화극 만들기
했습니다. 일곱째 난쟁이는 그러나 그의 동료 곁에서 잤고, 각자에게는 그 밤이 지나가는 게 한 시간 같았습니다.	계속 잠자게 했어요. 일곱째 난쟁이는 그러나 그의 동료 곁에서 잤고, 각자에게는 그 밤이 지나가는 게 한 시간 같았답니다. 제3장 무대: 숲속의 난쟁이 집, 때: 아침
㉚ 아침이 되었을 때, 백설공주는 깨어났고, 그녀가 일곱 명의 난쟁이들을 보았을 때, 깜짝 놀랐습니다. 그러나 그들은 친절했고, ㉛ "이름이 뭐야?"라고 물었습니다. ㉜ "내 이름은 백설공주예요."라고 그녀는 대답했습니다. ㉝ "어떻게 네가 우리 집으로 왔니?"라고 난쟁이들은 계속 물어보았습니다.	㉚ **내레이션:** (객석을 보면서) 아침이 되었을 때, 백설공주는 깨어났고, 그녀가 일곱 명의 난쟁이들을 보았을 때, 깜짝 놀랐어요. ㉛ **난쟁이 1, 2, 3, 4, 5, 6, 7:** (다정하게 한목소리로) "이름이 뭐야?" ㉜ **백설공주:** (당황하면서 그러나 침착하게) "내 이름은 백설공주예요." ㉝ **난쟁이 1, 2, 3, 4, 5, 6, 7:** (다정하게 한목소리로) "어떻게 네가 우리 집으로 왔니?"
㉞ 그러자 그녀는 그들에게, 그녀의 계모가 그녀를 죽이려고 했고, 사냥꾼이 그러나 그녀를 살려줬으며, 하루 종일 달려서 마침내 그들의 집을 발견했다고 이야기했습니다. 난쟁이들은	㉞ **내레이션:** (객석을 보면서) 그러자 백설공주는 그들에게 그녀의 계모가 그녀를 죽이려고 했고, 사냥꾼이 그러나 그녀를 살려줬으며, 하루 종일 달려서 마침내 그들의 집을 발견했다고 이야기했어요.
㉟ "네가 우리의 살림을 정리하고 요리하고 잠자리를 펴고 빨래를 하고 바느질하고 뜨개질하려고 한다면, 그리고 네가 모든 것을 정돈하고 깨끗하게 유지하려고 한다면, 너는 우리 곁에 머물 수 있고, 네게 아	㉟ **난쟁이 1:** (다정하게) "네가 우리의 살림을 정리하고 요리하고 잠자리를 펴고 빨래를 하고 바느질하고 뜨개질하려고 한다면, 그리고 네가 모든 것을 정돈하고 깨끗하게 유지하려고 한다면, 너는 우리 곁에 머물 수 있고, 네게 아무것도 부족하지 않을 거야."

「백설공주」	동화극 만들기
무것도 부족하지 않을 거야." 라고 말했습니다. ㊱ "좋아요, 진심으로 기꺼이 하겠어요." 라고 백설공주는 말했고, 그들 곁에 머물렀습니다.	㊱ 백설공주: (결심하듯이) "좋아요, 진심으로 기꺼이 하겠어요."
㊲ 그녀는 그들의 집을 정돈했습니다. 아침에 그들은 산으로 가서 구리와 금을 찾았고, 저녁에 다시 왔으며, 그때 이미 그들의 식사가 준비되어 있었습니다. 하루 종일 소녀는 혼자였습니다. 그러자 착한 난쟁이들은 그녀에게 경고하며	㊲ 내레이션: (객석을 보면서) 공주는 그들의 집을 정돈했어요. 아침에 그들은 산으로 가서 구리와 금을 찾았고, 저녁에 다시 왔으며, 그때 이미 그들의 식사가 준비되어 있었어요. 하루 종일 소녀는 혼자였답니다.
㊳ "너의 계모를 조심해라, 그녀가 곧 네가 여기에 있는 것을 알게 될 거야. 아무도 들여보내지 마라!"고 말했습니다.	㊳ 난쟁이 2: (경고하듯이) "너의 계모를 조심해라, 그녀가 곧 네가 여기에 있는 것을 알게 될 거야. 아무도 들여보내지 마라!" 제3막 제1장 무대: 성의 계모 왕비 방, 말하는 거울이 배경 오른쪽에 있다.
㊴ 그러나 왕비는, 그녀가 백설공주의 허파와 간을 먹었다고 생각한 후에, 그녀가 다시 첫 번째로 아름답고 가장 아름다운 여인이라는 것 이외에 아무것도 생각하지 않았으며,	㊴ 내레이션: (객석을 보면서) 그러나 왕비는, 그녀가 백설공주의 허파와 간을 먹었다고 생각한 후에, 그녀가 다시 첫 번째로 아름답고 가장 아름다운 여인이라는 것 이외에 아무것도 생각하지 않았어요.
㊵ "거울아, 벽에 걸린 거울아, 누가 이 나라 전체에서 가장 아름다운 여인이지?"라고 말했습니다. 그러자 거울은	㊵ 계모 왕비: (마법의 거울을 들여다보면서) "거울아, 벽에 걸린 거울아, 누가 이 나라 전체에서 가장 아름다운 여인이지?"
㊶ "왕비님,	㊶ 말하는 거울: (울리는 목소리로) "왕비님, 당신이 여기에서 가장 아름다운 여인입니다. 그러나

「백설공주」	동화극 만들기
당신이 여기에서 가장 아름다운 여인입니다. 그러나 산 위의 일곱 난쟁이 집에 있는 백설공주가 여전히 당신보다 천 배나 더 아름답습니다.”라고 대답했습니다.	산 위의 일곱 난쟁이 집에 있는 백설공주가 여전히 당신보다 천 배나 더 아름답습니다.”
㊷ 그녀는 깜짝 놀랐습니다. 왜냐하면 그녀는 거울이 거짓을 말하지 않는다는 것을 알았고, 사냥꾼이 그녀를 속였으며 백설공주가 아직 살아 있다는 것을 알아챘기 때문입니다. 그래서 그녀는 어떻게 하면 그 애를 죽일 수 있을까 하는 새로운 생각을 짜내고 또 짜냈습니다. 왜냐하면 그녀가 전체 나라에서 가장 아름다운 여인이 아닌 한, 질투가 그녀를 괴롭혔기 때문입니다. 그리고 그녀가 마침내 어떤 것을 생각해 냈을 때, 그녀는 얼굴을 변장했고 한 늙은 상인처럼 옷을 입었으며 완전히 알아볼 수 없었습니다.	㊷ **내레이션:** (객석을 보면서) 왕비는 깜짝 놀랐어요. 왜냐하면 그녀는 거울이 거짓을 말하지 않는다는 것을 알았고, 사냥꾼이 그녀를 속였으며 백설공주가 아직 살아 있다는 것을 알아챘기 때문입니다. 그래서 그녀는 어떻게 하면 그 애를 죽일 수 있을까 하는 새로운 생각을 짜내고 또 짜냈어요. 왜냐하면 그녀가 전체 나라에서 가장 아름다운 여인이 아닌 한, 질투가 그녀를 괴롭혔기 때문입니다. 그리고 그녀가 마침내 어떤 것을 생각해 냈을 때, 그녀는 얼굴을 변장했고 한 늙은 상인처럼 옷을 입었으며 완전히 알아볼 수 없었어요.
㊸ 이러한 모습으로 그녀는 일곱 개의 산을 넘어 일곱 명의 난쟁이에게로 갔고, 문을 두드리며	**제2장 무대: 숲속의 난쟁이 집** ㊸ **내레이션:** (객석을 보면서) 왕비는 일곱 개의 산을 넘어 일곱 명의 난쟁이에게로 갔고, 문을 두드렸어요.
㊹ “아름다운 물건 팔아요!”라고 외쳤습니다. 백	㊹ **계모 왕비:** (장사꾼처럼) “아름다운 물건 팔아요!”

「백설공주」	동화극 만들기
설공주는 창문으로 내다봤고, ㊺ "안녕하세요, 아줌마! 당신은 무엇을 팔고 계시나요?"라	㊺ **백설공주:** (창문으로 내다보면서) "안녕하세요, 아줌마! 당신은 무엇을 팔고 계시나요?"
고 외쳤습니다. ㊻ "좋은 물건들을, 온갖 색깔의 코르셋 끈을 판단다."라고 그녀는 대답했고, 다채로운 비단으로 엮은 끈 하나를 꺼내 들었습니다.	㊻ **계모 왕비:** (장사꾼처럼 비단으로 엮은 끈 하나를 꺼내 들면서) "좋은 물건들을, 온갖 색깔의 코르셋 끈을 판단다."
㊼ '그 성실한 부인을 내가 들어오게 해야지.'라고 백설공주는 생각했고, 문을 열어주었으며 예쁜 코르셋 끈을 샀습니	㊼ **내레이션:** (객석을 보면서) 백설공주는 문을 열어주었으며 예쁜 코르셋 끈을 샀어요.
다. ㊽ "얘야, 참 예쁘구나! 이리 오렴, 내가 한번 제대로 너를 묶어줄 테니."라고 노파는	㊽ **계모 왕비:** (음흉한 미소로) "얘야, 참 예쁘구나! 이리 오렴, 내가 한번 제대로 너를 묶어줄 테니."
말했습니다. ㊾ 백설공주는 악의를 느끼지 않았고, 그녀 앞에 섰으며 새로운 코르셋 끈으로 묶게 하였습니다. 그러나 노파는 재빠르게 묶었고, 너무 꽉 묶었기 때문에 백설공주의 호흡이 사라졌고 죽은 듯이 쓰러	㊾ **내레이션:** (객석을 보면서) 백설공주는 악의를 느끼지 않았고, 그녀 앞에 섰으며 새로운 코르셋 끈으로 묶게 하였어요. 그러나 노파는 재빠르게 묶었고, 너무 꽉 묶었기 때문에 백설공주의 호흡이 사라졌고 죽은 듯이 쓰러졌어요.
졌습니다. ㊿ "이제 너는 가장 아름다운 여인이었지."라고 그녀는 말했고 서둘러 나갔습니다.	㊿ **계모 왕비:** (음흉한 목소리로 서둘러 나가면서) "이제 너는 가장 아름다운 여인이었지."
51 그 후 오래지 않아 저녁시간이 되었고, 일곱 명의 난쟁이들	51 **내레이션:** (객석을 보면서) 그 후 오래지 않아 저녁시간이 되었고, 일곱 명의 난쟁이들이 집

「백설공주」	동화극 만들기
이 집으로 돌아왔습니다. 그러나 그들이 사랑스런 백설공주가 땅바닥에 누워서, 죽은 듯이 꼼짝 않고 움직이지 않는 것을 보았을 때 얼마나 놀랐던가! 그들은 그녀를 들어 올렸고, 그녀가 너무 꽉 묶여 있다는 것을 알았기 때문에, 그들은 코르셋 끈을 두 동강내었습니다. 그러자 그녀는 약간 숨을 쉬기 시작했고, 차츰 다시 생기가 돌았습니다. 난쟁이들이 일어났던 일에 대해 들었을 때, 그들은	으로 돌아왔어요. 그러나 그들이 사랑스런 백설공주가 땅바닥에 누워서, 죽은 듯이 꼼짝 않고 움직이지 않는 것을 보았을 때 얼마나 놀랐던가! 그들은 그녀를 들어 올렸고, 그녀가 너무 꽉 묶여 있다는 것을 알았기 때문에, 그들은 코르셋 끈을 두 동강내었어요. 그러자 그녀는 약간 숨을 쉬기 시작했고, 차츰 다시 생기가 돌았어요. 난쟁이들이 일어났던 일에 대해 들었을 때, 그들은 말했어요.
(52) "그 늙은 여자 상인이 사악한 왕비임에 틀림없어. 조심해라. 그리고 우리가 네 곁에 없을 때, 아무도 들여보내지 마!"라고 말했습니다.	(52) 난쟁이 3: (격분하면서 단호하게) "그 늙은 여자 상인이 사악한 왕비임에 틀림없어. 조심해라. 그리고 우리가 네 곁에 없을 때, 아무도 들여보내지 마!" 제3장 무대: 성의 계모 왕비 방, 말하는 거울이 배경 오른쪽에 있다.
그러나 (53) 그 악한 왕비는 집으로 돌아왔을 때, 거울 앞으로 갔고,	(53) 내레이션: (객석을 보면서) 악한 왕비는, 집으로 돌아와서, 거울 앞으로 갔어요.
(54) "거울아, 벽에 걸린 거울아, 누가 이 나라 전체에서 가장 아름다운 여인이지?"라고 물었습니다. 그러자 거울은 이전처럼	(54) 계모 왕비: (마법의 거울을 들여다보면서) "거울아, 벽에 걸린 거울아, 누가 이 나라 전체에서 가장 아름다운 여인이지?"
(55) "왕비님, 당신이 여기에서 가장 아름다운 여인입니다. 그러나 산 위의 일곱	(55) 말하는 거울: (이전처럼 울리는 목소리로) "왕비님, 당신이 여기에서 가장 아름다운 여인입니다. 그러나 산 위의 일곱 난쟁이 집에 있는

「백설공주」	동화극 만들기
난쟁이 집에 있는 백설공주가 여전히 당신보다 천 배나 더 아름답습니다."라고 대답했습니다.	백설공주가 여전히 당신보다 천 배나 더 아름답습니다."
㊻ 그녀가 그것을 들었을 때, 모든 피가 거꾸로 솟았고, 너무 놀랐습니다. 왜냐하면 그녀는 백설공주가 다시 살아났다는 것을 잘 알았기 때문입니다.	㊻ **내레이션:** (객석을 보면서) 그녀가 그것을 들었을 때, 모든 피가 거꾸로 솟았고, 너무 놀랐어요. 왜냐하면 그녀는 백설공주가 다시 살아났다는 것을 잘 알았기 때문입니다.
㊼ "그러나 이제, 너를 파멸시킬 어떤 것을 생각해 내련다."라고 그녀는 말했고, ㊽ 그녀가 이해하고 있는 마녀의 기술로, 하나의 독이 든 빗을 만들었습니다. 그러고 나서 그녀는 변장을 했고, 한 다른 늙은 여자의 모습으로 꾸몄습니다. 그래서 그녀는 일곱 산을 넘어 일곱 난쟁이들에게 갔고, 문을 두드리면서 ㊾ "좋은 물건 팔아요!"라고 외쳤습니다.	㊼ **계모 왕비:** (이를 갈면서) "그러나 이제, 너를 파멸시킬 어떤 것을 생각해 내련다." ㊽ **내레이션:** (객석을 보면서) 왕비는 이해하고 있는 마녀의 기술로, 하나의 독이 든 빗을 만들었어요. 그러고 나서 그녀는 변장을 했고, 한 다른 늙은 여자의 모습으로 꾸몄어요. 그래서 그녀는 일곱 산을 넘어 일곱 난쟁이들에게 갔어요. 제4장 무대: 숲속의 난쟁이 집 ㊾ **계모 왕비:** (장사꾼처럼) "좋은 물건 팔아요!"
백설공주는 밖을 내다보았고, ㊿ "그냥 가세요, 나는 아무도 들어오게 할 수 없어요!"라고 말했습니다.	㊿ **백설공주:** (밖을 내다보면서) "그냥 가세요, 나는 아무도 들어오게 할 수 없어요!"
(61) "구경하는 것은 허락할 수 있잖니."라고 노파는 말했고, 독이 든 빗을 끄집	(61) **계모 왕비:** (장사꾼처럼 빗을 꺼내 들면서) "구경하는 것은 허락할 수 있잖니."

「백설공주」	동화극 만들기
어내어 그것을 높이 들어 올렸습니다. 그러자 (62) 그 빗이 너무 마음에 들었던 아이는 노파의 꾐에 그만 문을 열어 주었습니다. 그들이 매매에 일치했을 때, 노파는	(62) **내레이션:** (객석을 보면서) 그 빗이 너무 마음에 들었던 아이는 노파의 꾐에 그만 문을 열어 주었어요. 그들이 매매에 일치했을 때, 노파는 말했어요.
(63) “자, 내가 한번 너를 제대로 빗질해 줄게.”라고 말했습니다. 그	(63) **계모 왕비:** (음흉한 미소로) “자, 내가 한번 너를 제대로 빗질해 줄게”
(64) 불쌍한 백설공주는 다른 아무것도 생각하지 않았고, 노파에게 허락했습니다. 그러나 그녀가 빗을 머리에 꽂자마자, 그 안에 있는 독이 퍼졌고 소녀는 정신을 잃고 쓰러졌습니다.	(64) **내레이션:** (객석을 보면서) 불쌍한 백설공주는 다른 아무것도 생각하지 않았고, 노파에게 허락했어요. 그러나 그녀가 빗을 머리에 꽂자마자, 그 안에 있는 독이 퍼졌고 소녀는 정신을 잃고 쓰러졌어요.
(65) “너 미의 전형이여, 지금 너는 끝장이다.”라고 나쁜 왕비는 말했고, 떠났습니다.	(65) **계모 왕비:** (음흉한 목소리로 서둘러 나가면서) “너 미의 전형이여, 지금 너는 끝장이다.”
그러나 (66) 다행히 곧 저녁이 되었고, 일곱 난쟁이들이 집으로 왔습니다. 그들이 백설공주가 죽은 듯이 땅바닥에 누워 있는 것을 보았을 때, 그들은 곧 계모를 의심했고, 그 독이 든 빗을 발견했습니다. 그리고 그들이 그 빗을 끄집어내자마자, 백설공주는 다시 정신을 차렸고, 일어났던 일에 대해 이야	(66) **내레이션:** (객석을 보면서) 다행히 곧 저녁이 되었고, 일곱 난쟁이들이 집으로 왔어요. 그들이 백설공주가 죽은 듯이 땅바닥에 누워 있는 것을 보았을 때, 그들은 곧 계모를 의심했고, 그 독이 든 빗을 발견했어요. 그리고 그들이 그 빗을 끄집어내자마자, 백설공주는 다시 정신을 차렸고, 일어났던 일에 대해 이야기했어요. 그때 그들은 그녀에게 재차 조심할 것과 아무에게도 문을 열어주지 말 것을 경고했어요.

「백설공주」	동화극 만들기
기했습니다. 그때 그들은 그녀에게 재차 조심할 것과 아무에게도 문을 열어주지 말 것을 경고했습니다.	
왕비는 집에서 거울 앞에 섰고,	제5장 무대: 성의 계모 왕비 방, 말하는 거울이 배경 오른쪽에 있다.
㊼ "거울아, 벽에 걸린 거울아, 누가 이 나라 전체에서 가장 아름다운 여인이지?"라고 말했습니다. 그러자 거울은 이전처럼	㊼ **계모 왕비:** (마법의 거울을 들여다보면서) "거울아, 벽에 걸린 거울아, 누가 이 나라 전체에서 가장 아름다운 여인이지?"
㊽ "왕비님, 당신이 여기에서 가장 아름다운 여인입니다. 그러나 산 위의 일곱 난쟁이 집에 있는 백설공주가 여전히 당신보다 천 배나 더 아름답습니다."라고 대답했습니다.	㊽ **말하는 거울:** (이전처럼 울리는 목소리로) "왕비님, 당신이 여기에서 가장 아름다운 여인입니다. 그러나 산 위의 일곱 난쟁이 집에 있는 백설공주가 여전히 당신보다 천 배나 더 아름답습니다."
㊾ 그녀는 거울이 그렇게 말하는 것을 들었을 때, 몸을 흔들었고 노여움으로 치를 떨었습니다.	㊾ **내레이션:** (객석을 보면서) 왕비는 거울이 그렇게 말하는 것을 들었을 때, 몸을 흔들었고 노여움으로 치를 떨었어요.
㊿ "백설공주는 죽어야만 해, 비록 내 자신의 목숨을 바칠지라도!"라고 그녀는 외쳤습니다.	㊿ **계모 왕비:** (이를 갈면서) "백설공주는 죽어야만 해, 비록 내 자신의 목숨을 바칠지라도!"
⑦① 그 후 그녀는, 아무도 들어간 적이 없는 숨겨진 외딴 방으로 갔고, 거기서 한 개의 독이 든 사과를 만들었습니다. 그 사과는 겉으로는 아름다워 보였지만, 붉은 뺨을 가진	⑦① **내레이션:** (객석을 보면서) 왕비는 아무도 들어간 적이 없는 숨겨진 외딴 방으로 갔고, 거기서 한 개의 독이 든 사과를 만들었어요. 그 사과는 겉으로는 아름다워 보였지만, 붉은 뺨을 가진 하얀 색으로, 그 사과를 본 사람은 누구나 그것을 갖고 싶은 욕망을 갖게 되었어요. 그러나 그 사과 한 조각을 먹는 사람은 죽어

「백설공주」	동화극 만들기
하얀 색으로, 그 사과를 본 사람은 누구나 그것을 갖고 싶은 욕망을 갖게 되었습니다. 그러나 그 사과 한 조각을 먹는 사람은 죽어야만 했습니다. 사과가 완성되었을 때, 그녀는 얼굴을 분장했고 농부 부인으로 변장했습니다. 그래서 그녀는 일곱 산을 넘어 일곱 난쟁이들에게 갔습니다. 그녀는 노크를 했고, 백설공주는 창문으로 머리를 내밀었으며,	야만 했어요. 사과가 완성되었을 때, 그녀는 얼굴을 분장했고 농부 부인으로 변장했어요. 그래서 그녀는 일곱 산을 넘어 일곱 난쟁이들에게 갔어요. 그녀는 노크를 했고, 백설공주는 창문으로 머리를 내밀었어요.
(72) “나는 아무도 들여보낼 수 없어요. 일곱 난쟁이가 내게 금지시켰어요!”라고 말했습니다.	제6장 무대: 숲속의 난쟁이 집 (72) **백설공주**: (단호하게) “나는 아무도 들여보낼 수 없어요. 일곱 난쟁이가 내게 금지시켰어요!”
(73) “나도 알아, 나는 사과를 이미 땄단다. 그래서 하나를 네게 선사하려고 해.”라고 여자 농부는 대답했습니다.	(73) **계모 왕비**: (농부 복장으로 사과 하나를 보여주면서) “나도 알아, 나는 사과를 이미 땄단다. 그래서 하나를 네게 선사하려고 해.”
(74) “안 돼요, 나는 아무것도 받을 수 없어요!”라고 백설공주는 말했습니다.	(74) **백설공주**: (거절하면서 단호하게) “안 돼요, 나는 아무것도 받을 수 없어요!”
(75) “너는 독을 두려워하니? 봐봐, 지금 내가 그 사과를 두 부분으로 자를게. 붉은 부분을 네가 먹고, 하얀 부분을 내가 먹으마.”라고 노파는 말했습니다. 그러나	(75) **계모 왕비**: (다정하게) “너는 독을 두려워하니? 봐봐, 지금 내가 그 사과를 두 부분으로 자를게. 붉은 부분을 네가 먹고, 하얀 부분을 내가 먹으마.”
(76) 사과는 너무 정교하	(76) **내레이션**: (객석을 보면서) 사과는 너무 정교하게 만들어졌기 때문에, 단지 붉은 부분만 독

「백설공주」	동화극 만들기
게 만들어졌기 때문에, 단지 붉은 부분만 독이 들어 있었습니다. 백설공주는 그 아름다운 사과를 자세히 보았고, 여자 농부가 그것을 먹는 것을 보았을 때, 더 이상 저항할 수 없었으며, 손을 내밀어 독이 든 반쪽을 받았습니다. 그러나 그 아이가 한입을 베어 물자마자, 아이는 죽어서 땅바닥 위로 쓰러졌습니다. 그러자 그 아이를 왕비는 소름이 끼치는 눈초리로 바라보았고, 큰소리로 웃었으며,	이 들어 있었어요. 백설공주는 그 아름다운 사과를 자세히 보았고, 여자 농부가 그것을 먹는 것을 보았을 때, 더 이상 저항할 수 없었으며, 손을 내밀어 독이 든 반쪽을 받았어요. 그러나 그 아이가 한입을 베어 물자마자, 아이는 죽어서 땅바닥 위로 쓰러졌어요. 그러자 그 아이를 왕비는 소름이 끼치는 눈초리로 바라보았고, 큰소리로 웃으면서 말했어요.
⑰ "눈처럼 하얗고 피처럼 붉으며 흑단 재처럼 검은 것! 이번에는 난쟁이들이 너를 다시 깨울 수 없을 거야."라고 말했습니다. 그리고 그녀가 집에서 거울에게	⑰ 계모 왕비: (음흉한 목소리로) "눈처럼 하얗고 피처럼 붉으며 흑단 재처럼 검은 것! 이번에는 난쟁이들이 너를 다시 깨울 수 없을 거야." 제7장 무대: 성의 계모 왕비 방, 말하는 거울이 배경 오른쪽에 있다.
⑱ "거울아, 벽에 걸린 거울아, 누가 이 나라 전체에서 가장 아름다운 여인이지?"라고 물어보았을 때, 거울은 마침내	⑱ 계모 왕비: (마법의 거울을 들여다보면서) "거울아, 벽에 걸린 거울아, 누가 이 나라 전체에서 가장 아름다운 여인이지?"
⑲ "왕비님, 당신이 나라에서 가장 아름다운 여인입니다."라고 대답했습니다. 그러자 그녀의 질투심 많은 마음은 매우 평온하게 편안해질	⑲ 말하는 거울: (울리는 목소리로) "왕비님, 당신이 나라에서 가장 아름다운 여인입니다."

「백설공주」	동화극 만들기
수 있었습니다. ⑳ 난쟁이들이 저녁에 집에 왔을 때, 그들은 백설공주가 땅바닥에 누워 있는 것을 발견했고, 그녀는 더 이상 숨을 쉬지 않은 채 죽어 있었습니다. 그들은 그녀를 들어 올렸고, 마치 그들이 어떤 독을 발견할 수 있는 양 찾았습니다. 그녀의 코르셋 끈을 풀어주었고, 그녀의 머리를 빗어줬으며, 그녀를 물과 포도주로 씻겼습니다. 그러나 모든 일이 아무 소용없었습니다. 사랑스런 아이는 죽었고, 죽어 누워 있는 것입니다. 그들은 그녀를 관 위에 놓았고, 일곱 명 모두 그 주위에 앉아 그녀를 애도하며 3일 동안을 울었습니다. 그때 그들은 그녀를 매장하려고 했으나, 그녀가 아직 살아있는 사람처럼 그렇게 생기 있어 보였고, 아직 그녀의 아름다운 붉은 뺨을 가지고 있었습니다.	제4막 제1장 무대: 난쟁이의 집 ⑳ 내레이션: (객석을 보면서) 난쟁이들이 저녁에 집에 왔을 때, 그들은 백설공주가 땅바닥에 누워 있는 것을 발견했고, 그녀는 더 이상 숨을 쉬지 않은 채 죽어 있었어요. 그들은 그녀를 들어 올렸고, 마치 그들이 어떤 독을 발견할 수 있는 양 찾았어요. 그녀의 코르셋 끈을 풀어주었고, 그녀의 머리를 빗어줬으며, 그녀를 물과 포도주로 씻겼어요. 그러나 모든 일이 아무 소용없었어요. 사랑스런 아이는 죽었고, 죽어 누워 있는 것입니다. 그들은 그녀를 관 위에 놓았고, 일곱 명 모두 그 주위에 앉아 그녀를 애도하며 3일 동안을 울었어요. 그때 그들은 그녀를 매장하려고 했으나, 그녀가 아직 살아 있는 사람처럼 그렇게 생기 있어 보였고, 아직 그녀의 아름다운 붉은 뺨을 가지고 있었어요.
㉑ "그녀를 우리는 검은 땅 속에 묻을 수 없어."라고 그들은 말했고, ㉒ 사람들이 그녀를 모든 방면에서 볼 수 있도록,	㉑ 난쟁이 4: (침울하게) "그녀를 우리는 검은 땅 속에 묻을 수 없어." ㉒ 내레이션: (객석을 보면서) 난쟁이들은 사람들이 그녀를 모든 방면에서 볼 수 있도록, 유리

「백설공주」	동화극 만들기
유리로 된 투명한 관을 만들었으며, 그녀를 그 안에 놓았고 금색 글씨로 그 위에 그녀의 이름과 그녀가 공주였다고 썼습니다. 그러고 나서 그들은 관을 산 위로 날랐고, 그들 중에 한 명이 항상 그 곁에 머무르며 그 관을 지켰습니다. 그리고 동물들도 와서 백설공주를 애도했습니다. 처음에 올빼미가, 그러고 나서 까마귀가, 마지막에 비둘기가 왔습니다.	로 된 투명한 관을 만들었으며, 그녀를 그 안에 놓았고 금색 글씨로 그 위에 그녀의 이름과 그녀가 공주였다고 썼어요. 그러고 나서 그들은 관을 산 위로 날랐고, 그들 중에 한 명이 항상 그 곁에 머무르며 그 관을 지켰어요. 그리고 동물들도 와서 백설공주를 애도했어요. 처음에 올빼미가, 그러고 나서 까마귀가, 마지막에 비둘기가 왔어요. 제2장 무대: 난쟁이의 집 근처 산 정상, 투명한 유리관 속에 죽은 백설공주가 누워 있다.
⑧③ 이제 백설공주는 오랜, 오랜 시간 동안 관 속에 누워 있었고 썩지 않았으며, 마치 잠자고 있는 것처럼 보였습니다. 왜냐하면 그녀는 여전히 눈처럼 하얀 피부에 피처럼 붉은 입술, 흑단 재처럼 검은 머리였기 때문입니다. 그러나 한 왕자가 숲으로 들어와, 난쟁이 집으로 와서 밤을 보내는 일이 발생했습니다. 그는 산 위에서 관과 그 안에 있는 아름다운 백설공주를 보았고, 금색 글씨로 그 위에 써진 것을 읽었습니다. 그러자 그는 난쟁이들에게	⑧③ 내레이션: (객석을 보면서) 이제 백설공주는 오랜, 오랜 시간 동안 관 속에 누워 있었고 썩지 않았으며, 마치 잠자고 있는 것처럼 보였어요. 왜냐하면 그녀는 여전히 눈처럼 하얀 피부에 피처럼 붉은 입술, 흑단 재처럼 검은 머리였기 때문입니다. 그러나 한 왕자가 숲으로 들어와, 난쟁이 집으로 와서, 밤을 보내는 일이 발생했어요. 그는 산 위에서 관과 그 안에 있는 아름다운 백설공주를 보았고, 금색 글씨로 그 위에 써진 것을 읽었어요. 그러자 그는 난쟁이들에게 말했어요.
⑧④ "내	⑧④ 왕자: (애절하게) "내게 관을 준다면, 나는

「백설공주」	동화극 만들기
게 관을 준다면, 나는 당신들에게 그 대신에 갖고 싶은 것을 주겠소."라고 말했습니다. 그러나 난쟁이들은 ⑧⑤ "우리는 그 관을 세상의 모든 금과도 바꿀 수 없소."라고 대답했습니다. 그러자 그는 ⑧⑥ "그러면 내게 그 관을 선사하시오. 왜냐하면 나는 백설공주를 보지 않고는 살 수 없기 때문이오. 나는 그녀를 나의 연인처럼 존경하고 존중하겠소."라고 말했습니다. ⑧⑦ 그가 그렇게 말했을 때, 착한 난쟁이들은 그를 동정했고, 그에게 관을 주었습니다. 왕자는 그 관을 이제 그의 부하들에게 어깨로 짊어지고 나르게 했습니다. 그때 그들이 덤불에 걸려 비틀거리는 일이 발생했고, 그 흔들림에 의해 백설공주가 한입 베어 물었던, 독이 든 사과 조각이 목으로부터 나왔습니다. 그리고 오래지 않아 그녀가 두 눈을 떴고, 관의 뚜껑을 위로 들어 올리며 일어섰고, 다시 살아났습니다. ⑧⑧ "맙소사, 내가 어디 있는	당신들에게 그 대신에 갖고 싶은 것을 주겠소." ⑧⑤ **난쟁이 5:** (단호하게) "우리는 그 관을 세상의 모든 금과도 바꿀 수 없소." ⑧⑥ **왕자:** (간청하면서) "그러면 내게 그 관을 선사하시오. 왜냐하면 나는 백설공주를 보지 않고는 살 수 없기 때문이오. 나는 그녀를 나의 연인처럼 존경하고 존중하겠소." ⑧⑦ **내레이션:** (객석을 보면서) 그가 그렇게 말했을 때, 착한 난쟁이들은 그를 동정했고, 그에게 관을 주었어요. 왕자는 그 관을 이제 그의 부하들에게 어깨로 짊어지고 나르게 했어요. 그때 그들이 덤불에 걸려 비틀거리는 일이 발생했고, 그 흔들림에 의해 백설공주가 한입 베어 물었던, 독이 든 사과 조각이 목으로부터 나왔어요. 그리고 오래지 않아 그녀가 두 눈을 떴고, 관의 뚜껑을 위로 들어 올리며 일어섰고, 다시 살아났어요. ⑧⑧ **백설공주:** (잠에서 깬 듯이) "맙소사, 내가

「백설공주」	동화극 만들기
거죠?"라고 그녀는 외쳤습니다. 왕자는 너무 기뻐서 ⑧⑨ "당신은 내 곁에 있는 거요."라고 말했고, ⑨⓪ 무슨 일이 있었는지 이야기해줬으며 ⑨① "나는 세상에 모든 것보다 더 당신을 사랑하오. 나와 함께 내 아버지의 성으로 갑시다. 당신은 내 부인이 되어야 하오."라고 말했습니다. 그러자 백설공주는 그가 마음에 들었고, 그와 함께 갔으며,	어디 있는 거죠?" ⑧⑨ 왕자: (매우 기뻐하며) "당신은 내 곁에 있는 거요." ⑨⓪ 내레이션: (객석을 보면서) 왕자는 공주에게 무슨 일이 있었는지 이야기해줬어요. ⑨① 왕자: (간절하게 프러포즈 자세로) "나는 세상에 모든 것보다 더 당신을 사랑하오. 나와 함께 내 아버지의 성으로 갑시다. 당신은 내 부인이 되어야 하오."
⑨② 그들의 결혼식이 매우 화려하고 찬란하게 거행되었습니다. 그 축제에 그러나 또한 백설공주의 사악한 계모도 초대되었습니다. 그녀가 이제 아름다운 옷을 입고 거울 앞에 다가가	⑨② 내레이션: (객석을 보면서) 왕자와 백설공주의 결혼식이 매우 화려하고 찬란하게 거행되었습니다. 그러나 그 축제에 백설공주의 사악한 계모도 초대되었어요. 제3장 무대: 성의 계모 왕비 방, 말하는 거울이 배경 오른쪽에 있다.
⑨③ "거울아, 벽에 걸린 거울아, 누가 이 나라 전체에서 가장 아름다운 여인이지?"라고 말했을 때, 거울은 ⑨④ "왕비님, 당신이 여기서 가장 아름다운 여인입니다. 그러나 젊은 왕비가 여전히 당신보다 천 배나 더 아름답습니다."라고 대답했습니다. 그러자	⑨③ 계모 왕비: (마법의 거울을 들여다보면서) "거울아, 벽에 걸린 거울아, 누가 이 나라 전체에서 가장 아름다운 여인이지?" ⑨④ 말하는 거울: (울리는 목소리로) "왕비님, 당신이 여기서 가장 아름다운 여인입니다. 그러나 젊은 왕비가 여전히 당신보다 천 배나 더 아름답습니다."
⑨⑤ 그 악한	⑨⑤ 내레이션: (객석을 보면서) 그 악한 왕비는

「백설공주」	동화극 만들기
여자는 저주의 말을 내뱉고는, 너무 두렵고 두려워서 어찌할 바를 몰랐습니다. 그녀는 처음엔 전혀 결혼식에 가려고 하지 않았습니다. 하지만 그녀는 가만히 있을 수 없어서 떠나야만 했으며, 그 젊은 왕비를 봐야만 했습니다. 그리고 ⑯ 그녀가 안으로 들어갔을 때, 그녀는 백설공주를 알아보았고, 두렵고 놀라워 거기에 서서 꼼짝할 수 없었습니다. 그러나 이미 쇠로 만든 구두가 숯불 위에 올려져 있었고, 집게로 집어 안으로 운반되었으며 그녀 앞에 놓였습니다. 그때 그녀는 붉게 달구어진 구두를 신어야만 했고, 그녀가 죽어서 땅에 쓰러질 때까지, 그렇게 오랫동안 춤추어야만 했습니다.	저주의 말을 내뱉고는, 너무 두렵고 두려워서 어찌할 바를 몰랐어요. 그녀는 처음엔 전혀 결혼식에 가려고 하지 않았어요. 하지만 그녀는 가만히 있을 수 없어서 떠나야만 했으며, 그 젊은 왕비를 봐야만 했어요. 제4장 무대: 왕자의 성, 결혼식장 ⑯ 내레이션: (객석을 보면서) 그녀가 안으로 들어갔을 때, 그녀는 백설공주를 알아보았고, 두렵고 놀라워 거기에 서서 꼼짝할 수 없었어요. 그러나 이미 쇠로 만든 구두가 숯불 위에 올려져 있었고, 집게로 집어 안으로 운반되었으며 그녀 앞에 놓였어요. 그때 그녀는 붉게 달구어진 구두를 신어야만 했고, 그녀가 죽어서 땅에 쓰러질 때까지, 그렇게 오랫동안 춤추어야만 했습니다.

아동을 관객으로 하여 아동과 성인이 함께 연기하는 동화극

아동을 관객으로 하여 아동과 성인이 함께 연기하는 동화극이란 아이들을 관객으로 하여 어린이들과 어른들이 배우로 등장하여 동화극을 공연하는 것을 말한다. 이 경우 교사나 학부모는 아동들과 배우로서 역할을 나눠서 맡을 때, 가급적이면 주인공은 아동이 맡게 하고 성인은 연출과 조연을 맡는 게 바람직하다.

물론 동화극 내용은 유·아동들에게 친숙한 동화가 좋다. 유치원이나 초등학교 교사나 학부모가 자신들의 아이들과 함께 공연할 때, 내레이션은 구연에 탁월한 교사나 학부모가 무대 한쪽 옆에서 관객을 보면서 하는 게 좋다.

동화 「해님과 달님」을 각색해서 1막의 동화극으로 만들어보자.

「해님과 달님」	동화극 만들기
① 옛날 어느 시골 외딴집에 어린 아들딸, 두 오누이를 데리고 세 식구 오순도순 살아가는 과부 어머니가 있었습니다. 아버지가 일찍 세상을 떠났기 때문에 어머니는 아기들을 집에 두고 마을로 남의 집 일을 해주러 다녔습니다. 어머니가 일하러 나가고 나면, 어린 오누이는 집을 지키며 어머니가 돌아오기만 기다렸습니다. 그런데 하루는 해가 저물어 어두워지도록 어머니가 돌아오지 않았습니다. 오누이는 집 밖에 나와 기다리다 못해 도로 들어와서 걱정을 하였습니다.	제1막 제1장 무대: 시골 외딴집 등장인물: 오누이(주인공), 호랑이(가해자) ① 내레이션: (객석을 보면서) 옛날 어느 시골 외딴집에 어린 아들딸, 두 오누이를 데리고 세 식구 오순도순 살아가는 과부 어머니가 있었어요. 아버지가 일찍 세상을 떠났기 때문에 어머니는 아기들을 집에 두고 마을로 남의 집 일을 해주러 다녔어요. 어머니가 일하러 나가고 나면, 어린 오누이는 집을 지키며 어머니가 돌아오기만 기다렸어요. 그런데 하루는 해가 저물어 어두워지도록 어머니가 돌아오지 않았어요. 오누이는 집 밖에 나와 기다리다 못해 도로 들어와서 걱정을 하였어요. ② 누이: (걱정스럽게) "오빠, 엄마가 왜 여태

「해님과 달님」	동화극 만들기
② “오빠, 엄마가 왜 여태 안 와?”	안 와?”
③ “그러게 말이야. 밤엔 산길에 호랑이가 잘 나온다는데 웬일일까?”	③ 오빠: (걱정스럽게) “그러게 말이야. 밤엔 산길에 호랑이가 잘 나온다는데 웬일일까?”
④ 오누이는 걱정스런 얼굴로 마주 앉아 이런 말을 주고받으며 어머니 발짝 소리가 나지 않나 하고 귀를 기울이고 있었습니다. 이때 갑자기 문을 흔드는 소리가 났습니다. 달칵, 달칵, 달칵…….	④ 내레이션: (객석을 보면서) 오누이는 걱정스런 얼굴로 마주 앉아 이런 말을 주고받으며 어머니 발짝 소리가 나지 않나 하고 귀를 기울이고 있었어요. 이때 갑자기 문을 흔드는 소리가 났어요. 달칵, 달칵, 달칵…….
⑤ “앗! 엄마 왔나 봐!” 하고 누이동생이 소리쳤습니다.	⑤ 누이: (반갑다는 듯이) “앗! 엄마 왔나 봐!”
이내 밖에서 ⑥ “얘들아, 문 열어라.” 하는 소리가 들렸습니다.	⑥ 호랑이: (쉰 목소리로) “얘들아, 문 열어라.”
⑦ “엄마야?”	⑦ 누이: (반갑다는 듯이) “엄마야?”
⑧ 누이동생이 부리나케 일어나 밖으로 나가려고 했습니다. 그러나 오빠는 밖에서 들리는 말소리가 어쩐지 어머니 목소리가 아니라는 생각이 들었습니다. 어머니 목소리는 저렇게 쉰 목소리가 아닌데, 이상하다 싶어서 누이동생의 옷깃을 붙잡고 못 나가게 했습니다.	⑧ 내레이션: (객석을 보면서) 누이동생이 부리나케 일어나 밖으로 나가려고 했어요. 그러나 오빠는 밖에서 들리는 말소리가 어쩐지 어머니 목소리가 아니라는 생각이 들었어요. 어머니 목소리는 저렇게 쉰 목소리가 아닌데, 이상하다 싶어서 누이동생의 옷깃을 붙잡고 못 나가게 했어요.
⑨ “엄마 왔다, 어서 문 열어.”	⑨ 호랑이: (쉰 목소리로 재촉하면서) “엄마

「해님과 달님」	동화극 만들기
꼭 잠긴 바깥문을 흔들며 쉰 목소리가 재촉을 했습니다. 오빠는 큰 소리로 물었습니다.	왔다, 어서 문 열어."
⑩ "엄마 목소리가 아닌데요. 우리 엄마는 그런 목소리 아녜요……."	⑩ 오빠: (의심하는 마음으로 큰 소리로) "엄마 목소리가 아닌데요. 우리 엄마는 그런 목소리 아녜요……."
⑪ "감기가 들어서 목이 쉬었단다. 어서 문 열어라. 왜 우물쭈물하고 있니? 엄마 옷을 봐야만 알겠니?" "자, 이 옷을 봐. 이게 엄마 아니고 누구냐?"	⑪ 호랑이: (쉰 목소리로 재촉하면서) "감기가 들어서 목이 쉬었단다. 어서 문 열어라. 왜 우물쭈물하고 있니? 엄마 옷을 봐야만 알겠니?" "자, 이 옷을 봐. 이게 엄마 아니고 누구냐?"
⑫ 오누이는 가까이 가서 보았습니다. 과연 어머니의 저고리 소매가 틀림없었습니다. 그런데 옷은 어머니 옷이 틀림이 없건만 손은 이상스럽게 생긴 손이었습니다. 어머니는 일을 많이 해서 손이 거칠기는 해도 털은 나지 않았습니다. 그런데 지금 문 밖에 온 어머니가 들이민 손에는 누런 털이 가득 나 있었습니다. 오누이는 그 손을 보고 놀랐습니다. 정말 어머니가 아니라는 생각이 든 것입니다.	⑫ 내레이션: (객석을 보면서) 오누이는 가까이 가서 보았어요. 과연 어머니의 저고리 소매가 틀림없었어요. 그런데 옷은 어머니 옷이 틀림이 없건만 손은 이상스럽게 생긴 손이었어요. 어머니는 일을 많이 해서 손이 거칠기는 해도 털은 나지 않았어요. 그런데 지금 문 밖에 온 어머니가 들이민 손에는 누런 털이 가득 나 있었어요. 오누이는 그 손을 보고 놀랐어요. 정말 어머니가 아니라는 생각이 든 것이에요.
⑬ "이건 우리 엄마 손이 아녜요. 우리 엄마 손에는 이런 털	⑬ 오빠와 누이: (동시에 한목소리로) "이건 우리 엄마 손이 아녜요. 우리 엄마 손에는 이런

「해님과 달님」	동화극 만들기
이 없는 걸요."	털이 없는 걸요."
오누이가 이렇게 말하자 밖에서는 정다운 목소리로 ⑭ "얘들아, 내가 너무 일을 많이 해서 손이 거칠어져서 그렇단다. 이건 털이 아니야. 어서 문 열어라."	⑭ **호랑이:** (쉰 목소리로 다정하게) "얘들아, 내가 너무 일을 많이 해서 손이 거칠어져서 그렇단다. 이건 털이 아니야. 어서 문 열어라."
⑮ 이 말을 듣고 오누이는 어머니가 정말 힘한 일을 많이 해서 그렇게 됐구나 생각하고, 얼른 대문을 열어 주었습니다.	⑮ **내레이션:** (객석을 보면서) 이 말을 듣고 오누이는 어머니가 정말 힘한 일을 많이 해서 그렇게 됐구나 생각하고, 얼른 대문을 열어 주었어요.
⑯ "에그, 너희들 배고프겠다. 어서 저녁을 지어야지……." 오누이는 어머니가 부엌으로 들어가는 걸 보고서야 겨우 안심을 했습니다.	⑯ **호랑이:** (쉰 목소리로 다정하게 말하며 부엌으로 간다) "에그, 너희들 배고프겠다. 어서 저녁을 지어야지……."
⑰ '아, 우리 엄마가 너무 일을 많이 해서 손에 털이 난 것 같이 거칠어졌구나. 우리 엄마 가엾다.'	⑰ **오빠:** (안쓰러운 마음으로 독백하듯이) '아, 우리 엄마가 너무 일을 많이 해서 손에 털이 난 것 같이 거칠어졌구나. 우리 엄마 가엾다.'
⑱ 오빠는 이런 생각을 했습니다. 그러면서 방에서 나와 부엌을 가만히 들여다보았습니다. 아! 오빠는 깜짝 놀랐습니다. 틀림없이 어머니인 줄 알았는데, 그건 어머니 저고리와 치마를 입은 호랑이었습니다. 오빠는 얼른 누이동생을 데리	⑱ **내레이션:** (객석을 보면서) 오빠는 이런 생각을 했어요. 그러면서 방에서 나와 부엌을 가만히 들여다보았어요. 아! 오빠는 깜짝 놀랐어요. 틀림없이 어머니인 줄 알았는데, 그건 어머니 저고리와 치마를 입은 호랑이였어요. 오빠는 얼른 누이동생을 데리고 밖으로 나왔어요. 호랑이에게 잡혀 먹힐 판이니, 어디든 가서 숨어야겠다고 생각했어요.

「해님과 달님」	동화극 만들기
고 밖으로 나왔습니다. 호랑이에게 잡혀 먹힐 판이니, 어디든 가서 숨어야겠다고 생각했습니다. ⑲ 누이동생의 손을 끌고 급한 대로 뒤곁으로 가서 우물가에 서있는 커다란 미루나무로 올라갔습니다. 미끄러운 나무를 간신히 올라간 두 오누이는 나뭇가지에 걸터앉아서 숨을 죽이고 아래의 동정을 살폈습니다. 오빠의 생각대로 호랑이는 고갯길에서 어머니를 만나 잡아먹고는, 저고리와 치마를 벗겨 제가 입고 아이들까지 잡아먹으려고 온 것이었습니다. 부엌에 들어가서 밥을 짓는 체하고 있던 호랑이는 '인제 아이들을 먹어야겠다.' 하고 방 안을 들여다보니 아이들이 없었습니다. 호랑이는 눈이 둥그레져서 여기저기 돌아다니며 오누이를 찾았습니다. 그러나 아무리 돌아다녀도 아이들은 보이지 않았습니다. 뒤곁으로 돌아가 기웃거리고 있는데 마침 달밤이어서 마당에	제2장 무대: 시골 외딴집 뒤쪽 우물과 큰 미루나무가 서있다. ⑲ 내레이션: (객석을 보면서) 누이동생의 손을 끌고 급한 대로 뒤곁으로 가서 우물가에 서있는 커다란 미루나무로 올라갔어요. 미끄러운 나무를 간신히 올라간 두 오누이는 나뭇가지에 걸터앉아서 숨을 죽이고 아래의 동정을 살폈어요. 오빠의 생각대로 호랑이는 고갯길에서 어머니를 만나 잡아먹고는, 저고리와 치마를 벗겨 제가 입고 아이들까지 잡아먹으려고 온 것이었어요. 부엌에 들어가서 밥을 짓는 체하고 있던 호랑이는 '인제 아이들을 먹어야겠다.' 하고 방안을 들여다보니 아이들이 없었어요. 호랑이는 눈이 둥그레져서 여기저기 돌아다니며 오누이를 찾았어요. 그러나 아무리 돌아다녀도 아이들은 보이지 않았어요. 뒤곁으로 돌아가 기웃거리고 있는데 마침 달밤이어서 마당에 비친 나무 그림자에 아이들이 앉은 모양이 보였어요. 호랑이는 미루나무를 쳐다보았어요. 과연 오누이가 높은 나무 위에 올라가 앉아 있었어요.

「해님과 달님」	동화극 만들기
비친 나무 그림자에 아이들이 앉은 모양이 보였습니다. 호랑이는 미루나무를 쳐다보았습니다. 과연 오누이가 높은 나무 위에 올라가 앉아 있었습니다.	
⑳ '아하! 저놈들이 눈치를 챘구나……. 그렇지만 내가 그냥 돌아갈 줄 알고? 어림도 없다.' 이렇게 생각한 호랑이는 아까처럼 어머니의 말소리를 흉내 내어 아이들을 쳐다보며 말했습니다. "얘들아, 밤중에 나무엔 뭐 하러 올라갔니? 거기서 떨어지면 어떡하려고 그래? 어서 내려오너라."	⑳ 호랑이: (쉰 목소리로 독백하듯이) '아하! 저놈들이 눈치를 챘구나……. 그렇지만 내가 그냥 돌아갈 줄 알고? 어림도 없다.' (나무 위 아이들을 쳐다보며) "얘들아, 밤중에 나무엔 뭐 하러 올라갔니? 거기서 떨어지면 어떡하려고 그래? 어서 내려오너라."
㉑ 호랑이에게 들킨 걸 안 오빠는 가슴이 두근거렸습니다. 호랑이가 나무를 올라오는 날이면 영락없이 잡혀 먹힐 것입니다. 아니나 다를까, 호랑이가 미루나무 밑동에 다가오더니 올라오려고 앞발을 쳐들었습니다. 오빠는 겁이 나서 눈을 꼭 감았습니다. 그러고 있는데 아래서	㉑ 내레이션: (객석을 보면서) 호랑이에게 들킨 걸 안 오빠는 가슴이 두근거렸어요. 호랑이가 나무를 올라오는 날이면 영락없이 잡혀 먹힐 거예요. 아니나 다를까, 호랑이가 미루나무 밑동에 다가오더니 올라오려고 앞발을 쳐들었어요. 오빠는 겁이 나서 눈을 꼭 감았습니다. 그러고 있는데 아래서 호랑이가 소리를 질렀어요.

「해님과 달님」	동화극 만들기
호랑이가 소리를 질렀습니다.	
㉒ "너희들은 어떻게 올라갔니? 엄마는 미끄러워서 올라갈 수가 없구나." 호랑이는 나무를 타기가 어려웠던 것입니다. 오빠가 꾀를 내어 대답했습니다.	㉒ 호랑이: (쉰 목소리로 위를 향해) "너희들은 어떻게 올라갔니? 엄마는 미끄러워서 올라갈 수가 없구나."
㉓ "우린 부엌에 있는 참기름을 바르고 올라왔어요."	㉓ 오빠: (꾀를 내어 솔직한 듯이) "우린 부엌에 있는 참기름을 바르고 올라왔어요."
㉔ 기름을 바르면 미끄러워서 호랑이가 올라오지 못하리라 생각하고 그렇게 말한 것입니다. 이 말을 들은 호랑이는 부리나케 부엌으로 가서 참기름 병을 들고 나왔습니다. 그러더니 나무에다 마구 기름을 발랐습니다. 오빠는 속으로 '옳다. 됐다!' 하고 호랑이의 거동만 내려다보았습니다. 호랑이가 기름을 발라 놓고 올라오려고 하니 아까보다 더 미끄러웠습니다. 앞발로 나무를 부둥켜안고 올라오려다가는 주르르 미끄러져 내렸습니다. 철없는 누이동생이 이 모양을 내려다보고 있다가 바른말을 했습니다.	㉔ 내레이션: (객석을 보면서) 기름을 바르면 미끄러워서 호랑이가 올라오지 못하리라 생각하고 그렇게 말한 것이에요. 이 말을 들은 호랑이는 부리나케 부엌으로 가서 참기름 병을 들고 나왔어요. 그러더니 나무에다 마구 기름을 발랐습니다. 오빠는 속으로 '옳다. 됐다!' 하고 호랑이의 거동만 내려다보았어요. 호랑이가 기름을 발라 놓고 올라오려고 하니 아까보다 더 미끄러웠어요. 앞발로 나무를 부둥켜안고 올라오려다가는 주르르 미끄러져 내렸어요. 철없는 누이동생이 이 모양을 내려다보고 있다가 바른말을 했어요.

「해님과 달님」	동화극 만들기
㉕ "도끼로 발 디딜 자국을 찍어 놓고 올라오면 되지 않아요?"	㉕ 누이: (철없이 솔직하게) "도끼로 발 디딜 자국을 찍어 놓고 올라오면 되지 않아요?"
㉖ 이 말을 들은 호랑이가 곧 부엌으로 들어가서 도끼를 가지고 나왔습니다. 아! 큰일 났습니다. 호랑이가 도끼로 미루나무 밑동부터 차례차례 자국을 내면서, 그 자국을 딛고 나무 위로 올라옵니다. 어머니의 옷을 입고 올라오는 건 오누이를 잡아먹으려는 호랑이인데, 그걸 모르고 올라오는 방법을 가르쳐 준 누이동생이 원망스러웠습니다. 호랑이가 점점 가까이 올라오자 오빠는	㉖ 내레이션: (객석을 보면서) 이 말을 들은 호랑이가 곧 부엌으로 들어가서 도끼를 가지고 나왔어요. 아! 큰일 났어요. 호랑이가 도끼로 미루나무 밑동부터 차례차례 자국을 내면서, 그 자국을 딛고 나무 위로 올라옵니다. 어머니의 옷을 입고 올라오는 건 오누이를 잡아먹으려는 호랑이인데, 그걸 모르고 올라오는 방법을 가르쳐 준 누이동생이 원망스러웠어요. 호랑이가 점점 가까이 올라오자 오빠는 기도했어요.
㉗ "하느님! 저희들을 살려 주십시오. 살리시려거든 제발 동아줄을 내려서 끌어올려 주세요!" 하고 기도를 했습니다.	㉗ 오빠: (간절하게 기도하며) "하느님! 저희들을 살려 주십시오. 살리시려거든 제발 동아줄을 내려서 끌어올려주세요!" 제3장 무대: 천장에서 동아줄이 나무 위로 내려온다.
㉘ 호랑이가 오누이의 발아래까지 거의 다 올라왔습니다. 호랑이의 앞발이 오누이의 다리를 잡을 듯 잡을 듯한 순간, 하늘에서 동아줄 하나가 내려왔습니다. 오누이가 그 동아줄을 끝을 붙잡고 매달리자, 동아	㉘ 내레이션: (객석을 보면서 위기의 순간을 이야기하듯이 생동감 있게) 호랑이가 오누이의 발아래까지 거의 다 올라왔어요. 호랑이의 앞발이 오누이의 다리를 잡을 듯 잡을 듯한 순간, 하늘에서 동아줄 하나가 내려왔어요. 오누이가 그 동아줄을 끝을 붙잡고 매달리자, 동아줄은 오누이를 하늘로 슬슬 끌어올렸어

「해님과 달님」	동화극 만들기
줄은 오누이를 하늘로 슬슬 끌어올렸습니다. 이 모양을 본 호랑이는 오누이를 놓친 것을 분해하다가 저도 오누이처럼 하느님에게 기도를 했습니다.	요. 이 모양을 본 호랑이는 오누이를 놓친 것을 분해하다가 저도 오누이처럼 하느님에게 기도를 했어요.
㉙ "하느님, 나에게도 동아줄을 내려 주시오."	㉙ 호랑이: (쉰 목소리로 기도하며) "하느님, 나에게도 동아줄을 내려 주시오."
㉚ 호랑이가 이렇게 기도를 하자 하늘에서 동아줄 한 가닥이 주르르 내려왔습니다.	㉚ 내레이션: (객석을 보면서) 호랑이가 이렇게 기도를 하자 하늘에서 동아줄 한 가닥이 주르르 내려왔어요.
㉛ '옳다, 됐다! 너희들이 암만 올라가 봐라. 난들 못 올라갈 줄 알고?'	㉛ 호랑이: (쉰 목소리로 독백하듯이) '옳다, 됐다! 너희들이 암만 올라가 봐라. 난들 못 올라갈 줄 알고?'
㉜ 호랑이가 동아줄을 붙들자, 동아줄은 아까 아이들을 끌어올리듯 하늘로 슬슬 올라가기 시작했습니다. 하지만 그 동아줄은 썩은 동아줄이었습니다. 얼마 동안 올라가다가 그만 줄이 뚝 끊어져서, 호랑이는 높은 하늘에서 거꾸로 곤두박질하여 떨어지고 말았습니다. 호랑이가 떨어져 머리가 깨지고 죽은 곳은 수수밭이었습니다. 수수밭에는 온통 호랑이의 피가 튀어 수수나무에도 벌겋게 피가 묻었습니다.	㉜ 내레이션: (객석을 보면서) 호랑이가 동아줄을 붙들자, 동아줄은 아까 아이들을 끌어올리듯 하늘로 슬슬 올라가기 시작했어요. 하지만 그 동아줄은 썩은 동아줄이었어요. 얼마 동안 올라가다가 그만 줄이 뚝 끊어져서, 호랑이는 높은 하늘에서 거꾸로 곤두박질하여 떨어지고 말았어요. 호랑이가 떨어져 머리가 깨지고 죽은 곳은 수수밭이었어요. 수수밭에는 온통 호랑이의 피가 튀어 수수나무에도 벌겋게 피가 묻었어요. 제4장 무대: 해와 달을 배경화면에 띄운다.

「해님과 달님」	동화극 만들기
㉝ 하늘로 올라간 오누이는 하늘에서 해와 달이 되었습니다. 오빠는 사내아이니까 씩씩하게 생긴 해가 되고 누이동생은 조용한 달이 되어, 동쪽에서 서쪽으로 먼 길을 떠다녔습니다. 동쪽 산머리에서 떠올라 온 세상을 비추며 구름을 헤치고 먼 길을 다니는 해와 달은, 둘이 한 곳에 있지를 못했습니다. 해는 낮에만 다니고 달은 밤에만 다녔습니다. 그런데 누이는 밤하늘로만 다니는 것이 싫었습니다. 어두운 숲과 들판을 내려다보며 다니는 것이 무서웠습니다. 그래서 오빠에게 자기가 해가 되고 싶다고 말했습니다. 오빠는 누이동생의 소원대로 해주어서, 오빠가 달이 되고 누이동생이 해가 되었습니다. 누이동생은 밝은 세상을 다니게 되어 무섭지도 않고 좋았으나, 사람들이 환한 제 얼굴을 쳐다볼 때면 부끄러운 생각이 들어 견딜 수가 없었습니다. 그래 화살같이 센 빛을 쏘아 보내어 쳐다보지 못하게 했습니다.	㉝ 내레이션: (객석을 보면서) 하늘로 올라간 오누이는 하늘에서 해와 달이 되었어요. 오빠는 사내아이니까 씩씩하게 생긴 해가 되고 누이동생은 조용한 달이 되어, 동쪽에서 서쪽으로 먼 길을 떠다녔어요. 동쪽 산머리에서 떠올라 온 세상을 비추며 구름을 헤치고 먼 길을 다니는 해와 달은, 둘이 한 곳에 있지를 못했어요. 해는 낮에만 다니고 달은 밤에만 다녔어요. 그런데 누이는 밤하늘로만 다니는 것이 싫었어요. 어두운 숲과 들판을 내려다보며 다니는 것이 무서웠어요. 그래서 오빠에게 자기가 해가 되고 싶다고 말했어요. 오빠는 누이동생의 소원대로 해주어서, 오빠가 달이 되고 누이동생이 해가 되었어요. 누이동생은 밝은 세상을 다니게 되어 무섭지도 않고 좋았으나, 사람들이 환한 제 얼굴을 쳐다볼 때면 부끄러운 생각이 들어 견딜 수가 없었어요. 그래 화살같이 센 빛을 쏘아 보내어 쳐다보지 못하게 했어요. 달은 자세히 쳐다보아도 괜찮은데 해는 쳐다보면 눈이 부시고 아픈 것은 누이동생의 화살 같은 빛 때문이고, 수숫대 속에 빨간 빛깔이 있는 것은 그때 호랑이의 피가 묻은 때문이라고 합니다.

「해님과 달님」	동화극 만들기
달은 자세히 쳐다보아도 괜찮은데 해는 쳐다보면 눈이 부시고 아픈 것은 누이동생의 화살 같은 빛 때문이고, 수숫대 속에 빨간 빛깔이 있는 것은 그때 호랑이의 피가 묻은 때문이라고 합니다.	

아동과 성인을 관객으로 하여 아동이 공연하는 동화극

아동과 성인을 관객으로 하여 아동이 연기하는 동화극이란 글자 그대로 아이들과 어른들을 관객으로 하여 아이들이 배우로 등장하여 동화극을 공연하는 것을 말한다. 이 경우 교사나 학부모는 연출자 또는 내레이션으로서 아이들이 스스로 연기할 수 있도록 지도하고 내레이션에 직접 참여하며, 긴 대사의 각본보다는 짧은 대사의 각본을 준비해야 한다. 대사와 함께 율동과 노래를 삽입하여 공연하는 게 효과적이다. 동화 「귀염이의 연」을 각색해서 1막의 동화극으로 만들어보자.

「귀염이의 연」	동화극 만들기
① 아기 여우 귀염이는 신이 났습니다. 할아버지가 멋진 연을 만들어 주셨거든요. 긴 꼬리가 하나, 작은	제1막 제1장 무대: 배경에 하늘그림을 비친다. 무대 위에 언덕이 있고, 높은 도토리나무가 서있다. 등장인물: 아기 여우 귀염이(주인공), 까마귀(가해자), 앵무새 아줌마, 아기 곰, 아기 토끼, 다람쥐들(조력자)

「귀염이의 연」	동화극 만들기
꼬리가 두 개 달린 세모 난 가오리연이었습니다. 귀염이는 콧노래를 부르면서 언덕 위로 올라갔습니다.	① 내레이션: (객석을 보면서) 아기 여우 귀염이는 신이 났어요. 할아버지가 멋진 연을 만들어 주셨거든요. 긴 꼬리가 하나, 작은 꼬리가 두 개 달린 세모 난 가오리연이었어요. 귀염이는 콧노래를 부르면서 언덕 위로 올라갔어요.
② "높이높이 날아라. 가오리연아. 구름보다 더 높이 날아 보렴."	② 아기 여우 귀염이: (콧노래를 부르면서) "높이높이 날아라. 가오리연아. 구름보다 더 높이 날아 보렴."
③ 한들한들 바람이 가오리연을 하늘 높이 띄워 주었습니다.	③ 내레이션: (객석을 보면서) 한들한들 바람이 가오리연을 하늘 높이 띄워 주었어요.
④ "야, 떴다. 하하하, 가오리연이 하늘을 헤엄쳐 다니네." 그때였습니다.	④ 아기여우 귀염이: (기뻐하며 웃으면서) "야, 떴다. 하하하, 가오리연이 하늘을 헤엄쳐 다니네."
⑤ "이게 뭐지? 이상하게 생긴 새로구나. 톡 톡 톡."	⑤ 까마귀: (이상하다는 듯이 퉁명스럽게) "이게 뭐지? 이상하게 생긴 새로구나. 톡 톡 톡."
⑥ 날아가던 까마귀가 가오리연을 부리로 치더니 연줄을 뚝 끊어 버렸습니다. 가오리연은 멀리멀리 날아가 버렸습니다.	⑥ 내레이션: (객석을 보면서) 날아가던 까마귀가 가오리연을 부리로 치더니 연줄을 뚝 끊어 버렸지요. 가오리연은 멀리멀리 날아가 버렸어요.
⑦ "안 돼, 거기 서."	⑦ 아기 여우 귀염이: (안타깝게 절규하듯이) "안 돼, 거기 서."
⑧ 귀염이는 연을 찾아서 온 숲을 뒤지기 시작했습니다.	⑧ 내레이션: (객석을 보면서) 귀염이는 연을 찾아서 온 숲을 뒤지기 시작했어요.
⑨ "내 가오리연이 어디 갔을까? …… 앵무새 아줌마 내 가오리연 못 보셨	⑨ 아기 여우 귀염이: (애절하게 찾으면서 앵무새에게) "내 가오리연이 어디 갔을까? …… 앵무새 아줌

「귀염이의 연」	동화극 만들기
어요? 꼬리가 세 개 달린 연이요."	마 내 가오리연 못 보셨어요? 꼬리가 세 개 달린 연이요."
⑩ "글쎄, 난 못 봤는데……."	⑩ 앵무새 아줌마: (머리를 흔들면서) "글쎄, 난 못 봤는데……."
귀염이가 타박타박 도토리나무에 도착했을 때,	
⑪ "찾았다! 가오리연이 도토리나무에 걸려 있었구나."	⑪ 아기 여우 귀염이: (도토리나무를 쳐다보며 큰소리로) "찾았다! 가오리연이 도토리나무에 걸려 있었구나."
⑫ 그렇지만 귀염이는 연을 꺼낼 수가 없었습니다. 가오리연은 높다란 도토리나무 꼭대기에 걸려 있었거든요.	⑫ 내레이션: (객석을 보면서) 그렇지만 귀염이는 연을 꺼낼 수가 없었어요. 가오리연은 높다란 도토리나무 꼭대기에 걸려 있었거든요.
⑬ "내가 도와줄게. 내 잠자리채로 꺼내면 돼."	⑬ 아기 곰: (긴 잠자리채를 들고 자신 있게) "내가 도와줄게. 내 잠자리채로 꺼내면 돼."
⑭ 아기 곰이 긴 잠자리채를 들고 폴짝 뛰는 순간, …… 저런 잠자리채까지 나무 위로 올라가 버렸습니다.	⑭ 내레이션: (객석을 보면서) 아기 곰이 긴 잠자리채를 들고 폴짝 뛰는 순간, …… 저런 잠자리채까지 나무 위로 올라가 버렸지요.
⑮ "내 공을 던져서 연이랑 잠자리채를 떨어뜨리면 돼."	⑮ 아기 토끼: (공을 던지면서 자신 있게) "내 공을 던져서 연이랑 잠자리채를 떨어뜨리면 돼."
⑯ 아기 토끼가 공을 던진 순간 툭, 공도 나무 위로 올라가서 떨어지지 않았습니다.	⑯ 내레이션: (객석을 보면서) 아기 토끼가 공을 던진 순간 툭, 공도 나무 위로 올라가서 떨어지지 않았어요.

「귀염이의 연」	동화극 만들기
⑰ “어떻게 하지? 내 잠자리채까지 나무 위로 올라가 버렸어.”	⑰ 아기 곰: (당황하며 큰 소리로) “어떻게 하지? 내 잠자리채까지 나무 위로 올라가 버렸어.”
⑱ “내 공도. 잉잉잉.”	⑱ 아기 토끼: (울면서 슬픈 목소리로) “내 공도. 잉잉잉.”
⑲ 아기 동물들은 나무 아래에서 훌쩍훌쩍 울기 시작했습니다. 툭, 탁, 통!	⑲ 내레이션: (객석을 보면서) 아기 동물들은 나무 아래에서 훌쩍훌쩍 울기 시작했어요. 툭, 탁, 통!
⑳ “야, 내 연이다.”	⑳ 아기 여우 귀염이: (기뻐하며 큰소리로) “야, 내 연이다.”
㉑ “내 잠자리채도.”	㉑ 아기 곰: (기뻐하며 큰소리로) “내 잠자리채도.”
㉒ “내 공도 여기 있어.”	㉒ 아기 토끼: (기뻐하며 큰소리로) “내 공도 여기 있어.”
㉓ 나무 꼭대기에 있던 연과 잠자리채와 공이 아래로 떨어졌습니다.	㉓ 내레이션: (객석을 보면서) 나무 꼭대기에 있던 연과 잠자리채와 공이 아래로 떨어졌지요.
㉔ “어떻게 된 것일까?”	㉔ 아기 여우 귀염이: (기쁘지만 의아하다는 듯이) “어떻게 된 것일까?”
㉕ 아기 동물들은 고개를 갸우뚱거리며 나무 위를 쳐다보았습니다. 나무 사이로 까맣고 작은 눈동자가 보였습니다. 깜장 줄무늬의 갈색 털도 보였습니다.	㉕ 내레이션: (객석을 보면서) 아기 동물들은 고개를 갸우뚱거리며 나무 위를 쳐다보았어요. 나무 사이로 까맣고 작은 눈동자가 보였어요. 깜장 줄무늬의 갈색 털도 보였지요.
㉖ “아하, 다람쥐들이었구나.”	㉖ 아기 곰: (기뻐하며 큰소리로) “아하, 다람쥐들이었구나.”
㉗ “다람쥐들아, 고마워.”	㉗ 아기 여우 귀염이, 아기 토끼: (기뻐하며 한목소리로 동시에) “다람쥐들아, 고마워.”
㉘ 아기 동물들은 나뭇잎 사이로 고개를 내민 다람쥐들에게 손을 흔들어 주었습니다. 그리고 언덕으	㉘ 내레이션: (객석을 보면서) 아기 동물들은 나뭇잎 사이로 고개를 내민 다람쥐들에게 손을 흔들어 주

「귀염이의 연」	동화극 만들기
로 달려갔습니다. 할아버지가 만들어 주신 귀염이의 연을 날려 보려고 말입니다.	었어요. 그리고 언덕으로 달려갔어요. 할아버지가 만들어 주신 귀염이의 연을 날려 보려고요.

아동과 성인을 관객으로 하여 성인이 공연하는 동화극

아동과 성인을 관객으로 하여 성인이 공연하는 동화극이란 아이들과 어른들을 관객으로 하여 성인들이 배우로 등장하여 동화극을 연기하는 것을 말한다. 이 동화극에서 교사나 학부모는 동료들과 함께 직접 연출자 또는 연기자로서 참여하여 공연하며, 아동과 성인이 다 알고 있는 동화를 선택하여 동화극으로 각색하는 일이 중요하다. 특히 동화극에서는 내레이션이 매우 중요한 역할을 하기 때문에 구연에 탁월한 교사나 학부모 또는 전문 구연가가 무대 한쪽 옆에서 관객을 보면서 내레이션 하는 게 바람직하다. 그림 동화 「신데렐라」를 각색해서 2막의 동화극으로 만들어보자.

「신데렐라」	동화극 만들기
① 부유한 남자의 부인이 아프게 되었고, 그녀의 마지막이 다가오는 것을 느꼈을 때, 그녀는 유일한 딸을 자신의 침대로 불렀고 ② "사랑하	제1막 제1장 무대: 엄마의 침실 ① 내레이션: (객석을 보면서) 부유한 남자의 부인이 아프게 되었고, 그녀의 마지막이 다가오는 것을 느꼈을 때, 그녀는 유일한 딸을 자신의 침대로 불러서 말했어요. ② 엄마: (유언하듯이 작은 목소리로) "사랑하는 애

「신데렐라」	동화극 만들기
는 애야, 정직하고 착하게 살아라. 그러면 사랑의 하나님이 항상 네 곁에서 도와줄 거고, 나는 하늘로부터 너를 내려다보며 네 주위에 있을 거야."라고 말했습니다.	야, 정직하고 착하게 살아라. 그러면 사랑의 하나님이 항상 네 곁에서 도와줄 거고, 나는 하늘로부터 너를 내려다보며 네 주위에 있을 거야."
	제2장 무대: 엄마의 무덤
③ 그 후 그녀는 두 눈을 감았고 죽었습니다. 소녀는 매일 어머니의 무덤으로 가서 울었으며 정직하고 착하게 살았습니다. 겨울이 왔을 때, 눈이 하얀 천을 무덤 위로 덮었고, 태양이 봄에 다시 그것을 끌어내렸을 때, 아버지는 다른 여자와 결혼했습니다.	③ 내레이션: (객석을 보면서) 그 후 그녀는 두 눈을 감았고 죽었어요. 소녀는 매일 어머니의 무덤으로 가서 울었으며 정직하고 착하게 살았어요. 겨울이 왔을 때, 눈이 하얀 천을 무덤 위로 덮었고, 태양이 봄에 다시 그것을 끌어내렸을 때, 아버지는 다른 여자와 결혼했어요.
	제3장 무대: 부유한 집, 소녀의 방, 부엌, 재투성이 아궁이
④ 새엄마는 두 명의 딸을 집으로 데려왔고, 그 아이들은 얼굴은 예쁘고 하얗지만, 마음은 더럽고 시커맸습니다. 그리하여 그 불쌍한 의붓아이에 대한 불행한 시간이 시작되었습니다.	④ 내레이션: (객석을 보면서) 새엄마는 두 명의 딸을 집으로 데려왔고, 그 아이들은 얼굴은 예쁘고 하얗지만, 마음은 더럽고 시커맸어요. 그리하여 그 불쌍한 의붓아이에 대한 불행한 시간이 시작되었어요.
⑤ "그 멍청한 여자아이가	⑤ 의자매 1: (경멸하듯이) "그 멍청한 여자아이가 방안에서 우리 곁에 앉아 있어야 하니? 빵을 먹으려

「신데렐라」	동화극 만들기
방안에서 우리 곁에 앉아 있어야 하니? 빵을 먹으려는 자는 일하여 벌어야만 해. 부엌데기로 나가라!"라고 그들은 말했습니다.	는 자는 일하여 벌어야만 해. 부엌데기로 나가라!"
⑥ 그들은 그 아이의 아름다운 옷을 벗기고 그녀에게 무릎까지 오는 회색의 낡은 윗도리를 입히고 나막신을 주었습니다.	⑥ 내레이션: (객석을 보면서) 그들은 그 아이의 아름다운 옷을 벗기고 그녀에게 무릎까지 오는 회색의 낡은 윗도리를 입히고 나막신을 주었어요.
⑦ "어디 한번 당당한 공주를 보아라. 얼마나 그녀가 차려입었는지!"라고 ⑧ 그들은 외치고 놀려댔으며 그녀를 부엌으로 데리고 갔습니다. 그래서 그녀는 아침부터 저녁까지 힘든 일을 해야만 했고, 아침 일찍 일어나, 물을 긷고, 불을 지피고, 요리를 하고, 빨래를 해야만 했습니다. 더욱이 그 자매들은 생각해낼 수 있는 모든 괴롭힘을 그녀에게 가했고, 조롱했으며, 완두와 불콩들을 잿	⑦ 의자매 2: (놀리듯이 큰소리로) "어디 한번 당당한 공주를 보아라. 얼마나 그녀가 차려입었는지!" ⑧ 내레이션: (객석을 보면서) 그들은 외치고 놀려댔으며 그녀를 부엌으로 데리고 갔어요. 그래서 그녀는 아침부터 저녁까지 힘든 일을 해야만 했고, 아침 일찍 일어나, 물을 긷고, 불을 지피고, 요리를 하고, 빨래를 해야만 했어요. 더욱이 그 자매들은 생각해낼 수 있는 모든 괴롭힘을 그녀에게 가했고, 조롱했으며, 완두와 불콩들을 잿속에 뿌려 놓아, 그녀가 앉아서 그것들을 다시 가려내야만 했어요. 저녁에, 일에 지쳐 피곤해졌을 때도 그녀는 침대로 가지 못하고, 오히려 아궁이 옆의 잿더미에 누워야만 했어요. 그녀가 그 때문에 항상 재투성이로 더럽게 보였기 때문에, 그들은 그녀를 신데렐라라고 불렀어요.

「신데렐라」	동화극 만들기
속에 뿌려놓아, 그녀가 앉아서 그것들을 다시 가려내야만 했습니다. 저녁에, 일에 지쳐 피곤해졌을 때도 그녀는 침대로 가지 못하고, 오히려 아궁이 옆의 잿더미에 누워야만 했습니다. 그녀가 그 때문에 항상 재투성이로 더럽게 보였기 때문에, 그들은 그녀를 신데렐라라고 불렀습니다.	제4장 무대: 부유한 집 앞, 배경에 숲 그림을 띄우고 개암나무 한 그루를 무대 위에 세워놓는다.
⑨ 한번은 아버지가 시장에 가는 일이 생겼고, 그러자 그는 두 명의 의붓딸들에게, 무엇을 사다줄지를 물었습니다.	⑨ 내레이션: (객석을 보면서) 한번은 아버지가 시장에 가는 일이 생겼고, 그러자 그는 두 명의 의붓딸들에게, 무엇을 사다줄지를 물었어요.
⑩ "아름다운 옷들이요."라고 큰딸이 말했고,	⑩ 의자매 1: (애교를 부리며 당연하다는 듯이) "아름다운 옷들이요."
⑪ "진주와 보석이요."라고 작은딸이 말했습니다.	⑪ 의자매 2: (애교를 부리며 당연하다는 듯이) "진주와 보석이요."
⑫ "신데렐라야, 너는 무엇을 갖고 싶니?"라고 그는 말했습니다.	⑫ 아버지: (형식적으로) "신데렐라야, 너는 무엇을 갖고 싶니?"
⑬ "아버지, 당신이 집으로 돌아올 때 아버지의 모자를 건드리는	⑬ 신데렐라: (공손하게 간절한 마음으로) "아버지, 당신이 집으로 돌아올 때 아버지의 모자를 건드리는 첫 번째 나뭇가지를 나를 위해 꺾어다 주세요!"

「신데렐라」	동화극 만들기
첫 번째 나뭇가지를 나를 위해 꺾어다 주세요!"	
⑭ 그는 이제 두 명의 의자매들을 위해 아름다운 옷들과, 진주와 보석들을 구입했고, 돌아오는 길에, 그가 푸른 숲을 통과하여 말을 타고 갔을 때, 하나의 개암나무가지가 그를 건드렸고 모자를 떨어뜨렸습니다. 그러자 그는 그 가지를 꺾었고 그것을 가지고 왔습니다. 그가 집으로 왔을 때, 그는 의붓딸들에게 원했던 것들을 주었고, 신데렐라에게는 개암나무의 가지를 주었습니다.	⑭ 내레이션: (객석을 보면서) 그는 이제 두 명의 의자매들을 위해 아름다운 옷들과, 진주와 보석들을 구입했고, 돌아오는 길에, 그가 푸른 숲을 통과하여 말을 타고 갔을 때, 하나의 개암나무 가지가 그를 건드렸고 모자를 떨어뜨렸어요. 그러자 그는 그 가지를 꺾었고 그것을 가지고 왔어요. 그가 집으로 왔을 때, 그는 의붓딸들에게 원했던 것들을 주었고, 신데렐라에게는 개암나무의 가지를 주었어요. 제5장 무대: 엄마의 무덤
⑮ 신데렐라는 그에게 감사했고, 어머니 무덤으로 가서 그 가지를 그 위에 심었으며, 너무 심하게 울어서 눈물이 그 위로 떨어졌고 가지를 적셨습니다. 그러나 그것은 자라났고 한 그루의 아름다운 나무가	⑮ 내레이션: (객석을 보면서) 신데렐라는 그에게 감사했고, 어머니 무덤으로 가서 그 가지를 그 위에 심었으며, 너무 심하게 울어서 눈물이 그 위로 떨어졌고 가지를 적셨어요. 그러나 그것은 자라났고 한 그루의 아름다운 나무가 되었어요. 신데렐라는 매일 세 번씩 그 아래로 갔고, 울면서 기도했어요. 그리고 언제나 한 마리 하얀 새가 그 나무 위로 왔고, 그녀가 소원을 말했을 때, 그 새는 원하는 것을 아래로 던져주었어요.

「신데렐라」	동화극 만들기
되었습니다. 신데렐라는 매일 세 번씩 그 아래로 갔고, 울면서 기도했습니다. 그리고 언제나 한 마리 하얀 새가 그 나무 위로 왔고, 그녀가 소원을 말했을 때, 그 새는 원하는 것을 아래로 던져주었습니다.	제6장 무대: 부유한 집, 소녀의 방, 부엌, 재투성이 아궁이
⑯ 왕이 축제를 베푸는 일이 발생했고, 그 축제는 3일 동안 지속되었으며, 그의 아들이 신부를 선택하기 위하여, 그 나라에 있는 모든 아름다운 처녀들이 거기로 초대되었습니다. 두 명의 의자매들은 그녀들도 거기에 참석해야 한다는 것을 들었을 때, 기뻐하며 신데렐라를 불러	⑯ 내레이션: (객석을 보면서) 왕이 축제를 베푸는 일이 발생했고, 그 축제는 3일 동안 지속되었으며, 그의 아들이 신부를 선택하기 위하여, 그 나라에 있는 모든 아름다운 처녀들이 거기로 초대되었어요. 두 명의 의자매들은 그녀들도 거기에 참석해야 한다는 것을 들었을 때, 기뻐하며 신데렐라를 불러서 말했어요.
⑰ "우리의 머리를 빗기고, 구두를 손질하고, 우리의 허리끈을 조여라. 우리는 결혼식을 위해 왕의 성으로 갈 거야."라고 말했습니다.	⑰ 의자매 1: (거만하게 명령하면서) "우리의 머리를 빗기고, 구두를 손질하고, 우리의 허리끈을 조여라. 우리는 결혼식을 위해 왕의 성으로 갈 거야."
⑱ 신데렐	⑱ 내레이션: (객석을 보면서) 신데렐라는 순종했으

「신데렐라」	동화극 만들기
라는 순종했으나 그녀도 기꺼이 춤추려 함께 가고 싶었기 때문에, 울면서 계모에게 허락해 줄 것을 청했습니다. 그러자 계모는 ⑲ "얘, 신데렐라야, 너는 재와 더러움으로 가득 덮였는데, 결혼식에 가려고 하니? 옷도 구두도 없는데 춤을 추겠다고?"라고 말했습니다. 그러나 그 아이가 부탁을 계속하자 그녀는 마침내 "지금 나는 한 대접의 불콩들을 잿속에 뿌리겠다. 네가 그 불콩들을 두 시간 안에 다시 골라낸다면, 함께 갈 수 있단다."라고 말했습니다. 그 소녀는 뒷문을 통해 정원으로 가서 ⑳ "너희 온순한 비둘기들아, 너희 멧비둘기들아, 하늘 아래 모든 새들아, 와서 내가 고르는 것을 도와다오. 좋은 콩은 대접 속으로, 나쁜 콩은 모이	나 그녀도 기꺼이 춤추려 함께 가고 싶었기 때문에, 울면서 계모에게 허락해 줄 것을 청했어요. ⑲ **계모:** (비웃듯이) "얘, 신데렐라야, 너는 재와 더러움으로 가득 덮였는데, 결혼식에 가려고 하니? 옷도 구두도 없는데 춤을 추겠다고?" …… (꾀를 내어) "지금 나는 한 대접의 불콩들을 잿속에 뿌리겠다. 네가 그 불콩들을 두 시간 안에 다시 골라낸다면, 함께 갈 수 있단다." ⑳ **신데렐라:** (부엌 뒷문을 통해 큰소리로) "너희 온순한 비둘기들아, 너희 멧비둘기들아, 하늘 아래 모든 새들아, 와서 내가 고르는 것을 도와다오. 좋은 콩은 대접 속으로, 나쁜 콩은 모이주머니 속으로."

「신데렐라」	동화극 만들기
주머니 속으로.”라고 외쳤습니다.	
㉑ 그러자 부엌 창문으로 두 마리의 하얀 비둘기들이 들어왔고, 그 후 멧비둘기들이, 마침내 휙 소리를 내면서 하늘 아래 모든 새들이 떼를 지어 들어와서 재 주위에 앉았습니다. 그리고 비둘기들이 머리를 끄덕이면서 콕콕 쪼기 시작하자, 그 밖의 새들도 콕콕 쪼기 시작했고 모든 좋은 콩들을 대접 안으로 주워 담았습니다. 채 한 시간이 지나지 않아, 새들은 벌써 끝내고 모두 다시 밖으로 날아갔습니다. 그러자 소녀는 대접을 계모에게 가져갔고, 기뻐하면서 그녀가 이제 결혼식에 함께 갈 수 있을 거라고 생각했습니다. 그러나 계모는	㉑ **내레이션:** (객석을 보면서) 그러자 부엌 창문으로 두 마리의 하얀 비둘기들이 들어왔고, 그 후 멧비둘기들이, 마침내 휙 소리를 내면서 하늘 아래 모든 새들이 떼를 지어 들어와서 재 주위에 앉았어요. 그리고 비둘기들이 머리를 끄덕이면서 콕콕 쪼기 시작하자, 그 밖의 새들도 콕콕 쪼기 시작했고 모든 좋은 콩들을 대접 안으로 주워 담았어요. 채 한 시간이 지나지 않아, 새들은 벌써 끝내고 모두 다시 밖으로 날아갔어요. 그러자 소녀는 대접을 계모에게 가져갔고, 기뻐하면서 그녀가 이제 결혼식에 함께 갈 수 있을 거라고 생각했어요. 그러나 계모는 거절하면서 말했어요.
㉒ “안 된다. 신데렐라야, 너는 옷이 없고 춤을 출 수도 없잖아.	㉒ **계모:** (거절하며 비웃듯이) “안 된다. 신데렐라야, 너는 옷이 없고 춤을 출 수도 없잖아. 너는 단지 웃음거리가 될 뿐이란다.”…… (꾀를 내어) “네가 두 대접의 가득 찬 불콩들을 한 시간 안에 잿속에서

「신데렐라」	동화극 만들기
너는 단지 웃음거리가 될 뿐이란다."라고 말했습니다. 그 아이가 울먹이자, 그녀는 "네가 두 대접의 가득 찬 불콩들을 한 시간 안에 잿속에서 골라낼 수 있다면, 함께 갈 수 있단다."라고 말했고, "그것을 물론 결코 할 수 없을 거야."라고 생각했습니다. 그녀가 두 대접의 불콩들을 잿속으로 뿌렸을 때, 소녀는 뒷문을 통해 정원으로 가서	골라낼 수 있다면, 함께 갈 수 있단다."
㉓ "너희 온순한 비둘기들아, 너희 멧비둘기들아, 하늘 아래 모든 새들아, 와서 내가 고르는 것을 도와다오. 좋은 콩은 대접 속으로, 나쁜 콩은 모이주머니 속으로."라고 외쳤습니다.	㉓ **신데렐라:** (부엌 뒷문을 통해 큰소리로) "너희 온순한 비둘기들아, 너희 멧비둘기들아, 하늘 아래 모든 새들아, 와서 내가 고르는 것을 도와다오. 좋은 콩은 대접 속으로, 나쁜 콩은 모이주머니 속으로"
㉔ 그러자 부엌 창문으로 두 마리의 하얀 비둘기들이 들어왔고, 그 후 멧비둘기들이, 마침내 휙 소리를 내면서 하늘 아래	㉔ **내레이션:** (객석을 보면서) 그러자 부엌 창문으로 두 마리의 하얀 비둘기들이 들어왔고, 그 후 멧비둘기들이, 마침내 휙 소리를 내면서 하늘 아래 모든 새들이 떼를 지어 들어왔고 재 주위에 앉았어요. 그리고 비둘기들이 머리를 끄덕이면서 콕콕 쪼기

「신데렐라」	동화극 만들기
모든 새들이 떼를 지어 들어왔고 재 주위에 앉았습니다. 그리고 비둘기들이 머리를 끄덕이면서 콕콕 쪼기 시작하자, 그 밖의 새들도 콕콕 쪼기 시작했고 모든 좋은 콩들을 대접 안으로 주워 모았습니다. 30분이 지나기 전에, 새들은 이미 끝냈고 모두 다시 밖으로 날아갔습니다. 그러자 소녀는 대접을 계모에게 가져갔고, 기뻐하면서 이제 결혼식에 함께 갈 수 있을 거라고 생각했습니다. 그러나 계모는 ㉕ "그 모든 것이 네게 아무 소용없단다. 너는 함께 가지 못한다. 왜냐하면 너는 옷도 없고 춤을 출 수도 없기 때문이란다. 우리는 너를 부끄러워해야만 할 거야."라고 말했습니다.	시작하자, 그 밖의 새들도 콕콕 쪼기 시작했고 모든 좋은 콩들을 대접 안으로 주워 모았어요. 30분이 지나기 전에, 새들은 이미 끝냈고 모두 다시 밖으로 날아갔어요. 그러자 소녀는 대접을 계모에게 가져갔고, 기뻐하면서 이제 결혼식에 함께 갈 수 있을 거라고 생각했어요. 그러나 계모는 거절의 말을 했답니다. ㉕ **계모:** (거절하며 비웃듯이) "그 모든 것이 네게 아무 소용없단다. 너는 함께 가지 못한다. 왜냐하면 너는 옷도 없고 춤을 출 수도 없기 때문이란다. 우리는 너를 부끄러워해야만 할 거야"
㉖ 그 후 그녀는 그 아이에게 등을 돌렸고 서둘러 두 명의 교만한 딸들	㉖ **내레이션:** (객석을 보면서) 그 후 그녀는 그 아이에게 등을 돌렸고 서둘러 두 명의 교만한 딸들과 함께 떠났어요.

「신데렐라」	동화극 만들기
과 함께 떠났습니다. ㉗ 이제 아무도 더 이상 집에 있지 않았을 때, 신데렐라는 개암나무 아래 어머니 무덤으로 가서	제7장 무대: 엄마의 무덤, 무덤 위에 개암나무가 서있다. ㉗ 내레이션: (객석을 보면서) 이제 아무도 더 이상 집에 있지 않았을 때, 신데렐라는 개암나무 아래 어머니 무덤으로 가서 외쳤어요.
㉘ "나무야, 몸을 흔들고 떨어라. 금과 은을 내 위로 던져다오."라고 외쳤습니다.	㉘ 신데렐라: (간절하게 나무를 향해) "나무야, 몸을 흔들고 떨어라. 금과 은을 내 위로 던져다오."
㉙ 그러자 새가 그녀에게 금과 은으로 된 옷과, 비단과 은으로 수를 놓은 구두를 아래로 던져주었습니다. 급히 서둘러 그녀는 옷을 입었고, 결혼식에 갔습니다.	㉙ 내레이션: (객석을 보면서) 그러자 새가 그녀에게 금과 은으로 된 옷과, 비단과 은으로 수를 놓은 구두를 아래로 던져주었습니다. 급히 서둘러 그녀는 옷을 입었고, 결혼식에 갔어요. 제2막 제1장 무대: 왕의 성, 축제의 홀, 음악이 흐르고 춤을 춘다.
㉚ 그러나 그녀의 자매들과 계모는 그 아이를 알아보지 못했고, 그녀가 한 낯선 나라의 공주일 거라고 생각했습니다. 그렇게 황금 옷을 입은 그녀는 아름다워 보였습니다. 신데렐라에 대해 그들은 전혀 생각하지 않았고, 그 아이는 집에 더러운 곳에 앉아서 콩들을 재	㉚ 내레이션: (객석을 보면서) 결혼식에 나타난 신데렐라를 의자매들과 계모는 그 아이를 알아보지 못했고, 그녀가 한 낯선 나라의 공주일 거라고 생각했어요. 그렇게 황금 옷을 입은 그녀는 아름다워 보였어요. 신데렐라에 대해 그들은 전혀 생각하지 않았고, 그 아이는 집에 더러운 곳에 앉아서 콩들을 재로부터 골라내고 있을 거라고 생각했어요. 왕자가 그녀를 마중했고, 그녀의 손을 잡고 춤을 췄어요. 그는 그녀 외엔 누구하고도 춤추려 하지 않았고, 그녀의 손을 놔주지 않았어요. 그리고 한 다른 남자가 와서 그녀에게 춤을 청하면, 그는 거절의 말을 했답니다.

「신데렐라」	동화극 만들기
로부터 골라내고 있을 거라고 생각했습니다. 왕자가 그녀를 마중했고, 그녀의 손을 잡고 춤을 췄습니다. 그는 그녀 외엔 누구하고도 춤추려 하지 않았고, 그녀의 손을 놔주지 않았습니다. 그리고 한 다른 남자가 와서 그녀에게 춤을 청하면, 그는 ㉛ "그녀는 나의 파트너요!"라고 말했습니다.	㉛ **왕자**: (단호하게 거절하면서) "그녀는 나의 파트너요!"
㉜ 그녀는 날이 저물 때까지 춤췄고, 이제 집으로 가려고 했습니다. 왕자는 그러나 ㉝ "내가 함께 가서 당신을 바래다 주겠소."라고 말했습니다. 왜냐하면 그는 그 아름다운 소녀가 뉘 집안에 속했는지 알려고 했기 때문입니다.	㉜ **내레이션**: (객석을 보면서) 신데렐라는 날이 저물 때까지 춤췄고, 이제 집으로 가려고 했어요. ㉝ **왕자**: (간절하게) "내가 함께 가서 당신을 바래다 주겠소."
㉞ 그러나 그녀는 그로부터 재빠르게 달아났고, 비둘기 집으로 뛰어올랐습니다. ㉟ 이제 왕자는 아버	㉞ **내레이션**: (객석을 보면서) 그러나 그녀는 그로부터 재빠르게 달아났고, 비둘기 집으로 뛰어올랐어요. 제2장 무대: 성문 앞 비둘기 집 ㉟ **내레이션**: (객석을 보면서) 이제 왕자는 아버지가

「신데렐라」	동화극 만들기
지가 올 때까지 기다렸고, 그에게 그 낯선 소녀가 비둘기 집으로 뛰어올라갔다고 말했습니다. 아버지는 '그 아이가 신데렐라가 아닐까?'라고 생각했습니다. 그리고 그들은 비둘기 집을 두 동강이 낼 수 있도록 도끼와 괭이를 가져다줘야만 했습니다. 그러나 그 안에는 아무도 없었습니다. ㊱ 그리고 그들이 집에 왔을 때, 신데렐라는 더러운 옷을 입고 재 안에 누워 있었고, 흐린 석유램프가 굴뚝 안에서 불타고 있었습니다. 왜냐하면 신데렐라는 재빠르게 비둘기 집으로부터 뒤로 뛰어내렸고, 개암나무 쪽으로 달려갔기 때문입니다. 거기서 그녀는 아름다운 옷을 벗어 무덤 위에 놓았으며, 새가 그 옷을 다시 회수했고, 그러고 나서 그녀는 그녀의 회색 윗도	올 때까지 기다렸고, 그에게 그 낯선 소녀가 비둘기 집으로 뛰어올라갔다고 말했어요. 아버지는 '그 아이가 신데렐라가 아닐까?'라고 생각했어요. 그리고 그들은 비둘기 집을 두 동강이 낼 수 있도록 도끼와 괭이를 가져다줘야만 했어요. 그러나 그 안에는 아무도 없었어요. 제3장 무대: 신데렐라 집, 부엌, 재투성이 아궁이, 엄마의 무덤이 배경화면에 비춰진다. ㊱ 내레이션: (객석을 보면서) 그리고 그들이 집에 왔을 때, 신데렐라는 더러운 옷을 입고 재 안에 누워 있었고, 흐린 석유램프가 굴뚝 안에서 불타고 있었어요. 왜냐하면 신데렐라는 재빠르게 비둘기 집으로부터 뒤로 뛰어내렸고, 개암나무 쪽으로 달려갔기 때문입니다. 거기서 그녀는 아름다운 옷을 벗어 무덤 위에 놓았으며, 새가 그 옷을 다시 회수했고, 그러고 나서 그녀는 그녀의 회색 윗도리를 입고 부엌 잿속에 앉아 있었기 때문이에요. 다음 날, 축제가 새로이 시작되었고 그녀의 부모와 의자매들이 다시 떠났을 때, 신데렐라는 개암나무로 가서 외쳤어요.

「신데렐라」	동화극 만들기
리를 입고 부엌 잿속에 앉아 있었기 때문입니다. 다음 날, 축제가 새로이 시작되었고 그녀의 부모와 의자매들이 다시 떠났을 때, 신데렐라는 개암나무로 가서 ㊲ “나무야, 몸을 흔들고 떨어라. 금과 은을 내 위로 던져다오.”라고 말했습니다.	㊲ 신데렐라: (간절하게 나무를 향해) “나무야, 몸을 흔들고 떨어라. 금과 은을 내 위로 던져다오.” 제4장 무대: 왕의 성, 축제의 홀, 음악이 흐르고 춤을 춘다.
㊳ 그러자 새는 전날보다 훨씬 더 화려한 옷을 아래로 던져주었습니다. 그리고 그녀가 이 옷을 입고 결혼식에 나타났을 때, 모든 남자들은 그녀의 아름다움에 놀랐습니다. 그러나 왕자는 그녀가 올 때까지 기다렸고, 곧 그녀의 손을 잡고 그녀와만 춤췄습니다. 다른 남자가 와서 그녀에게 춤을 청하면, 그는	㊳ 내레이션: (객석을 보면서) 신데렐라가 전날보다 훨씬 더 화려한 옷을 입고 결혼식에 나타났을 때, 모든 남자들은 그녀의 아름다움에 놀랐어요. 그러나 왕자는 그녀가 올 때까지 기다렸고, 곧 그녀의 손을 잡고 그녀와만 춤췄어요. 다른 남자가 와서 그녀에게 춤을 청하면, 그는 거절의 말을 했어요.
㊴ “그녀는 나의 파트너요!”라고 말했습니다.	㊴ 왕자: (단호하게 거절하면서) “그녀는 나의 파트너요!” 제5장 무대: 성 뒤 정원에 커다란 배나무가 서있다.
㊵ 이제 저녁이 되었을 때, 그녀	㊵ 내레이션: (객석을 보면서) 이제 저녁이 되었을

「신데렐라」	동화극 만들기
는 떠나려 했고, 왕자는 그녀를 따라갔고 그녀가 어느 집으로 가는지 보려고 했습니다. 그러나 그녀는 도망쳤고, 집 뒤에 정원으로 뛰어갔습니다. 그 안에 가장 훌륭한 배가 달린 아름다운 커다란 나무가 서있었습니다. 그녀는 다람쥐처럼 날쌔게 가지들 사이로 기어올랐고, 왕자는 그녀가 어디로 갔는지 알지 못했습니다. 그러나 그는 아버지가 올 때까지	때, 그녀는 떠나려 했고, 왕자는 그녀를 따라갔고 그녀가 어느 집으로 가는지 보려고 했어요. 그러나 그녀는 도망쳤고, 집 뒤에 정원으로 뛰어갔어요. 그 안에 가장 훌륭한 배가 달린 아름다운 커다란 나무가 서있었어요. 그녀는 다람쥐처럼 날쌔게 가지들 사이로 기어올랐고, 왕자는 그녀가 어디로 갔는지 알지 못했어요. 그러나 그는 아버지가 올 때까지 기다렸고, 그에게 말했어요.
기다렸고, 그에게 ㊶ "그 낯선 소녀가 재빠르게 달아났고, 그녀가 배나무 위로 뛰어올랐다고 생각된다."고 말했습니다.	㊶ 왕자: (아버지에게) "그 낯선 소녀가 재빠르게 달아났고, 그녀가 배나무 위로 뛰어올랐다고 생각됩니다."
㊷ 아버지는 '그 아이가 신데렐라가 아닐까?'라고 생각했고, 도끼를 가져와 나무를 베라고 하였습니다. 그러나 그 위에는 아무도 없었습니다.	㊷ 내레이션: (객석을 보면서) 아버지는 '그 아이가 신데렐라가 아닐까?'라고 생각했고, 도끼를 가져와 나무를 베라고 하였어요. 그러나 그 위에는 아무도 없었어요. 제6장 무대: 신데렐라 집, 부엌, 재투성이 아궁이, 엄마의 무덤이 배경화면에 비춰진다.
㊸ 그리고 그들이 부엌에 왔을 때,	㊸ 내레이션: (객석을 보면서) 그리고 그들이 부엌에 왔을 때, 신데렐라는 거기 잿속에 이전처럼 누워

「신데렐라」	동화극 만들기
신데렐라는 거기 잿속에 이전처럼 누워 있었습니다. 왜냐하면 그녀는 나무의 다른 쪽으로 뛰어내렸고, 개암나무 위의 새에게 아름다운 옷을 다시 주었으며 그녀의 회색 윗도리를 입었기 때문입니다. 셋째 날, 부모와 자매들이 떠났을 때, 신데렐라는 다시 어머니 무덤으로 갔고 나무에게 ㊹ "나무야, 몸을 흔들고 떨어라. 금과 은을 내 위로 던져다오."라고 말했습니다.	있었어요. 왜냐하면 그녀는 나무의 다른 쪽으로 뛰어내렸고, 개암나무 위의 새에게 아름다운 옷을 다시 주었으며 그녀의 회색 윗도리를 입었기 때문이에요. 셋째 날, 부모와 자매들이 떠났을 때, 신데렐라는 다시 어머니 무덤으로 갔고 나무에게 말했어요. ㊹ 신데렐라: (간절하게 나무를 향해) "나무야, 몸을 흔들고 떨어라. 금과 은을 내 위로 던져다오" 제7장 무대: 왕의 성, 축제의 홀, 음악이 흐르고 춤을 춘다.
㊺ 이제 그녀에게 새는 옷을 던져 주었는데, 아직 아무도 가져보지 못한 화려하고 아름다운 옷이었고, 구두는 온통 금이었습니다. 그녀가 옷을 입고 결혼식에 나타났을 때, 그들 모두는 놀라서 무엇을 말해야 하는지 알지 못했습니다. 왕자는 그녀와만 춤	㊺ 내레이션: (객석을 보면서) 이제 그녀에게 새는 옷을 던져 주었는데, 아직 아무도 가져보지 못한 화려하고 아름다운 옷이었고, 구두는 온통 금이었어요. 그녀가 옷을 입고 결혼식에 나타났을 때, 그들 모두는 놀라서 무엇을 말해야 하는지 알지 못했어요. 왕자는 그녀와만 춤을 췄고, 다른 남자가 그녀에게 청하면, 그는 거절의 말을 했어요.

「신데렐라」	동화극 만들기
을 췄고, 다른 남자가 그녀에게 청하면, 그는 ㊻ "그녀는 나의 파트너요!"라고 말했습니다.	㊻ **왕자:** (단호하게 거절하면서) "그녀는 나의 파트너요!" **제8장 무대: 성문 앞 계단, 왼쪽 황금구두**
㊼ 이제 저녁이 되었을 때, 신데렐라는 떠나려 했고 왕자는 바래다주려고 했습니다. 그러나 그녀가 너무 빨리 달아났기 때문에, 그는 따라갈 수 없었습니다. 하지만 왕자는 한 가지 술책을 썼고, 그것은 전체 계단에 끈끈한 역청을 바르게 한 것입니다. 그러자 그녀가 아래로 뛰어갔을 때, 소녀의 왼쪽 구두가 걸려 붙어 있었습니다. 왕자는 그 구두를 주워들었으며, 그것은 작고 앙증맞고 온통 금이었습니다. 다음날 아침, 그는 그것을 갖고 아버지에게 갔고 그에게	㊼ **내레이션:** (객석을 보면서) 이제 저녁이 되었을 때, 신데렐라는 떠나려 했고, 왕자는 바래다주려고 했어요. 그러나 그녀가 너무 빨리 달아났기 때문에, 그는 따라갈 수 없었어요. 하지만 왕자는 한 가지 술책을 썼고 그것은 전체 계단을 끈끈한 역청을 바르게 했어요. 그러자 그녀가 아래로 뛰어갔을 때, 소녀의 왼쪽 구두가 걸려 붙어 있었어요. 왕자는 그 구두를 주워들었으며, 그것은 작고 앙증맞고 온통 금이었어요. 다음날 아침, 그는 그것을 갖고 아버지에게 갔고 그에게 말했어요.
㊽ "이 황금구두에 발이 꼭 맞는 여자 이외에 어떤 누구도 내 아내가 될 수 없소"라	㊽ **왕자:** (아버지에게 결심했다는 듯이) "이 황금구두에 발이 꼭 맞는 여자 이외에 어떤 누구도 내 아내가 될 수 없소." **제9장 무대: 신데렐라 집, 거실, 소녀 방**

「신데렐라」	동화극 만들기
고 말했습니다. ㊾ 그러자 두 명의 자매는 기뻐했습니다. 왜냐하면 그들은 아름다운 발을 가졌기 때문입니다. 큰딸이 구두를 들고 침실로 갔고 구두를 신어보려고 했습니다. 그리고 엄마가 곁에 서있었습니다. 그러나 그녀는 엄지발가락을 집어넣을 수 없었고, 그 구두가 그녀에게 너무 작았습니다. 그러자 엄마는 칼을 건네주면서	㊾ 내레이션: (객석을 보면서) 그러자 두 명의 자매는 기뻐했어요. 왜냐하면 그들은 아름다운 발을 가졌기 때문이에요. 큰딸이 구두를 들고 침실로 갔고 구두를 신어보려고 했어요. 그리고 엄마가 곁에 서 있었어요. 그러나 그녀는 엄지발가락을 집어넣을 수 없었고, 그 구두가 그녀에게 너무 작았어요. 그러자 엄마는 칼을 건네주면서 말했어요.
㊿ “발가락을 잘라 버려라! 네가 왕비가 되면, 더 이상 걸어 다닐 필요가 없단다.”라고 말했습니다.	㊿ 계모: (큰딸에게 냉정하게) “발가락을 잘라 버려라! 네가 왕비가 되면, 더 이상 걸어 다닐 필요가 없단다.”
(51) 그 소녀는 발가락을 잘라내었고, 발을 억지로 구두 안으로 집어넣었으며, 아픔을 꾹 참고 왕자에게로 나갔습니다. 그러자 그는 그녀를 그의 신부로서 말 위에 태웠고 그녀와 함께 떠났습니다.	(51) 내레이션: (객석을 보면서) 그 소녀는 발가락을 잘라내었고, 발을 억지로 구두 안으로 집어넣었으며, 아픔을 꾹 참고 왕자에게로 나갔어요. 그러자 그는 그녀를 그의 신부로서 말 위에 태웠고 그녀와 함께 떠났어요. 제10장 무대: 엄마의 무덤, 무덤 위 개암나무에 하얀 비둘기 두 마리가 앉아 있다.
(52) 그러나 그들	(52) 내레이션: (객석을 보면서) 그러나 그들은 무덤

「신데렐라」	동화극 만들기
은 무덤 곁을 지나가야만 했고, 거기 두 마리 비둘기들이 개암나무 위에 앉아서	곁을 지나가야만 했고, 거기 두 마리 비둘기들이 개암나무 위에 앉아서 외쳤어요.
(53) "뒤를 돌아보아요, 뒤를 돌아보아요. 피가 구두 안에 있네요. 구두가 너무 작네요. 진짜 신부는 아직 집에 있네요."라고 외쳤습니다.	(53) 비둘기 두 마리: (동시에 한목소리로) "뒤를 돌아보아요, 뒤를 돌아보아요. 피가 구두 안에 있네요. 구두가 너무 작네요. 진짜 신부는 아직 집에 있네요."
(54) 그러자 그는 그녀의 발을 쳐다보았고 피가 솟아 나오는 것을 보았습니다. 그는 말을 되돌렸고,	(54) 내레이션: (객석을 보면서) 그러자 그는 그녀의 발을 쳐다보았고 피가 솟아 나오는 것을 보았어요. 그는 말을 되돌렸어요. 제11장 무대: 신데렐라 집, 거실, 소녀 방
(55) 가짜 신부를 다시 집으로 데려갔으며, 그녀가 진짜가 아니라고 말했고, 다른 자매가 구두를 신어봐야 한다고 말했습니다. 그래서 구두를 받아든 이 자매는 침실로 갔고, 발가락들은 다행히 구두 안으로 들어갔으나 발꿈치가 너무 컸습니다. 그러자 엄마가 칼을 건네주며	(55) 내레이션: (객석을 보면서) 왕자는 가짜 신부를 다시 집으로 데려갔으며, 그녀가 진짜가 아니라고 말했고, 다른 자매가 구두를 신어봐야 한다고 말했어요. 그래서 구두를 받아든 이 자매는 침실로 갔고, 발가락들은 다행히 구두 안으로 들어갔으나 발꿈치가 너무 컸어요. 그러자 엄마가 칼을 건네주며 말했어요.
(56) "발꿈치의 한 조각을 떼어버려라! 네가 여왕이 된다면,	(56) 계모: (작은딸에게 냉정하게) "발꿈치의 한 조각을 떼어버려라! 네가 여왕이 된다면, 더 이상 걸어다닐 필요 없단다."

「신데렐라」	동화극 만들기
더 이상 걸어 다닐 필요 없단다."라고 말했습니다. (57) 소녀는 발꿈치의 한 조각을 베어버렸고, 억지로 발을 구두 안으로 넣었으며, 아픔을 꾹 참고 왕자에게 나갔습니다. 그러자 그는 그녀를 그의 신부로서 말 위에 태웠고 그녀와 함께 떠났습니다.	(57) 내레이션: (객석을 보면서) 소녀는 발꿈치의 한 조각을 베어버렸고, 억지로 발을 구두 안으로 넣었으며, 아픔을 꾹 참고 왕자에게 나갔어요. 그러자 그는 그녀를 그의 신부로서 말 위에 태웠고 그녀와 함께 떠났어요. 제12장 무대: 엄마의 무덤, 무덤 위 개암나무에 하얀 비둘기 두 마리가 앉아 있다.
(58) 그들이 개암나무 곁을 지나갔을 때, 두 마리 비둘기들이 그 위에 앉아서	(58) 내레이션: (객석을 보면서) 그들이 개암나무 곁을 지나갔을 때, 두 마리 비둘기들이 그 위에 앉아서 외쳤어요.
(59) "뒤를 돌아보아요, 뒤를 돌아보아요. 피가 구두 안에 있네요. 구두가 너무 작네요. 진짜 신부는 아직 집에 있네요."라고 외쳤습니다.	(59) 비둘기 두 마리: (동시에 한목소리로) "뒤를 돌아보아요, 뒤를 돌아보아요. 피가 구두 안에 있네요. 구두가 너무 작네요. 진짜 신부는 아직 집에 있네요."
(60) 그는 그녀의 발을 내려다보았고, 피가 구두로부터 솟아 나와 하얀 양말을 온통 붉게 물들이는 것을 보았습니다. 그래서 그는 말을 돌렸고, 가짜 신부를 다시 집으로 데리고 갔습니다.	(60) 내레이션: (객석을 보면서) 왕자는 그녀의 발을 내려다보았고, 피가 구두로부터 솟아 나와 하얀 양말을 온통 붉게 물들이는 것을 보았어요. 그래서 그는 말을 돌렸고, 가짜 신부를 다시 집으로 데리고 갔어요. 제13장 무대: 신데렐라 집, 거실, 소녀 방

「신데렐라」	동화극 만들기
⑥① "이 여자 또한 진짜가 아니오. 당신에게 다른 딸은 없소?"라고 말했습니다.	⑥① 왕자: (단호하게 그러나 부탁하듯이) "이 여자 또한 진짜가 아니오. 당신에게 다른 딸은 없소?"
⑥② "없소, 단지 내 죽은 아내의 작고 우둔한 신데렐라가 저기 있소. 그 아이가 신부가 된다는 것은 불가능하오."라고 말했습니다. 그러나 왕자는 그녀를 데려와야 한다고 말했습니다. 그러자 엄마는	⑥② 아버지: (냉정하게) "없소, 단지 내 죽은 아내의 작고 우둔한 신데렐라가 저기 있소. 그 아이가 신부가 된다는 것은 불가능하오."
⑥③ "아, 안 돼요! 그 아이는 너무나 더러워요. 그 아이를 보여드릴 수 없어요."라고 대답했습니다.	⑥③ 계모: (신데렐라를 데려오라는 요구에 당황하며) "아, 안 돼요! 그 아이는 너무나 더러워요. 그 아이를 보여드릴 수 없어요."
⑥④ 그러나 그는 그녀를 꼭 보려고 했고, 신데렐라는 불려야만 했습니다. 그래서 그녀는 우선 손과 얼굴을 깨끗이 씻었고, 그 후 거기로 나왔으며, 그녀에게 황금 구두를 건네는 왕자에게 인사했습니다. 그러고 나서 그녀는 등받이 없는 의자에 앉았고, 발을 무거운 나	⑥④ 내레이션: (객석을 보면서) 그러나 그는 그녀를 꼭 보려고 했고, 신데렐라는 불려야만 했어요. 그래서 그녀는 우선 손과 얼굴을 깨끗이 씻었고, 그 후 거기로 나왔으며, 그녀에게 황금 구두를 건네는 왕자에게 인사했어요. 그러고 나서 그녀는 등받이 없는 의자에 앉았고, 발을 무거운 나막신으로부터 꺼내어 구두 안으로 집어넣었어요. 구두가 꼭 들어맞았어요. 그리고 그녀가 일어섰을 때, 왕자는 그녀의 얼굴을 보았고, 그와 함께 춤췄던 아름다운 소녀를 알아보았어요. 그리고 외쳤어요.

「신데렐라」	동화극 만들기
막신으로부터 꺼내어 구두 안으로 집어넣었습니다. 구두가 꼭 들어맞았습니다. 그리고 그녀가 일어섰을 때, 왕자는 그녀의 얼굴을 보았고, 그와 함께 춤췄던 아름다운 소녀를 알아보았습니다. 그리고 ⑥⑤ "이 여자가 진짜 신부요!"라고 외쳤습니다.	⑥⑤ 왕자: (기쁨에 겨워 큰소리로) "이 여자가 진짜 신부요!"
⑥⑥ 계모와 두 명의 자매들은 깜짝 놀랐고, 화가 나서 창백해졌습니다. 그러나 그는 신데렐라를 말 위에 태웠고, 그녀와 함께 떠났습니다.	⑥⑥ 내레이션: (객석을 보면서) 계모와 두 명의 자매들은 깜짝 놀랐고, 화가 나서 창백해졌어요. 그러나 그는 신데렐라를 말 위에 태웠고, 그녀와 함께 떠났어요. 제4장 무대: 엄마의 무덤, 무덤 위 개암나무에 하얀 비둘기 두 마리가 앉아 있다.
⑥⑦ 그들이 개암나무 곁을 지나갔을 때, 두 마리 비둘기들이	⑥⑦ 내레이션: (객석을 보면서) 그들이 개암나무 곁을 지나갔을 때, 두 마리 비둘기들이 외쳤어요.
⑥⑧ "뒤를 돌아보아요, 뒤를 돌아보아요. 피가 구두 안에 없네요. 구두가 딱 맞네요. 진짜 신부를 그는 집으로 데리고 가네요."라고 외쳤습니다.	⑥⑧ 비둘기 두 마리: (동시에 한목소리로) "뒤를 돌아보아요, 뒤를 돌아보아요. 피가 구두 안에 없네요. 구두가 딱 맞네요. 진짜 신부를 그는 집으로 데리고 가네요."
⑥⑨ 그 두 마리 비둘기들이 그것을 외치고 나서,	⑥⑨ 내레이션: (객석을 보면서) 그 두 마리 비둘기들이 그것을 외치고 나서, 아래로 날아왔고, 신데렐라의

「신데렐라」	동화극 만들기
아래로 날아왔고, 신데렐라의 양쪽 어깨에 앉았습니다. 한 마리는 오른쪽에, 다른 한 마리는 왼쪽에, 거기에 앉아 머물렀습니다.	양쪽 어깨에 앉았어요. 한 마리는 오른쪽에, 다른 한 마리는 왼쪽에, 거기에 앉아 머물렀어요. 제15장 무대: 왕의 성, 결혼식
⑳ 왕자와의 결혼식이 거행되었을 때, 가짜 자매들이 왔고, 환심을 사려고 했으며, 그녀의 행운을 함께 나누려고 했습니다. 신랑과 신부가 이제 교회로 입장했을 때, 언니는 오른쪽에, 동생은 왼쪽에 서있었습니다. 그때 비둘기들이 두 자매의 한쪽 눈을 각각 쪼아냈습니다. 그 다음에, 신랑과 신부가 퇴장할 때, 언니는 왼쪽에 그리고 동생은 오른쪽에 서있었습니다. 그러자 비둘기들이 두 자매의 반대쪽 눈을 쪼아냈습니다. 그래서 그들은 악의와 거짓 때문에 일생 동안 실명의 벌을 받았답니다	⑳ 내레이션: (객석을 보면서) 왕자와의 결혼식이 거행되었을 때, 가짜 자매들이 왔고, 환심을 사려고 했으며, 그녀의 행운을 함께 나누려고 했어요. 신랑과 신부가 이제 교회로 입장했을 때, 언니는 오른쪽에, 동생은 왼쪽에 서있었어요. 그때 비둘기들이 두 자매의 한쪽 눈을 각각 쪼아냈어요. 그 다음에, 신랑과 신부가 퇴장할 때, 언니는 왼쪽에 그리고 동생은 오른쪽에 서있었어요. 그러자 비둘기들이 두 자매의 반대쪽 눈을 쪼아냈어요. 그래서 그들은 악의와 거짓 때문에 일생 동안 실명의 벌을 받았답니다.

아동과 성인을 관객으로 하여 아동과 성인이 같이 공연하는 동화극

아동과 성인을 관객으로 하여 아동과 성인이 함께 공연하는 동화극이란 아이들과 어른들을 관객으로 하여 아동과 성인들이 배우로 등장하여 동화극을 연기하는 것을 말한다. 이 동화극에서 교사나 학부모는 아동들과 함께 직접 연기자로서 참여하여 공연하며, 아동과 성인이 다 알고 있는 동화를 선택하여 동화극으로 각색하는 일이 바람직하다. 무엇보다도 동화극에서는 내레이션이 매우 중요한 역할을 하기 때문에 아동보다는 구연에 탁월한 교사나 학부모가 무대 한쪽 옆에서 관객을 보면서 내레이션 하는 게 바람직하다. 물론 아동과 성인이 같이 공연하는 동화극이기 때문에 주인공은 아동이, 조연은 어른이 맡는 게 좋다. 동화 「양과 일곱 마리 새끼 늑대」를 각색해서 1막의 동화극으로 만들어보자.

「양과 일곱 마리 새끼 늑대」	동화극 만들기
① 옛날에 행복하고 즐거운 늑대 가족이 있었습니다. 아빠 늑대, 엄마 늑대와 일곱 마리의 작은 늑대 새끼들이었는데, 그 새끼 늑대들은 일곱 쌍둥이로서 세상에 태어났고, 아직 혼자서 숲 안으로 들어가는 것이 금지되었습니다. 어느 날, 아빠 늑대가 이미 일하러 나갔을 때, 엄마 늑대는 그들의 아이들에게 말했습니다. ② "얘들아, 나는 오늘	제1막 제1장 무대: 배경화면에 숲속 전경이 비친다. 늑대의 집 ① 내레이션: (객석을 보면서) 옛날에 행복하고 즐거운 늑대 가족이 있었습니다. 아빠 늑대, 엄마 늑대와 일곱 마리의 작은 늑대 새끼들이었는데, 그 새끼 늑대들은 일곱 쌍둥이로서 세상에 태어났고, 아직 혼자서 숲 안으로 들어가는 것이 금지되었어요. 어느 날, 아빠 늑대가 이미 일하러 나갔을 때, 엄마 늑대는 그들의 아이들에게 말했어요. ② 엄마 늑대: (간절하게 명령하듯이) "얘들

「양과 일곱 마리 새끼 늑대」	동화극 만들기
침구가게 '이끼와 지의'로 가야만 한단다. 너희들을 위해 새로운 침대들을 사기 위해서야. 왜냐하면 오래된 침대들은 완전히 헐었고 더 이상 편안치 않기 때문이지. 다른 결함을 완전히 없애기 위해서란다. 아름답고 씩씩해라. 그리고 동굴 밖으로 나가지 마라. 내가 떠난 동안에 누가 숲을 통해 들어올는지를 우리는 결코 알지 못한단다. 사냥꾼, 경찰, 군인 또는 다른 무장한 사람들, 그들이 어린 늑대들에 대해 좋지 않게 생각하고 있단다. 정오경에 나는 다시 돌아올 거야. 그리고 씩씩하게 있었던 모두에게 어떤 좋은 것을 가져다 줄 거야."	아, 나는 오늘 침구가게 '이끼와 지의'로 가야만 한단다. 너희들을 위해 새로운 침대들을 사기 위해서야. 왜냐하면 오래된 침대들은 완전히 헐었고 더 이상 편안치 않기 때문이지. 다른 결함을 완전히 없애기 위해서란다. 아름답고 씩씩해라. 그리고 동굴 밖으로 나가지 마라. 내가 떠난 동안에 누가 숲을 통해 들어올는지를 우리는 결코 알지 못한단다. 사냥꾼, 경찰, 군인 또는 다른 무장한 사람들, 그들이 어린 늑대들에 대해 좋지 않게 생각하고 있단다. 정오경에 나는 다시 돌아올 거야. 그리고 씩씩하게 있었던 모두에게 어떤 좋은 것을 가져다 줄 거야."
③ "네, 네, 물론, 물론이죠."라고	③ **새끼 늑대 1, 2, 3, 4, 5, 6, 7:** (기뻐하며 동시에 한목소리로) "네, 네, 물론, 물론이죠."
④ 일곱 마리 새끼늑대들은 초조하게 대답했습니다. 왜냐하면 그들은 엄마가 마침내 나감과 동시에, 방해받지 않고 뛰어 놀려고 했고, 이끼-싸움을 할 수 있기 때문이었습니다. 엄마 늑대가 나가자마자, 어린 늑대 새끼들은 신이 나서 놀기 시작했	④ **내레이션:** (객석을 보면서) 일곱 마리 새끼 늑대들은 한목소리로 초조하게 대답했어요. 왜냐하면 그들은 엄마가 마침내 나감과 동시에, 방해받지 않고 뛰어 놀려고 했고, 이끼-싸움을 할 수 있기 때문이에요. 엄마 늑대가 나가자마자, 어린 늑대 새끼들은 신이 나서 놀기 시작했어요. 그러나 아마도

「양과 일곱 마리 새끼 늑대」	동화극 만들기
습니다. 그러나 아마도 한 시간쯤 지나갔을 때, 동굴 입구에서 긁는 소리가 났고, 한 목소리가 외쳤습니다. ⑤ "밖으로 나오렴, 애들아, 너희들 엄마가 돌아 왔단다. 그리고 각자에게 어떤 근사한 것을 가져왔단다. 빨리 나오기만 하렴. 너희들은 또한 그것을 밝은 태양에서 잘 볼 수 있을 거야."	한 시간쯤 지나갔을 때, 동굴 입구에서 긁는 소리가 났고, 한 목소리가 외쳤어요. ⑤ 양: (엄마 늑대처럼) "밖으로 나오렴, 애들아, 너희들 엄마가 돌아 왔단다. 그리고 각자에게 어떤 근사한 것을 가져왔단다. 빨리 나오기만 하렴. 너희들은 또한 그것을 밝은 태양에서 잘 볼 수 있을 거야."
⑥ 그러나 그녀가 이것을 말하는 동안에, 그 목소리가 너무 달그락달그락하고 양처럼 울렸기 때문에, 새끼 늑대들은 큰 소리로 외쳤습니다. ⑦ "아니에요, 우리는 나가지 않아요. 당신은 우리 엄마가 아니에요. 당신은 늙은 떨리는 목소리의 양이에요. 우리 엄마는 깊고, 아름다운 목소리를 가지고 있어요!"	⑥ 내레이션: (객석을 보면서) 그러나 그녀가 이것을 말하는 동안에, 그 목소리가 너무 달그락달그락하고 양처럼 울렸기 때문에, 새끼 늑대들은 큰 소리로 외쳤어요. ⑦ 새끼 늑대 1: "아니에요, 우리는 나가지 않아요. 당신은 우리 엄마가 아니에요. 당신은 늙은 떨리는 목소리의 양이에요. 우리 엄마는 깊고, 아름다운 목소리를 가지고 있어요!"
⑧ 그러자 그 악한 양은 화가 났고 곰곰이, 어떻게 그녀가 목소리를 늑대 엄마처럼 깊고 좋은 음성으로 꾸밀지를 숙고했습니다. 어찌할 바를 모르는 채 그녀는— 숲속의 많은 동물들이 행하듯이 —도처에서 가장 현명한 동물로	⑧ 내레이션: (객석을 보면서) 그러자 그 악한 양은 화가 났고 곰곰이, 어떻게 그녀가 목소리를 늑대 엄마처럼 깊고 좋은 음성으로 꾸밀지를 숙고했어요. 어찌할 바를 모르는 채 그녀는 — 숲속의 많은 동물들이 행하듯이 — 도처에서 가장 현명한 동물로 알려진, 늙은 수리부엉이에게로 갔어요.

「양과 일곱 마리 새끼 늑대」	동화극 만들기
알려진, 늙은 수리부엉이에게로 갔습니다.	제2장 무대: 수리부엉이 집
⑨ "사랑하는 수리부엉이 님"이라고 양은 말했습니다. "어떻게 내가, 내 목소리를 늑대 엄마처럼 그렇게 깊고 좋은 음성으로 꾸밀 수 있을까요?"	⑨ 양: (아첨하듯이) "사랑하는 수리부엉이 님" …… "어떻게 내가, 내 목소리를 늑대 엄마처럼 그렇게 깊고 좋은 음성으로 꾸밀 수 있을까요?"
늙은 수리부엉이는 머리를 옆으로 돌리고 한동안 숙고했습니다. 그러고 나서 그는 말했습니다.	
⑩ "그게 가장 좋겠소, 당신이 내게서 노래 수업을 듣는 게 말이오. 그러나 나는 공짜로 그것을 할 순 없소."	⑩ 수리부엉이: (한참 숙고한 뒤에) "그게 가장 좋겠소, 당신이 내게서 노래 수업을 듣는 게 말이오. 그러나 나는 공짜로 그것을 할 순 없소."
⑪ "그건 단지 내게 맡겨요."라고 양은 대답했습니다. "당신은 내게서 1리터의 가장 맑고 기름진 양 우유를 가질 수 있고, 그 우유로 사람들은 순수한 양 치즈를 만들 수 있어요."	⑪ 양: (아첨하듯이) "그건 단지 내게 맡겨요." …… "당신은 내게서 1리터의 가장 맑고 기름진 양 우유를 가질 수 있고, 그 우유로 사람들은 순수한 양 치즈를 만들 수 있어요."
⑫ "1리터는 충분치 않소."라고 늙은 수리부엉이는 말했습니다. "그러나 2리터라면 나는 그걸 잘할 거요."	⑫ 수리부엉이: (약간 퉁명스럽게) "1리터는 충분치 않소." …… "그러나 2리터라면 나는 그걸 잘할 거요."
⑬ "그래, 좋아요."라고 양은 말했습니다. "당신이 무조건 당신의 위장을 그렇게 많은 치즈로	⑬ 양: (비웃듯이) "그래, 좋아요."…"당신이 무조건 당신의 위장을 그렇게 많은 치즈로 파괴하려고 한다면, 또한 그것은 2리터여야

「양과 일곱 마리 새끼 늑대」	동화극 만들기
파괴하려고 한다면, 또한 그것은 2리터여야겠죠."	겠죠."
⑭ 그리고 그들은 노래시간을 시작했습니다. 그러나 늙은 수리부엉이는 너무 좋은 선생이었고, 양은 새끼 늑대를 속이기 위한 그녀의 관심 때문에, 그리고 너무 주의 깊은 여학생이었기 때문에, 그녀는 30분 안에 아름답고, 깊은 베이스(저음 목소리)를 얻었고, 그 목소리로 그녀는 모든 교회 합창에 등장할 수 있을 정도였습니다.	⑭ 내레이션: (객석을 보면서) 그리고 그들은 노래시간을 시작했어요. 그러나 늙은 수리부엉이는 너무 좋은 선생이었고, 양은 새끼 늑대를 속이기 위한 그녀의 관심 때문에, 그리고 너무 주의 깊은 여학생이었기 때문에, 그녀는 30분 안에 아름답고, 깊은 베이스(저음 목소리)를 얻었고, 그 목소리로 그녀는 모든 교회 합창에 등장할 수 있을 정도였어요.
	제3장 무대: 늑대의 집, 집 앞에 전나무 한 그루가 서있다.
⑮ 양은 수리부엉이에게 지불한 후, 새끼 늑대들의 동굴로 왔습니다. 재차 그녀는 외쳤습니다.	⑮ 내레이션: (객석을 보면서) 양은 수리부엉이에게 지불한 후, 새끼 늑대들의 동굴로 왔어요. 재차 그녀는 외쳤어요.
⑯ "사랑하는 애들아, 나오너라. 너희 엄마가 다시 왔단다. 그리고 각자에게 어떤 좋은 것을 가져왔단다. 빨리 나오렴. 너희들은 그 좋은 것을 밝은 태양에서 또한 잘 볼 수 있단다."	⑯ 양: (엄마 늑대처럼 다정하게) "사랑하는 애들아, 나오너라. 너희 엄마가 다시 왔단다. 그리고 각자에게 어떤 좋은 것을 가져왔단다. 빨리 나오렴. 너희들은 그 좋은 것을 밝은 태양에서 또한 잘 볼 수 있단다."
⑰ 그리고 이번엔 그 목소리가 너무 깊고 아름다웠기 때문에, 새끼 늑대들은 완전히 속았고, 깜박거리는 눈으로 눈부신 오전 태양 아래로 달려 나왔습니다. 그러나 그들이 거의 밖에 나왔을	⑰ 내레이션: (객석을 보면서) 그리고 이번엔 그 목소리가 너무 깊고 아름다웠기 때문에, 새끼 늑대들은 완전히 속았고, 깜박거리는 눈으로 눈부신 오전 태양 아래로 달려 나왔어요. 그러나 그들이 거의 밖에 나왔을 때, 그들은 이미 악한 양에 의해 뿔에 치였고,

「양과 일곱 마리 새끼 늑대」	동화극 만들기
때, 그들은 이미 악한 양에 의해 뿔에 치였고, 높이 전나무 위로 팽개쳐졌으며, 그 전나무의 가지들에 그들은 겁먹은 채 매달려 있었습니다. 왜냐하면 늑대들은 여러분들이 알고 있듯이, 기어 내려올 수 없기 때문입니다. 늑대 굴의 출구가 너무 작기 때문에, 항상 단지 한 번에 한 마리 늑대 새끼가 나올 수 있었습니다. 그리고 거기서 다른 늑대 새끼들은 뒤에서 밀고 나왔습니다. 또한 밖에 누가 서있는지 알았을 때도, 가장 앞에 있는 늑대는 더 이상 뒤로 물러설 수 없었습니다. 단지 그 마지막 가장 약한 늑대 새끼가 그 뒤에 아무도 더 이상 밀지 않았기에, 아직 양이 그 새끼 늑대를 보기 전에, 제때에 안전할 수 있었습니다. 그러나 양은 항상 계산에 어두웠기 때문에, 이미 모든 일곱 마리 새끼 늑대들을 전나무 가지에 걸어 놓았다고 믿었고 깊이 만족하여 떠났습니다. 여러분들이 내게, 왜 양이 결국 그렇게 어린 늑대들에게 악했는	높이 전나무 위로 팽개쳐졌으며, 그 전나무의 가지들에 그들은 겁먹은 채 매달려 있었어요. 왜냐하면 늑대들은 여러분들이 알고 있듯이, 기어 내려올 수 없기 때문입니다. 늑대 굴의 출구가 너무 작기 때문에, 항상 단지 한 번에 한 마리 늑대 새끼가 나올 수 있었어요. 그리고 거기서 다른 늑대 새끼들은 뒤에서 밀고 나왔어요. 또한 밖에 누가 서있는지 알았을 때도, 가장 앞에 있는 늑대는 더 이상 뒤로 물러설 수 없었어요. 단지 그 마지막 가장 약한 늑대 새끼가 그 뒤에 아무도 더 이상 밀지 않았기에, 아직 양이 그 새끼 늑대를 보기 전에, 제때에 안전할 수 있었어요. 그러나 양은 항상 계산에 어두웠기 때문에, 이미 모든 일곱 마리 새끼 늑대들을 전나무 가지에 걸어 놓았다고 믿었고 깊이 만족하여 떠났어요. 여러분들이 내게, 왜 양이 결국 그렇게 어린 늑대들에게 악했는가에 대해 질문한다면, 나는 단지 말할 수 있어요. 그 양이 늑대들에게 자유롭고 자연적인 숲의 생활을 주는 것을 싫어했다고—정확히, 그녀가 결국 그러한 태도를 취했던, 그들의 소유자처럼—시민적 삶의 태도에서 벗어난 모든 것을 질투하는 미움으로 만났다고 말할 수 있어요. 보다 엄밀하게 말하자면, 그것은 전혀 그녀 자신의 미움이 아니라 그녀에게서 나타나는

「양과 일곱 마리 새끼 늑대」	동화극 만들기
가에 대해 질문한다면, 나는 단지 말할 수 있습니다. 그 양이 늑대들에게 자유롭고 자연적인 숲의 생활을 주는 것을 싫어했다고 — 정확히, 그녀가 결국 그러한 태도를 취했던, 그들의 소유자처럼 — 시민적 삶의 태도에서 벗어난 모든 것을 질투하는 미움으로 만났다고 말할 수 있습니다. 보다 엄밀하게 말하자면, 그것은 전혀 그녀 자신의 미움이 아니라, 그녀에게서 나타나는 소시민적 양 소유자의 미움이었습니다. 사람들은 그녀의 모든 자유로운 것에 대한 이러한 미움을 다년간의 외양간 사육에서 뿌리박히게 가르쳐 주었고, 이제 그녀는 그러한 미움을 물론 가장 약한 존재 — 늑대 새끼와 다른 어린 것들에게 나타내는 것입니다. 엄마 늑대가 마침내, 아름답고 깊은 침대-이끼를 지고 집으로 왔을 때, 그녀는 그녀의 아이들을 불렀습니다. 그러나 단지 한 마리 새끼 늑대가 동굴에서 나왔고 그녀에게 일어났던 일에	소시민적 양 소유자의 미움이었어요. 사람들은 그녀의 모든 자유로운 것에 대한 이러한 미움을 다년간의 외양간 사육에서 뿌리박히게 가르쳐 주었고, 이제 그녀는 그러한 미움을 물론 가장 약한 존재 — 늑대 새끼와 다른 어린 것들에게 나타내는 것입니다. 엄마 늑대가 마침내, 아름답고 깊은 침대-이끼를 지고 집으로 왔을 때, 그녀는 그녀의 아이들을 불렀어요. 그러나 단지 한 마리 새끼 늑대가 동굴에서 나왔고 그녀에게 일어났던 일에 대해 이야기했어요. 또한 그녀는 곧 전나무 가지로부터 어린 늑대들의 여섯 마리의 우는 소리를 들었어요. 그 새끼 늑대들은 이미 오랜 매달림으로 인해 매우 허약해졌고, 아래로 외쳤어요.

「양과 일곱 마리 새끼 늑대」	동화극 만들기
대해 이야기했습니다. 또한 그녀는 곧 전나무 가지로부터 어린 늑대들의 여섯 마리의 우는 소리를 들었습니다. 그 새끼 늑대들은 이미 오랜 매달림으로 인해 매우 허약해졌고, ⑱ "제발, 사랑하는 엄마, 우리를 아래로 내려주세요!"라고 외쳤습니다.	⑱ 새끼 늑대 1, 2, 3, 4, 5, 6: (힘없이 동시에 한목소리로) "제발, 사랑하는 엄마, 우리를 아래로 내려주세요!"
⑲ 그러나 물론 엄마 늑대 또한 나무를 기어오를 수 없었습니다. 원래 저녁 전에는 돌아오지 않는 아빠 늑대도 꼭 같이 희박했습니다. 그러자 엄마 늑대는 이웃 동굴로 갔고, 거기에 한 마리 늙은 나무 오르는 곰이 자고 있었습니다. 그녀는 그를 깨웠고 도움을 청했습니다. 그 늙은 나무 타는 곰은 가장 아름다운 달콤한 꿈(벌꿀 꿈)의 한가운데서 깨어났습니다. 그러나 그는 성품이 순하고 게다가 채식으로 살아가는 녀석이었기 때문에, 그는 곧 나무 위로 올라갔고, 여섯 마리 어린 늑대들을 순식간에 나무에서 아래로 데려왔습니다. 그것은 하나의 기쁨이었습니다. 시끄러	⑲ 내레이션: (객석을 보면서) 그러나 물론 엄마 늑대 또한 나무를 기어오를 수 없었어요. 원래 저녁 전에는 돌아오지 않는 아빠 늑대도 꼭 같이 희박하죠. 그러자 엄마 늑대는 이웃 동굴로 갔고, 거기에 한 마리 늙은 나무 오르는 곰이 자고 있었어요. 그녀는 그를 깨웠고 도움을 청했어요. 그 늙은 나무 타는 곰은 가장 아름다운 달콤한 꿈(벌꿀 꿈)의 한가운데서 깨어났어요. 그러나 그는 성품이 순하고 게다가 채식으로 살아가는 녀석이었기 때문에, 그는 곧 나무 위로 올라갔고, 여섯 마리 어린 늑대들을 순식간에 나무에서 아래로 데려왔어요. 그것은 하나의 기쁨이었어요. 시끄러운 흥분 때문에 엄마 늑대는 더욱이, 그녀의 아이들과 함께 욕하는 것을 잊어버렸어요. 그러나 저녁에 아빠 늑대가 집으로 와 그 사건에 대해 들었을 때, 그는 매우 화가 났고 악하게 투덜대면서 말했어요.

「양과 일곱 마리 새끼 늑대」	동화극 만들기
운 흥분 때문에 엄마 늑대는 더욱이, 그녀의 아이들과 함께 욕하는 것을 잊어버렸습니다. 그러나 저녁에 아빠 늑대가 집으로 와 그 사건에 대해 들었을 때, 그는 매우 화가 났고 악하게 투덜대면서 말했습니다. ⑳ "자기다려라, 그 양에게 내가 보복하리라!"	⑳ 아빠 늑대: (화가 나서 결심하듯이) "자기다려라, 그 양에게 내가 보복하리라!"
㉑ 엄마 늑대는 그를 진정시키려 했지만, 소용없었습니다. 다음 날 아침 아빠 늑대는 양 우리로 갔고 엄마 양과 똑같은 짓으로 복수했습니다. 여기서 여러분이 모든 것을 알고 있는 '늑대와 일곱 마리 새끼 양'의 이야기가 시작됩니다.	㉑ 내레이션: (객석을 보면서) 엄마 늑대는 그를 진정시키려 했지만, 소용없었어요. 다음 날 아침 아빠 늑대는 양 우리로 갔고 엄마 양과 똑같은 짓으로 복수했어요. 여기서 여러분이 모든 것을 알고 있는 '늑대와 일곱 마리 새끼 양'의 이야기가 시작됩니다.

2) 동화극의 아동교육 효과

동화를 바탕으로 동화극으로 만드는 일은 동화콘텐츠의 한 분야이다. 일반적으로 동화극을 이야기 극이라고 말하기도 하지만 우리가 말하는 동화극이란 동화를 동화극으로 만드는 일이기 때문에 일반드라마에서 즐겨 쓰는 프라이타크[Freytag]의 극작법[劇作法]인 5부 3동기설(a. 발단 - ① 자극적 동기 → b. 상승 → c. 정점 - ② 비극적 동기 → d. 하강(또는 반전) - ③ 마지막 긴장의 동기 → e. 대단원)을 꼭 지킬 필요는 없다. 오히려 동화 구성 원칙인 '출발-억압-구원-행복'을 바탕으로 동화극을 만들면 된다. 또한 동화극을 몇 막극[幕劇]으로 만들지는 선택한 동화 줄거리에 따라 좌우된다. 즉 동화 줄거리에서 장소의 변화가 다섯 번 이상의 장편동화라면 5막극이 알맞고, 네 번 정도면 4막극, 세 번이면 3막극, 두 번이면 2막극, 한 번이면 1막극이 좋다는 뜻이다.

그럼, 왜 교사와 학부모는 동화극을 만들어 아동교육의 매체로 활용하는 걸까? 그 이유는 동화를 단순히 책으로 교육하는 것보다 동화극을 만들어 교육하면 훨씬 더 효과적이기 때문이다. 따라서 동화극을 통해 유·아동들을 교육한다면 아이 스스로 동화책을 읽을 때보다 훨씬 더 아동의 지적·정서적·사회적·육체적 발달에 커다란 영향을 미칠 수 있다. 동화를 인형극으로 교육하는 방법과 마찬가지로 동화를 동화극으로 교육하는 방법도 동화를 미디어콘텐츠화하는 방법의 하나이다. 동화극이든 동화 인형극이든 동화를 바탕으로 극을 만들어 공연하는 교육방법이기 때문에 동화극의 아동교육 효과도 동화 인형극의 아동교육 효과와 거의 같다. 따라서 동화극의 아동교육 효과에 대해 몇 가지로 정리해보면 다음과 같다.

첫째, 유·아동은 다양한 동화극을 통해 인간의 생사화복[生死禍福]을 간접 경험함으로써 장차 미래의 인생에 대해 준비하는 교육 효과를 가져온다.

둘째, 동화를 소재로 한 동화극이기에 유·아동은 동화극을 봄으로써 꿈과 희망을 가지고 현실을 살아가는 교육 효과를 가져온다.

셋째, 또한 성인도 동화극을 감상함으로써 어린 시절의 향수와 그 당시 가졌던 꿈과 희망을 되씹어보고 현재의 자신과 비교하는 시간을 갖게 된다.

넷째, 동화극 감상을 통해 유·아동은 상상력을 키우고 창조적 능력을 개발하는 교육 효과를 가져온다.

다섯째, 유·아동은 동화극의 극적 효과를 감상함으로써 주인공과 하나 되는 카타르시스를 맛보는 교육 효과를 가져온다.

여섯째, 동화극 등장인물들의 역할에 따라 주인공과 조력자, 가해자와 적수, 가짜주인공 등이 각기 맡은 역을 연기할 때 유·아동은 '과연 나는 어떤 삶을 추구해야 하는가?' 하는 자기 발견[自己發見]의 교육 효과를 가져온다.

일곱째, 동화극을 통해 유·아동은 서로 교통[交通]하고 이해하는 협동심을 기르는 교육 효과를 가져온다.

여덟째, 유·아동은 다양한 형태의 동화극의 여러 가지 스토리를 보고 들음으로써 문제해결 능력을 키우는 교육 효과를 가져온다.

아홉째, 다양한 동화극을 감상함으로써 유·아동은 바람직한 문학 감상태도를 배양하는 교육 효과를 가져온다.

열째, 성인도 다양한 동화극을 감상함으로써 자신의 유·아동기에 경험했던 동화 또는 동화극을 기억하고 지금의 나와 비교하면서 동화 줄거리나 동화 메시지는 세대 간의 큰 차이를 못 느끼지만, 동화를 미디어콘텐츠화하는 기술은 날로 발전한다는 점을 느낄 수 있다.

5장 동화그림책 아동교육

동화그림책 아동교육이란 동화를 바탕으로 그림을 그려 책으로 엮어 아동교육에 이용하는 것을 말한다. 다시 말해 동화를 그림이라는 매체를 이용하여 아동에게 교육하는 방법을 말한다. 즉, 유·아동들의 연령과 수준에 따라 그림만으로 또는 글자보다 많은 그림으로 또는 많은 글자와 그림이 섞여 있는 그림책으로 재미와 감동을 선사하는 그림책 동화 아동교육을 말한다.

1. 동화그림책의 종류

사실 그림책이란 글과 그림을 교묘하게 결합하여 이야기로 전달하는 책이다. 즉 글과 그림, 두 가지 요소가 융합된 책이 그림책이란 뜻이다. 그러나 글 없이 그림만으로 엮은 그림책, 글이 적게 들어간 그림책, 글이 많이 들어간 그림책, 그림을 입체적으로 만든 팝업북

등 다양한 그림책이 동화와 결합되어 동화그림책으로 탄생하는 것이다.

1) 글 없이 그림만으로 엮은 그림책

원래 그림책이란 그림이 든 책을 말한다. 따라서 그림이 없으면 그림책이 아니다. 쉽게 말해 글 없이 그림만으로 그림책을 만들 수 있지만, 그림 없이 글만으로는 그림책을 만들 수 없다는 뜻이다. 예를 들면 이탈리아 그림책 작가 옐라 마리[Jela Mari]의 『알과 암탉』(2006), 『사과와 나비』(1996), 『빨간 풍선의 모험』(1995) 등과, 영국 그림책 작가 레이먼드 브릭스[Raymond Briggs]의 『눈사람 아저씨』(2000), 우리나라 그림책 작가 류재수의 『노란 우산』(2007)처럼 글 없이 그림으로만 이야기를 엮어가는 그림책을 말한다. 글이 없이 그림으로만 이야기를 엮어가는 데도 불구하고 독자인 유·아동은 그림을 보고 마음껏 자신의 상상력과 창의력, 어휘력과 문장력을 발산할 수 있는 장점이 있다. 글 없이 그림으로만 동화 스토리를 전할 수 있다면 얼마나 좋을까 하는 바람으로 동화 「돈 구슬」을 그림책으로 만들어보자.

「돈 구슬」	그림책 만들기
① 옛날 조그만 오두막집에 형제가 사이가 매우 좋았어요. 형제는 가난했지만 형제간의 사이가 매우 좋았어요. ② 형은 항상 먹을 것이 생기면 동생에게 주었어요. "하루 종일 일하느라 힘들었지? 어서	① 그림 1: 오두막집을 배경으로 사이좋은 형제를 그린다. 색깔은 가급적 원색이나 금속 색깔을 사용한다. ② 그림 2: 먹을 것을 건네주는 형과 그것을 받는 동생을 그린다.

「돈 구슬」	그림책 만들기
먹어."	
③ 동생도 항상 형 먼저 생각했지요. "형님, 이 옷 형님이 입으세요." 어느 날, 형제는 일하러 갔다가 집으로 돌아오고 있었어요.	③ 그림 3: 옷을 건네는 동생과 그것을 입는 형을 그린다.
④ 작은 시냇가에 닿아, 형제는 손을 꼭 잡고 시냇물을 건넜어요.	④ 그림 4: 작은 시냇물을 손을 잡고 건너가는 형제를 그린다. 형이 앞에서 동생은 뒤에서 건넌다.
⑤ 그때 물속에서 무엇인가가 반짝거렸어요. "형님, 구슬이에요." "왜 구슬이 여기에 있을까?"	⑤ 그림 5: 물속에서 반짝반짝 빛나는 구슬을 그린다.
⑥ 형제는 구슬을 가지고 집으로 돌아왔어요.	⑥ 그림 6: 구슬을 가지고 집으로 돌아가는 형제를 그린다.
⑦ 형제는 반짝이는 구슬을 항아리에 넣어 두었어요. 다음 날, 형이 항아리 속을 들여다보았어요. "아니, 어떻게 된 일이지?"	⑦ 그림 7: 항아리 속으로 구슬을 집어넣는 형제를 그린다.
⑧ 항아리 속에는 번쩍번쩍 빛나는 금돈 은돈이 가득 들어 있었어요. "얘야, 이것 좀 보렴." 형은 항아리 뚜껑을 열어서 동생에게 보여 주었어요. "우리가 돈을 낳는 구슬을 주운 거야."	⑧ 그림 8: 항아리 속에서 번쩍번쩍 빛나는 금돈 은돈을 가득 그린다.
⑨ 형제는 얼싸안고 기뻐했어요. 구슬은 날마다 항아리 가득 돈을 낳았어요.	⑨ 그림 9: 그 항아리를 둘러싸고 얼싸안고 기뻐하는 형제를 그린다.

「돈 구슬」	그림책 만들기
⑩ "우리가 이제는 부자가 되었으니 가난한 이웃들을 도와주자."	⑩ 그림 10: 부자가 된 형제를 그린다.
⑪ 마음씨 착한 형제는 가난한 사람들에게 쌀과 옷을 나누어 주었어요.	⑪ 그림 11: 가난한 사람들에게 쌀과 옷을 나눠주는 형제를 그린다.
⑫ 세월은 흘러 흘러 형제는 장가 갈 나이가 되었어요. 형은 아랫마을, 동생은 윗마을에서 착하고 어여쁜 각시를 데려왔어요.	⑫ 그림 12: 결혼식 올리는 형제를 그린다.
⑬ 곡식, 비단, 금돈, 은돈을 둘이 똑같이 나누었어요. 그러나 구슬은 한 개뿐이라 나눌 수가 없었어요. "이 구슬은 네가 가지렴." "아니에요. 형님은 가지세요."	⑬ 그림 13: 결혼 후 곡식, 비단, 금돈, 은돈을 똑같이 둘로 나누는 형제를 그린다.
⑭ 형제는 서로 구슬을 양보했어요. 형제는 곰곰이 생각하다가 구슬을 시냇물에 도로 갖다 놓기로 했어요.	⑭ 그림 14: 구슬 하나를 서로 가지라고 양보하는 형제를 그린다.
⑮ 형과 동생은 구슬을 들고 시냇가로 갔어요. ⑯ 구슬을 시냇물 속에 넣으려는데 뭔가 반짝거리는 게 보였어요. "형님, 여기 구슬이 또 하나 있어요." "우리가 사이좋은 걸 알고 하느님이 상을 주셨나 보다."	⑮ 그림 15: 구슬을 들고 다시 시냇가로 가는 형제를 그린다. ⑯ 그림 16: 시냇물 속에서 반짝반짝 빛나는 구슬을 그린다.
⑰ 형제는 구슬을 하나씩 나누어 가졌어요. 그리고 ⑱ 형은 앞집에서, 동생은 뒷집에서 오래오래 행복하게 살았답니다.	⑰ 그림 17: 구슬을 하나씩 손에 들고 있는 형제를 그린다. ⑱ 그림 18: 앞집에 사는 형과 뒷집에 사는 동생의 행복한 모습을 그린다.

2) 글이 적게 들어간 그림책

글이 적게 들어간 그림책이란 글자 그대로 글은 적게 들어가고 그림이 많이 들어간 그림책을 말한다. 예를 들면 영국 그림책 작가 존 버닝햄[John Mackintosh Burningham]의 『지각대장 존』(1995), 『검피 아저씨의 뱃놀이』(1996), 『알도』(2001) 등과 버닝햄의 부인이자 영국 그림책 작가인 헬린 옥슨버리[Helen Oxenbury]의 『곰 사냥을 떠나자』(1994), 『동생이 태어날 거야』(2010) 등과, 영국 그림책 작가 브라이언 와일드스미스[Brian Wildsmith]의 『개에게 뼈다귀를 주세요』(1996), 미국 그림책 작가 모리스 샌닥[Maurice Sendak]의 『괴물들이 사는 나라』(2002), 레오 딜런과 다이앤 딜런 부부 외[外] 8명의 『동그란 지구의 하루』(2004), 영국 그림책 작가 앤서니 브라운[Anthony Browne]의 『마술연필』(2010), 『우리 친구하자』(2011) 등과, 류재수의 『백두산 이야기』(2009)처럼 글이 적게 들어가고 그림이 많이 들어간 그림책을 말한다. 글이 적게 들어간 그림책은 글 없이 그림만 들어 있는 그림책보다 작가의 의도를 표현할 수 있다는 장점이 있다. 그러나 두 가지 그림책 모두 어린 유아나 저학년 아동에게 적합한 교육매체라고 할 수 있다. 글이 적게 들어간 그림책을 전래동화 「꾀 많은 농부」를 가지고 만들어보자.

「꾀 많은 농부」	그림책 만들기
① 옛날 어느 곳에 착한 농사꾼이 아내와 단둘이서 정답게 살고 있었어요. 논밭이 많지 않아 넉넉한 살림은 아니	① 글 1: 옛날 어느 곳에 착한 농사꾼이 아내와 단둘이서 정답게 살고 있었어요. 그림 1:착한 농사꾼 부부의 정답게 사는 모습을 그린다.

「꾀 많은 농부」	그림책 만들기
었지만 부지런히 일하여 따스한 생활을 할 수 있었어요.	
② 어느 날, 부부가 저녁을 먹고 앞으로 농사지을 일들을 의논하고 있는데, 밖에서 두런두런 얘기 소리가 들리는 성 싶더니 사립문을 밀치고 예닐곱 명이나 되어 보이는 장정들이 들어왔어요. 부부는 깜짝 놀라 누구냐고 물으려다가 그들의 모습이 이상하여 말없이 살펴보고만 있었어요. 사람이라면 모르는 사람이 없는 동네인데 이들은 사람이 아닌 도깨비였어요.	② 글 2: 어느 날, 부부가 저녁을 먹고 있는데, 밖에서 사립문을 밀치고 예닐곱 명의 도깨비들이 들어왔어요. 그림 2: 저녁을 먹고 있는 부부와 사립문을 밀치고 들어오는 예닐곱 명의 도깨비들을 그린다.
③ 도깨비들은 어둠 속에 앉아 있는 방안의 주인은 보지도 못했는지 저희끼리 마당에서 떠돌고 있었어요. “어때? 이런 집이면 우리가 놀기에 알맞지 않나?” “그래, 이걸 우리 집으로 하세.” “자, 한판 놀기라도 하자꾸나!”	③ 글 3: 도깨비들은 저희끼리 마당에서 떠돌고 있었어요. 그림 3: 마당에서 떠돌고 있는 도깨비를 그린다.
④ 도깨비들이 휘이 휘이 소리를 내며 그 소리에 맞춰 마	④ 글 4: 도깨비들은 휘이 휘이 소리를 내며 마당에서 춤을 추었어요.

「꾀 많은 농부」	그림책 만들기
당에서 춤을 추었어요. "휘이 휘이 휘이!" "얼씨구 좋다!" "얼씨구 좋아!"	그림 4: 마당에 빙 둘러서 춤을 추는 도깨비를 그린다.
⑤ 도깨비들의 춤추는 광경을 부부는 말없이 내다보고 있었어요.	⑤ 글 5: 도깨비들의 춤추는 광경을 부부는 말없이 내다보고 있었어요. 그림 5: 도깨비들의 춤추는 광경을 방안에서 내다보는 부부를 그린다.
⑥ 한참 춤을 춘 도깨비들이 마루에 와서 앉았어요.	⑥ 글 6: 한참 춤을 춘 도깨비들이 마루에 와서 앉았어요. 그림 6: 마루에 와 앉아 있는 도깨비를 그린다.
그 중의 ⑦ 괴수도깨비인 듯한 한 도깨비가 마루에서 방으로 들어왔어요. 부부는 겁이 나서 악 소리를 치려다가도 꾹 참고 보고 있었어요.	⑦ 글 7: 괴수도깨비가 마루에서 방으로 들어왔어요. 그림 7: 마루에서 방으로 들어오는 괴수도깨비를 그린다.
⑧ "어라? 방에 사람이 있었군." 괴수도깨비가 소리쳤어요. 농부가 그제야 입을 열었어요.	⑧ 글 8: "어라? 방에 사람이 있었군." 괴수도깨비가 소리쳤어요. 그림 8: 방안에 있는 부부에게 소리치는 도깨비를 그린다.
⑨ "남의 집에 말도 없이 들어와서 놀았으면 조용히 돌아갈 것이지 방안에까지 들어오는 건 실례가 아니오?" 이 말에 괴수도깨비가 대꾸했어요.	⑨ 글 9: "남의 집에 말도 없이 들어와서 놀았으면 조용히 돌아갈 것이지 방안에까지 들어오는 건 실례가 아니오?"라고 농부가 말했어요. 그림 9: 괴수도깨비에게 말을 하는 용감한 농부를 그린다.
⑩ "이 집은 우리 집이오. 우리가 놀고 쉬고 할 집이니 당	⑩ 글 10: "이 집은 우리 집이오. 우리가 놀고 쉬고 할 집이니 당신은 나가 주시오."

「꾀 많은 농부」	그림책 만들기
신은 나가 주시오."	그림 10: 농부에게 말하는 괴수도깨비를 그린다.
⑪ "뭐라고요? 이 집이 어찌 당신네 집이란 말이요? 작년부터 우리가 살고 있는 집인데."	⑪ 글 11: "뭐라고요? 이 집이 어찌 당신네 집이란 말이요? 작년부터 우리가 살고 있는 집인데." 그림 11: 괴수도깨비에게 대답하는 농부를 그린다.
⑫ "그래도 이 집은 본디 우리가 쓰던 집이라오. 어서 나가주오."	⑫ 글 12: "그래도 이 집은 본디 우리가 쓰던 집이라오. 어서 나가주오." 그림 12: 농부에게 엉뚱한 말을 하는 괴수도깨비를 그린다.
도깨비의 엉뚱한 말에 농부는 기가 막혀 ⑬ "여보시오, 도깨비 친구들. 이 집은 작년에 내가 내 손으로 지은 집이오. 언제 당신네들이 이 집을 썼다는 거요? 어서 딴 데나 가보시오."	⑬ 글 13: "여보시오, 도깨비 친구들. 이 집은 작년에 내가 내 손으로 지은 집이오. 언제 당신네들이 이 집을 썼다는 거요? 어서 딴 데나 가보시오." 그림 13: 도깨비들을 바라보고 기가 막혀 말하는 농부를 그린다.
작년에 손수 지은 집이라는 말에 도깨비는 더 우길 수가 없었던지 ⑭ "좋아, 그럼 내기를 해서 정하자고. 내가 수수께끼 하나를 낼 테니 대답을 해보오. 당신이 맞히면 당신 집이 되고 내가 맞히면 우리 집이 되는 거요."	⑭ 글 14: "좋아, 그럼 내기를 해서 정하자고. 내가 수수께끼 하나를 낼 테니 대답을 해보오. 당신이 맞히면 당신 집이 되고 내가 맞히면 우리 집이 되는 거요." 그림 14: 농부에게 수수께끼 내기를 하자고 말하는 괴수도깨비를 그린다.
"그런 법이 어디 있단 말이오." 하고 농부가 항의를 했지만 예닐곱 명이나 되는 도깨비들이 을러대는 바람에 어	

「꾀 많은 농부」	그림책 만들기
찌할 수도 없어 수수께끼 내기를 하기로 했어요. 도깨비가 먼저 문제를 냈어요.	
⑮ "동해 바닷물이 모두 몇 바가지나 되겠나?" 바닷물이 몇 바가지냐는 문제에 농부는 어이가 없었으나 잠시 생각하다가 대답했어요.	⑮ 글 15: "동해 바닷물이 모두 몇 바가지나 되겠나?" 그림 15: 농부에게 수수께끼를 내는 괴수도깨비를 그린다.
⑯ "동해 바닷물이 모두 들어가는 큰 바가지로는 한 바가지고, 반만 담을 수 있는 바가지로는 두 바가지요." 도깨비들은 이 대답에 탄복을 했어요. "그렇다 치고 이번에는 당신이 문제를 내시오." 농부는 마루에 나와 서서 말했어요.	⑯ 글 16: "동해 바닷물이 모두 들어가는 큰 바가지로는 한 바가지고, 반만 담을 수 있는 바가지로는 두 바가지요." 그림 16: 수수께끼에 대답하는 농부와 그 대답에 감탄하는 도깨비들을 그린다.
⑰ "내가 지금 마당으로 내려가겠는가, 방으로 들어가겠는가?" 도깨비들은 이 수수께끼를 바로 맞힐 수 없었어요.	⑰ 글 17: "내가 지금 마당으로 내려가겠는가, 방으로 들어가겠는가?" 그림 17: 마루로 나가 수수께끼를 내는 농부를 그린다.
⑱ "그건 너무 어렵다." 괴수도깨비가 농부 앞에서	⑱ 글 18: "그건 너무 어렵다." 그림 18: 수수께끼를 바로 맞힐 수 없는 도깨비

「꾀 많은 농부」	그림책 만들기
두 손을 잡고 절을 하듯이 하며 ⑲ "이 집은 당신 집이 될 수밖에 없으니 우리는 물러가겠소." 하고 떠나갔어요.	들을 그린다. ⑲ 글 19: "이 집은 당신 집이 될 수밖에 없으니 우리는 물러가겠소." 그림 19: 농부 앞에서 두 손을 잡고 절을 하듯이 하며 떠나가는 괴수도깨비를 그린다.

3) 글이 많이 들어간 그림책

글이 많이 들어간 그림책이란 글과 그림의 비율이 반반이거나, 글이 더 많이 들어간 그림책을 말한다. 예를 들면 버닝햄의 『크리스마스 선물』(1997), 브릭스의 『작은 사람』(2005), 루이스 캐럴이 쓰고 앤서니 브라운이 그린 『이상한 나라의 앨리스』(2009)처럼 글이 반 이상 차지하는 그림책을 말한다. 그림 동화 「가시장미 공주」를 가지고 글이 많이 들어간 그림책을 만들어보자.

「가시장미 공주」	그림책 만들기
① 옛날에 한 왕과 왕비가 있었는데, 그들은 매일 "아, 우리가 한 아이를 갖는다면, 얼마나 좋을까!"라고 말했지만 여전히 어떤 아이도 얻지 못했어요. ② 한번은 왕비가 목욕탕에 앉아 있었을 때, 한 마리 개구	① 글 1: 옛날에 한 왕과 왕비가 있었는데, 그들은 매일 "아, 우리가 한 아이를 갖는다면, 얼마나 좋을까!"라고 말했지만 여전히 어떤 아이도 얻지 못했어요. 그림 1: 한 아이를 소망하는 왕과 왕비를 그린다. ② 글 2: 한번은 왕비가 목욕탕에 앉아 있었을 때, 한 마리 개구리가 물에서 땅으로 기어 나와

「가시장미 공주」	그림책 만들기
리가 물에서 땅으로 기어 나와 그녀에게 "당신의 소원이 이루어질 거예요. 1년이 지나기 전에, 당신은 한 명의 딸을 낳게 될 거예요."라고 말하는 일이 발생했어요.	그녀에게 "당신의 소원이 이루어질 거예요. 1년이 지나기 전에, 당신은 한 명의 딸을 낳게 될 거예요."라고 말하는 일이 발생했어요. **그림 2:** 목욕탕에서 개구리와 얘기하는 왕비를 그린다.
③ 개구리가 말했던 일이 이루어졌고, 왕비는 계집아이를 낳았으며, 그 아이가 너무 예뻤기 때문에, 왕은 기뻐서 가만히 있을 수 없었고 커다란 축제를 베풀었어요. 그는 친척들, 친구들 그리고 아는 사람들뿐만 아니라, 또한 요정들도 초대하였는데, 그들이 그 아이를 좋아하고 호의를 가지게 하기 위해서입니다.	③ **글 3:** 개구리가 말했던 일이 이루어졌고, 왕비는 계집아이를 낳았으며, 그 아이가 너무 예뻤기 때문에, 왕은 기뻐서 가만히 있을 수 없었고 커다란 축제를 베풀었어요. 그는 친척들, 친구들 그리고 아는 사람들뿐만 아니라, 또한 요정들도 초대하였는데, 그들이 그 아이를 좋아하고 호의를 가지게 하기 위해서입니다. **그림 3:** 딸을 얻어 기뻐하며 축제를 베푸는 왕과 왕비를 그린다.
④ 그의 나라에는 열세 명의 요정들이 있었어요. 하지만 그는 단지 그들을 위한 열두 개의 황금접시들을 가지고 있었기 때문에, 그들 중에 한 명은 집에 머물러 있어야만 했어요.	④ **글 4:** 그의 나라에는 열세 명의 요정들이 있었어요. 하지만 그는 단지 그들을 위한 열두 개의 황금접시들을 가지고 있었기 때문에, 그들 중에 한 명은 집에 머물러 있어야만 했어요. **그림 4:** 열두 명의 착한 요정과 한 명의 악한 요정을 대비해서 그린다.
⑤ 축하파티는 화려하게 거행되었고, 그것이 끝났을 때, 요정들은 아이에게 그들의 경이로운 선물들을 주었어요. 한	⑤ **글 5:** 축하파티는 화려하게 거행되었고, 그것이 끝났을 때, 요정들은 아이에게 그들의 경이로운 선물들을 주었어요. 한 요정은 용기를, 다른 요정은 아름다움을, 세 번째 요정은

「가시장미 공주」	그림책 만들기
요정은 용기를, 다른 요정은 아름다움을, 세 번째 요정은 부[富]를, 그리고 그렇게 세상에서 원할 수 있는 모든 것을 주었어요.	부[富]를, 그리고 그렇게 세상에서 원할 수 있는 모든 것을 주었어요. **그림 5:** 축하파티 분위기에서 아기에게 용기를 선사하는 요정 1, 아름다움을 선사하는 요정 2, 부를 선사하는 요정 3 등을 그린다.
⑥ 열한 번째 요정이 그녀의 주문을 막 끝마쳤을 때, 갑자기 열세 번째 요정이 들어왔어요. 그녀는 초대받지 못한 것에 대해 복수하려고 했으며, 아무에게도 인사하거나 단지 쳐다보지도 않고, 큰 소리로 "공주는 열다섯 살 때 물렛가락에 찔려 죽고야 말 것이다."라고 외쳤어요. 그리고 어떤 말도 더하지 않고, 몸을 돌려서 홀을 떠났어요.	⑥ **글 6:** 열한 번째 요정이 그녀의 주문을 막 끝마쳤을 때, 갑자기 열세 번째 요정이 들어왔어요. 그녀는 초대받지 못한 것에 대해 복수하려고 했으며, 아무에게도 인사하거나 단지 쳐다보지도 않고, 큰 소리로 "공주는 열다섯 살 때 물렛가락에 찔려 죽고야 말 것이다."라고 외쳤어요. 그리고 어떤 말도 더 하지 않고, 몸을 돌려서 홀을 떠났어요. **그림 6:** 악한 요정 13이 나타나 저주의 말을 내뱉는 모습을 그린다.
⑦ 모든 사람들이 놀랬고, 그때 그녀의 소원이 아직 남아 있었던 열두 번째 요정이 들어왔어요. 그리고 그녀는 그 나쁜 주문을 취소할 수는 없었고 단지 경감할 수 있었기 때문에, 그녀는 "그러나 죽음이 아니라, 공주는 백 년 동안의 깊은 잠에 빠져들 것이다."라고 말했어요.	⑦ **글 7:** 모든 사람들이 놀랬고, 그때 그녀의 소원이 아직 남아 있었던 열두 번째 요정이 들어왔어요. 그리고 그녀는 그 나쁜 주문을 취소할 수는 없었고 단지 경감할 수 있었기 때문에, 그녀는 "그러나 죽음이 아니라, 공주는 백 년 동안의 깊은 잠에 빠져들 것이다."라고 말했어요. **그림 7:** 착한 요정 12가 저주를 완화하는 말을 하는 장면을 그린다.

「가시장미 공주」	그림책 만들기
⑧ 그의 사랑하는 아이를 불행에서 기꺼이 지키려는 왕은, 전체 왕국에서 모든 물렛가락들을 다 태워버리라는 명령을 내렸어요.	⑧ 글 8: 그의 사랑하는 아이를 불행에서 기꺼이 지키려는 왕은, 전체 왕국에서 모든 물렛가락들을 다 태워버리라는 명령을 내렸어요. 그림 8: 전체 왕국에서 모든 물렛가락들을 다 태워버리라는 명령하는 왕을 그린다.
⑨ 그 소녀에게 그러나 요정들의 축복들이 전부 성취되었어요. 왜냐하면 그 아이가 너무 예쁘고, 정숙하고, 친절하며 총명해서 아이를 본 사람은 누구나 그 아이를 좋아해야만 했기 때문입니다. 아이가 바로 열다섯 살이 되던 날에, 왕과 왕비는 집에 없었고 그 소녀는 오직 혼자서 성에 머물러 있는 일이 생겼어요.	⑨ 글 9: 그 소녀에게 그러나 요정들의 축복들이 전부 성취되었어요. 왜냐하면 그 아이가 너무 예쁘고, 정숙하고, 친절하며 총명해서 아이를 본 사람은 누구나 그 아이를 좋아해야만 했기 때문입니다. 아이가 바로 열다섯 살이 되던 날에, 왕과 왕비는 집에 없었고 그 소녀는 오직 혼자서 성에 머물러 있는 일이 생겼어요. 그림 9: 너무 예쁘고, 정숙하고, 친절하며 총명한 15살 먹은 소녀를 그린다.
⑩ 그러자 그녀는 곳곳을 돌아다녔고, 그녀의 관심에 따라, 거실과 침실들을 들여다보았으며, 마침내 또한 오래된 탑에 도착했어요. 그녀는 좁은 나선형 층계를 올라갔고, 한 작은 문에 도달했어요.	⑩ 글 10: 그러자 그녀는 곳곳을 돌아다녔고, 그녀의 관심에 따라, 거실과 침실들을 들여다보았으며, 마침내 또한 오래된 탑에 도착했어요. 그녀는 좁은 나선형 층계를 올라갔고, 한 작은 문에 도달했어요. 그림 10: 거실과 침실들을 들여다보고, 마침내 오래된 탑에 도착한 소녀를 그린다.
⑪ 자물쇠에 하나의 녹슨 열쇠가 꽂혀 있었고, 그녀가 돌리자 문이 열렸으며, 거기 작은 방안에 한 늙은 노파가 물렛가	⑪ 글 11: 자물쇠에 하나의 녹슨 열쇠가 꽂혀 있었고, 그녀가 돌리자 문이 열렸으며, 거기 작은 방안에 한 늙은 노파가 물렛가락을 가지고 앉아 있었고, 민첩하게 그녀의 아마를 짜고

「가시장미 공주」	그림책 만들기
락을 가지고 앉아 있었고, 민첩하게 그녀의 아마를 짜고 있었어요. ⑫ "안녕하세요, 할머니, 지금 뭐 하는 거예요?"라고 공주가 말했어요. "나는 짜고 있단다."라고 노파는 말했고 고개를 끄덕였어요. "그렇게 재미있게 이리저리 왔다 갔다 하는 그 물건은 무엇인가요?"라고 소녀는 말했고, 그 물렛가락을 잡았으며 또한 짜려고 했어요. ⑬ 그러나 그녀가 물렛가락에 손을 대자마자, 주문이 실현되었고, 그녀는 그것에 손가락이 찔렸어요. 그러나 그녀가 찔림을 느꼈던 그 순간에, 거기 놓여 있던 침대 위로 쓰러졌고, 깊은 잠에 빠졌어요. ⑭ 그리고 이러한 잠은 성 전체로 퍼졌고, 방금 성에 도착하여 홀 안으로 들어왔던 왕과 왕비가 잠들기 시작했으며, 그들과 함께 모든 신하들이 잠들기 시작했어요. ⑮ 그때 또한 말들은 마구간에서, 개들은 안마당에서, 비둘	있었어요. 그림 11: 녹슨 열쇠가 꽂혀 있는 문이 열리고, 작은 방안에 물렛가락을 가지고 앉아 있는 한 늙은 노파를 그린다. ⑫ 글 12: "안녕하세요, 할머니, 지금 뭐 하는 거예요?"라고 공주가 말했어요. "나는 짜고 있단다."라고 노파는 말했고 고개를 끄덕였어요. "그렇게 재미있게 이리저리 왔다 갔다 하는 그 물건은 무엇인가요?"라고 소녀는 말했고, 그 물렛가락을 잡았으며 또한 짜려고 했어요. 그림 12: 아마를 짜고 있는 할머니와 대화하면서 물렛가락을 잡는 소녀를 그린다. ⑬ 글 13: 그러나 그녀가 물렛가락에 손을 대자마자, 주문이 실현되었고, 그녀는 그것에 손가락이 찔렸어요. 그러나 그녀가 찔림을 느꼈던, 그 순간에, 거기 놓여 있던 침대 위로 쓰러졌고, 깊은 잠에 빠졌어요. 그림 13: 물렛가락에 손가락이 찔려 거기 놓여 있던 침대 위로 쓰러져서, 깊은 잠에 빠지는 소녀를 그린다. ⑭ 글 14: 그리고 이러한 잠은 성 전체로 퍼졌고, 방금 성에 도착하여 홀 안으로 들어왔던, 왕과 왕비가 잠들기 시작했으며, 그들과 함께 모든 신하들이 잠들기 시작했어요. 그림 14: 성의 홀 안에서 잠이든 왕과 왕비 그리고 모든 신하를 그린다. ⑮ 글 15: 그때 또한 말들은 마구간에서, 개들은

「가시장미 공주」	그림책 만들기
기들은 지붕 위에서, 파리들은 벽에서 잠들었고, 뿐만 아니라 아궁이에서 타고 있던 불마저 멈추고 잠들었으며, 구운 고기가 구워지는 것을 멈췄고, 주방의 보이가 어떤 일을 실수했기 때문에, 그의 머리를 잡아끌려고 했던 요리사는 그를 놓아주며 잠들었어요. 그리고 바람이 잠들었고, 성 앞의 나무들 위에 어떤 나뭇잎도 더 이상 움직이지 않았어요.	안마당에서, 비둘기들은 지붕 위에서, 파리들은 벽에서 잠들었고, 뿐만 아니라 아궁이에서 타고 있던 불마저 멈추고 잠들었으며, 구운 고기가 구워지는 것을 멈췄고, 주방의 보이가 어떤 일을 실수했기 때문에, 그의 머리를 잡아끌려고 했던 요리사는 그를 놓아주며 잠들었어요. 그림 15: 마구간에서 잠든 말들, 안마당에서 잠든 개들, 지붕 위에서 잠든 비둘기들, 벽에서 잠든 파리들을 그린다. 또한 아궁이에서 타고 있던 불마저 멈추고 잠든 모습, 구운 고기가 구워지는 것을 멈춘 모습, 주방의 보이의 머리를 잡아끌려고 했던 요리사의 잠든 모습을 그린다. 성 앞의 나무들 위에 어떤 나뭇잎도 더 이상 움직이지 않는 모습을 그린다.
⑯ 그러나 성을 둘러싸고 가시나무 덤불이 자라기 시작했고, 해마다 높아졌으며 마침내 전체 성을 에워쌌고 그 위로 자라나서, 그것에 대해 더 이상 아무것도 볼 수 없었고, 지붕 위에 깃발조차도 볼 수 없었어요.	⑯ 글 16: 그러나 성을 둘러싸고 가시나무 덤불이 자라기 시작했고, 해마다 높아졌으며 마침내 전체 성을 에워쌌고 그 위로 자라나서, 그것에 대해 더 이상 아무것도 볼 수 없었고, 지붕 위에 깃발조차도 볼 수 없었어요. 그림 16: 가시나무 덤불에 둘러싸인 성을 그린다.
⑰ 그러나 공주가 그렇게 불렸기 때문에, 아름다운 잠자는 가시장미 공주에 대한 전설이 그 나라에 퍼졌고, ⑱ 때때로 왕자들이 와서 가시울타리를 뚫고 성안으로 들어가려고 했	⑰ 글 17: 그러나 공주가 그렇게 불렸기 때문에, 아름다운 잠자는 가시장미 공주에 대한 전설이 그 나라에 퍼졌어요. 그림 17: 아름다운 잠자는 가시장미 공주를 그린다. ⑱ 글 18: 때때로 왕자들이 와서 가시울타리를 뚫고 성안으로 들어가려고 했어요. 그러나 그

「가시장미 공주」	그림책 만들기
어요. 그러나 그것은 그들에게 불가능했어요. 왜냐하면 가시들이 마치 손을 가진 양, 꽉 함께 묶여 있었기 때문에, 젊은이들은 거기에 걸려 머물렀으며, 다시 벗어날 수 없었고 비참하게 죽었어요.	것은 그들에게 불가능했어요. 왜냐하면 가시들이 마치 손을 가진 양, 꽉 함께 묶여 있었기 때문에, 젊은이들은 거기에 걸려 머물렀으며, 다시 벗어날 수 없었고 비참하게 죽었어요. **그림 18**: 가시울타리에 매달려 비참하게 죽는 왕자들을 그린다.
⑲ 길고 긴 수년이 지난 후 한번은 다시금 한 왕자가 그 나라에 왔고, 늙은 남자가 가시울타리에 대해, 하나의 성이 그 속에 숨겨져 있는데, 성안에 가시장미 공주라고 불리는 경이롭게 아름다운 공주가 이미 백 년 동안 잠자고 있으며, 그녀와 함께 왕과 왕비 그리고 모든 신하가 잠자고 있다고 이야기하는 것을 들었어요. 그는 또한 그의 할아버지에게서, 이미 많은 왕자들이 왔었고 가시울타리를 통해 들어갈 것을 시도했으나, 그들은 가시울타리에 걸려서 비참하게 죽었다는 것을 알았어요. 그러자 젊은이는 "나는 두렵지 않아요. 나는 들어가서 아름다운 가시장미 공주를 볼 거예	⑲ **글 19**: 길고 긴 수년이 지난 후 한번은 다시금 한 왕자가 그 나라에 왔고, 늙은 남자가 가시울타리에 대해, 하나의 성이 그 속에 숨겨져 있는데, 성안에 가시장미 공주라고 불리는 경이롭게 아름다운 공주가 이미 백 년 동안 잠자고 있으며, 그녀와 함께 왕과 왕비 그리고 모든 신하가 잠자고 있다고 이야기하는 것을 들었어요. 그는 또한 그의 할아버지에게서, 이미 많은 왕자들이 왔었고 가시울타리를 통해 들어갈 것을 시도했으나, 그들은 가시울타리에 걸려서 비참하게 죽었다는 것을 알았어요. 그러자 젊은이는 "나는 두렵지 않아요. 나는 들어가서 아름다운 가시장미 공주를 볼 거예요!"라고 말했어요. 착한 노인은 그에게 하지 말라고 충고했으나 그는 그의 말을 듣지 않았어요. **그림 19**: 할아버지와 대화하는 용감한 왕자를 그린다.

「가시장미 공주」	그림책 만들기
요!"라고 말했어요. 착한 노인은 그에게 하지 말라고 충고했으나 그는 그의 말을 듣지 않았어요.	
⑳ 이제 바로 백 년이 흘러갔고, 가시장미 공주가 다시 깨어나야만 하는 그 날이 왔어요. 왕자가 가시울타리에 가까이 왔을 때, 거기엔 오직 커다랗고 아름다운 꽃들만이 있었어요. 그 꽃들은 저절로 분리되었고, 그를 상처하나 입히지 않고 통과시켰으며, 그의 뒤에서 꽃들은 다시 하나의 울타리로 결합되었어요.	⑳ 글 20: 이제 바로 백 년이 흘러갔고, 가시장미 공주가 다시 깨어나야만 하는 그 날이 왔어요. 왕자가 가시울타리에 가까이 왔을 때, 거기엔 오직 커다랗고 아름다운 꽃들만이 있었어요. 그 꽃들은 저절로 분리되었고, 그를 상처하나 입히지 않고 통과시켰으며, 그의 뒤에서 꽃들은 다시 하나의 울타리로 결합되었어요. 그림 20: 가시울타리가 아름다운 꽃으로 변해 왕자를 통과시키는 장면을 그린다.
㉑ 성의 안마당에서 그는 말들과 얼룩점이 있는 사냥개들이 누워서 잠자고 있는 것을 보았고, 지붕 위에 비둘기들이 앉아서 머리를 날개 아래로 파묻고 있는 것을 보았어요. 그가 집 안으로 들어왔을 때, 파리들이 벽에서 잠자고 있었고, 부엌에 있는 요리사는 마치 그가 젊은이를 움켜잡으려는 듯이 손을 뻗고 있었으며, 하녀는 털을 뽑아야 하는 검은 닭 앞에	㉑ 글 21: 성의 안마당에서 그는 말들과 얼룩점이 있는 사냥개들이 누워서 잠자고 있는 것을 보았고, 지붕 위에 비둘기들이 앉아서 머리를 날개 아래로 파묻고 있는 것을 보았어요. 그가 집 안으로 들어왔을 때, 파리들이 벽에서 잠자고 있었고, 부엌에 있는 요리사는 마치 그가 젊은이를 움켜잡으려는 듯이 손을 뻗고 있었으며, 하녀는 털을 뽑아야 하는 검은 닭 앞에 앉아 있었어요. 그림 21: 성안에서 잠들어 있는 말, 사냥개, 비둘기, 파리, 젊은이와 요리사, 하녀 곁을 지나가는 왕자를 그린다.

「가시장미 공주」	그림책 만들기
앉아 있었어요. ㉒ 그는 계속 걸어갔고, 홀 안에서 모든 신하들이 누워서 잠자고 있는 것을 보았으며, 위에 왕좌 곁에 왕과 왕비가 누워 있는 것을 보았어요. 그는 계속 걸어갔고, 모든 것이 너무 조용했기 때문에, 그는 자기의 숨소리를 들을 수 있었으며, ㉓ 마침내 그는 탑에 도착했고, 가시장미 공주가 잠들어 있는, 작은 방으로 들어가는 문을 열었어요. ㉔ 거기에 공주가 누워 있었고 너무 아름다웠기 때문에, 그는 눈을 다른 데로 돌릴 수 없었으며, 몸을 구부려 그녀에게 키스했어요. 그의 키스가 그녀에게 닿았을 때, 가시장미 공주는 눈을 뜨고 깨어났으며, 그를 아주 다정하게 바라보았어요. ㉕ 그리고 그들은 함께 아래로 내려왔고, ㉖ 왕은 깨어났으며 왕비와 모든 신하들도 커다란 눈으로 서로를 바라보았어요. ㉗ 그리고 안마당에 있던 말들은 일어서서 몸	㉒ 글 22: 그는 계속 걸어갔고, 홀 안에서 모든 신하들이 누워서 잠자고 있는 것을 보았으며, 위에 왕좌 곁에 왕과 왕비가 누워 있는 것을 보았어요. 그는 계속 걸어갔고, 모든 것이 너무 조용했기 때문에, 그는 자기의 숨소리를 들을 수 있었어요. 그림 22: 홀 안에 잠들어 있는 왕과 왕비, 신하 곁을 지나가는 왕자를 그린다. ㉓ 글 23: 마침내 그는 탑에 도착했고, 가시장미 공주가 잠들어 있는 작은 방으로 들어가는 문을 열었어요. 그림 23: 가시장미 공주가 잠들어있는, 작은 방으로 들어가는 문을 여는 왕자를 그린다. ㉔ 글 24: 거기에 공주가 누워 있었고 너무 아름다웠기 때문에, 그는 눈을 다른 데로 돌릴 수 없었으며, 몸을 구부려 그녀에게 키스했어요. 그의 키스가 그녀에게 닿았을 때, 가시장미 공주는 눈을 뜨고 깨어났으며, 그를 아주 다정하게 바라보았어요. 그림 24: 거기에 누워 있는 공주에게 몸을 구부려 키스하는 왕자를 그린다. ㉕ 글 25: 그리고 그들은 함께 아래로 내려왔어요. 그림 25: 함께 아래로 내려오는 왕자와 공주를 그린다. ㉖ 글 26: 왕은 깨어났으며 왕비와 모든 신하들도 커다란 눈으로 서로를 바라보았어요. 그림 26: 깨어난 왕과 왕비 그리고 신하들이

「가시장미 공주」	그림책 만들기
을 흔들었으며, 사냥개들은 뛰어오르며 꼬리를 흔들었고, 지붕 위에 있던 비둘기들은 머리를 날개 아래에서 끄집어내며 주위를 둘러보고 들판으로 날아갔어요. 벽에 붙어 있던 파리들은 계속 기어갔고, 부엌에 있던 불은 일어나 가물가물 타올랐으며 음식을 요리했어요. 구운 고기는 다시 구워지기 시작했고, 요리사는 젊은이의 따귀를 때렸으며, 그는 소리 질렀고, 하녀는 닭의 털을 다 뽑았어요. ㉘ 그러고 나서 가시장미 공주와 왕자의 결혼식이 화려하게 거행되었고, 그들은 그들의 마지막까지 행복하게 살았답니다.	서로 눈을 크게 뜨고 바라보는 모습을 그린다. ㉗ 글 27: 그리고 안마당에 있던 말들은 일어서서 몸을 흔들었으며, 사냥개들은 뛰어오르며 꼬리를 흔들었고, 지붕 위에 있던 비둘기들은 머리를 날개 아래에서 끄집어내며 주위를 둘러보고 들판으로 날아갔어요. 벽에 붙어 있던 파리들은 계속 기어갔고, 부엌에 있던 불은 일어나 가물가물 타올랐으며 음식을 요리했어요. 구운 고기는 다시 구워지기 시작했고, 요리사는 젊은이의 따귀를 때렸으며, 그는 소리 질렀고, 하녀는 닭의 털을 다 뽑았어요. 그림 27: 잠에서 깨어난 말, 사냥개, 비둘기, 파리, 부엌의 불, 구워지는 고기, 젊은이의 따귀를 때리는 요리사, 닭의 털을 뽑는 하녀의 모습을 그린다. ㉘ 글 28: 그러고 나서 가시장미 공주와 왕자의 결혼식이 화려하게 거행되었고, 그들은 그들의 마지막까지 행복하게 살았답니다. 그림 28: 화려한 결혼식을 올리는 공주와 왕자를 그린다.

2. 동화그림책의 아동교육 효과

동화를 바탕으로 그림책을 만들어 아동을 교육하는 방법은 그림 없는 동화책을 읽는 방법보다 훨씬 효과적이다. 그 이유는 유·아동은 그림책을 통해 글로만 된 동화를 읽는 것보다 이야기의 내용을 훨씬 잘 이해할 수 있고, 아름다운 환상의 세계로 쉽게 빠져들며, 그림책의 주인공을 통해 자신의 미래의 모습과 비전을 갖고 성장할 수 있기 때문이다. 동화그림책의 아동교육 효과에 대해 몇 가지로 정리해서 알아보면 다음과 같다.

첫째, 글 없는 동화그림책은 글을 모르는 유아들에게 그림을 보고 이야기할 수 있는 창의력을 길러주는 데 효과적이다.

둘째, 동화그림책의 그림을 애니메이션, 클레이 애니메이션, 인형사진, 삽화(일러스트레이션), 팝업북, 수채화, 유화, 파스텔화, 판화, 컴퓨터 그래픽 등 다양한 그림으로 묘사함으로써 글의 문학적 구성뿐만 아니라, 그림의 예술적 구성으로 아동의 시각적·정서적·지적 능력을 향상시키는 교육 효과를 가져온다.

셋째, 동화그림책을 통한 아동교육은 글만을 읽을 때 막연하게 그려왔던 주인공의 모습을 그림으로 뚜렷이 각인함으로써 유·아동들에게 주인공과 동일시되는 쾌감을 맛보게 하며, 동시에 현실에서 미래의 주인공으로 살아갈 꿈과 희망을 일깨우는 교육 효과를 가져올 수 있다.

넷째, 유·아동은 낙서하기나 그리기를 참 좋아한다. 따라서 동화그림책을 통해 올바른 그리기와 쓰기 방법을 자연스럽게 터득할 수 있는 교육 효과가 있다.

다섯째, 현재 국내의 유·아동 문학시장은 그림책의 전성시대라고 할 정도로 전 세계 그림책이 출판되기가 무섭게 바로 소개되고 있다. 그로 인해 국내 그림책 작가들에게 좋은 자극과 발전을 가져오겠지만, 외국 그림책이 그대로 번역되어 전해지는 수준을 탈피하지 못하고 있는 실정이다. 따라서 글로벌 시대에 발맞춰 외국 그림책만 선호할 게 아니라, 우리 동화를 그림책으로 양산하여 세계적 수준으로 끌어 올리는 작업이 시급하다고 하겠다. 세계화에 걸맞은 우리 동화그림책의 양산이야말로 우리 아동들의 올바른 가치관과 정체성을 갖게 하는 데 바람직한 교육방법이라고 생각한다. 다행히 동화그림책 작가에 관심을 갖고, 그 일을 위해 매진하는 사람이 증가하고 있다고 한다. 다다익선(多多益善)의 교훈대로 많은 이가 그림책 작가로서 미래의 자산인 유·아동들에게 양질의 동화그림책을 보여줄 수 있다면, 우리 동화그림책을 통한 아동교육의 내용과 질 또한 매우 효과적일 것이라 생각한다.

참고문헌

Apel, Friedmar: *Die Zaubergärten der Phantasie.* Zur Theorie und Geschichte des Kunstmärchens, Carl Winter Universitätsverlag Heidelberg, 1978, S. 257-275.

Bastian, Ulrike: *Die "Kinder-und Hausmärchen" der Brüder Grimm in der literaturpädagogischen Diskussion des 19. und 20. Jahrhunderts*, Haag + Herchen Verlag Frankfurt/Main, 1981.

Beit, Hedwig von: Symbolik des Märchens. Versuch einer Deutung, Francke Verlag Bern, 2. Aufl., 1960, S. 21-259.

Brüder Grimm: *Kinder-und Hausmärchen*, Wissenschaftliche Buchgesellschaft Darmstadt, 1978.

Ders.: *Das deutsche Kunstmärchen des zwanzigsten Jahrhunderts*, J. B. Metzlersche Verlagsbuchhandlung Stuttgart, 1981, S. 50-53.

____: *Das Volksmärchen als Dichtung und als Aussage*, in: Wege der Märchenforschung, Hrsg. von F. Karlinger, Wissenschaftliche Buchgesellschaft Darmstadt, 1985, S. 295-310.

____: *Die Gabe im Märchen und in der Sage*, Zürich, 1943, S. 18-89.

____: *Die historischen Wurzeln des Zaubermärchens*, Carl Hanser Verlag München, 1987, S. 208-440.

Ders.: *Die Stellung des Dornröschenmärchens zum Mythos und zur Heldensage*, in: Antiker Mythos in unseren Märchen, Hrsg. von W. Siegmund, im Erich Röth-Verlag Kassel, 1984, S.125-137.

____: *Es war einmal*, Vandenhoeck & Ruprecht in Göttingen, 3. Aufl., 1968, S. 5-18.

____: *Fragmente*, Hrsg. von Ernst Kamnitzer, Wolfgang Jess Verlag in Dresden, 1929.

____: *Fragmente Ⅱ*, Hrsg. von Ewald Wasmuth, Verlag Lambert Schneider Heidelberg, 1957, S. 339-354.

____: *Schriften*(1. Bd.) *Das Märchen von Hyacinth und Rosenblüthe*, in Die Lehrlinge zu Sais, Hrsg. von P. Kluckhohn und R. Samuel, Verlag W. Kohlhammer Stuttgart, 1977, S. 91-95.

Dettmering, Peter(Hrsg.): *Kinder-und Hausmärchen der Gebrüder Grimm, Erstdruckfassung 1812~1815*, Verlag Dietmar Klotz GmbH Eschborn bei Frankfurt am Main, 2004.

Dies.: *Psychologische Märchen*, Kösel-Verlag München, 1986.

Dolle, Bernd(Hrsg.): *Es wird einmal*. Soziale Märchen der Zwanziger Jahre, Weismann Verlag München, 1983, S. 152-166.

Fetscher, Iring: *Wer hat Dornröschen wachgeküßt?*, das Märchen-Verwirrbuch, Fischer Taschenbuch Verl. Frankfurt am Main, 1976.

Franz, Marie-Louise von: *Der Schatten und das Böse im Märchen*, Kösel-Verlag München, 1985.

Freud, Sigmund: *Die Ichspaltung im Abwehrvorgang*, GW XⅦ, S. Fischer Verlag Frankfurt am Main, 1938.

Geerken, Hartmut(Hrsg.): *Die goldene Bombe. Expressionistische Märchendichtungen und Grotesken*, Agora Darmstadt, 1970.

Hermann Hesse: *Die Märchen*, Suhrkamp Taschenbuch Verlag, Frankfurt am Main, 1975.

Jolles, André: *Einfache Form*, Max Niemeyer Verlag Tübingen, 5. Aufl., 1974.

Karlinger, Felix: *Grundzüge einer Geschichte des Märchens im deutschen Sprachraum*, Wissenschaftliche Buchgesellschaft Darmstadt, 1983.

Klotz, Volker: *Das europäische Kunstmärchen*, J. B. Metzlersche Verlagsbuchhandlung Stuttgart, 1985.

Knüsel, Käthi: *Reden und Schweigen in Märchen und Sagen*, Diss. Zürich, 1980, S. 9-21.

Lee, Song Hoon: *Die Dualismusprobleme bei Hugo von Hofmannsthal*, Diss. Bielefeld, 1992.

Lüthi, Max: *Das europäische Volksmärchen*, Francke Verlag München, 5. Aufl., 1976.

Novalis: *Schriften*(1. Bd.), Hrsg. von Paul Kluckhohn und Richard Samuel, W. Kohlhammer Verlag Stuttgart, 1960.

Obenauer, Karl Justus: *Das Märchen*, Vittorio Klostermann Frankfurt am Main, 1959, S. 7-281.

Paede, Paul: *Krankheit, Heilung und Entwicklung im Spiegel der Märchen*, Vittorio Klostermann Frankfurt am Main, 1986.

Poser, Therese: *Das Volksmärchen*, R. Oldenbourg Verlag München, 1980.

Propp, Vladimir: *Morphologie des Märchens,* Hrsg. von Karl Eimermacher, Suhrkamp München, 1975.

Rölleke, Heinz(Hrsg.): *Die älteste Märchensammlung der Brüder Grimm*,

Fondation Martin Bodmer Cologny-Genève, 1975.

Schneeberger, Irmgard: *Das Kunstmärchen in der ersten Hälfte des 20. Jahrhunderts*, Diss. München, 1960.

Stier-Somlo, Helene: *Das Grimmsche Märchen als Text für Opern und Spiele*, Walter de Gruyter & Co. Berlin und Leipzig, 1926.

Tismar, Jens: *Kunstmärchen*, J.B. Metzlersche Verlagsbuchhandlung Stuttgart, 1977.

Wellek, Albert: *Die Polarität im Aufbau des Charakters*, Francke Verlag Bern und München, 3. Aufl., 1966.

Wesselski, Albert: *Versuch einer Theorie des Märchens*, Verlag Dr. H.A. Gerstenberg Hildesheim, 1974.

Wilpert, Gero von: *Sachwörterbuch der Literatur*, Alfred Kröner Verlag Stuttgart, 5. Aufl., 1969, S.753,754.

Wolfersdorf, Peter: *Märchen und Sage in Forschung, Schule und Jugendflege*, Waisenhaus-Buchdruckerei und Verlag Braunschweig, 1958.

강정연, 『심술쟁이 버럭영감』, 비룡소, 서울, 207.

권정생 외 4인, 『똘배가 보고 온 달나라』, 창작과비평사, 서울, 1983.

김열규 옮김, 『어른을 위한 그림형제동화전집』, 현대지성사, 경기 고양시, 2010.

김철수 · 간호옥, 『아동문학의 이해와 교수학습』, 도서출판 한글, 서울, 2009.

마해송, 『사슴과 사냥개』, 창작과비평사, 서울, 1981.

미사오 키류[Misao Kiryu], 『알고 보면 무시무시한 그림동화』, 이정환 역, 서울문화사 서울, 1999.

윤후남 옮김, 『어른을 위한 안데르센 동화전집』, 현대지성사, 경기 고양시, 2004.

이링 페처[Iring Fetscher], 『누가 잠자는 숲 속의 공주를 깨웠는가』, 이진우 역, 철학과현실사 서울, 1991.

이미애, 『TV동화 행복한 세상』, 박인식 기획, 샘터, 서울, 2002.

이성훈, 『동화의 이해』, 건국대학교출판부, 서울, 2003.

______, 『그림동화 — 동창미인 그림형제』, 건국대학교출판부, 서울, 2011.

이원수, 『꼬마 옥이』, 창작과비평사, 서울, 1983.

이원수 · 손동인 엮음, 『한국전래동화집』 1~6, 창작과비평사, 서울, 2002.

이주홍, 『못나도 울엄마』, 창작과비평사, 서울, 1983.

황선미, 『마당을 나온 암탉』, 사계절, 서울, 2003.

www.google.co.kr

www.naver.com

www.daum.net

찾아보기

ㄱ

ㅇ

ㅍ

ㅎ

아동교육매체로서 동화

초판 1쇄 찍은날 2014년 1월 10일
초판 1쇄 펴낸날 2014년 1월 15일
지은이 이성훈
펴낸이 송희영
펴낸곳 건국대학교출판부
등록 / 제4-3 호(1971. 6. 21)
주소 / 143-701, 서울시 광진구 능동로 120
전화 / (02)450-3891~3 팩스 / (02)457-7202
홈페이지 / http://press.konkuk.ac.kr
e-mail / press@konkuk.ac.kr
책임편집 임경희
찍은곳 ㈜동화인쇄공사

ISBN 978-89-7107-568-5 93800

이 도서의 국립중앙도서관 출판시도서목록(CIP)은 서지정보유통지원시스템 홈페이지(http://seoji.nl.go.kr)와 국가자료공동목록시스템(http://www.nl.go.kr/kolisnet)에서 이용하실 수 있습니다.
(CIP제어번호: CIP2013027556)